JN329476

戸籍の道場

初任者のための
ステップアップ実践問題集

山下　敦子　著

日本加除出版

はしがき

　この本を作ろうと思い立ったのは，私が経験したあることがきっかけです。
　ある年の春，新規採用職員のＮくんが戸籍窓口担当者として配属されました。戸籍を全く知らない彼は，私に「早く一人前になりたいので，研修をやってほしい」と願い出ました。私は心の中で「戸籍の道は険しいぞ！」と言いながら，その日から週1回の研修を始めたのです。その研修を「Ｎくん勉強会」と名づけて，「一緒に勉強したい人は集まれ」をキャッチフレーズに，課内に回覧し，同志を募りました。はじめはあまり集まらなかったのですが，回を重ねるごとに同志は増えて，特に「縁組・離縁」の科目では，多くの人が参加しました。真剣に，また，たまには談笑しながら，私自身が，一緒に学ぶことの楽しさを知ったひとときでした。
　予定の科目の研修を終了したとき，私は指導者として，また，ともに育つ者として，彼がどれぐらい成長しているのか知りたくなりました。「来週から週1回，試験やるからね」「えぇっ！試験ですか⁉」驚いた彼の表情は，今でも覚えています。でも，彼はなぜかうれしそうでした。自分の力を試すこと，また，目標があることが，彼の向上心に火を付けたのです。
　それからは，彼の戸籍科目との戦いが始まりました。各論単位の試験問題に，彼は果敢に挑みました。引っ掛け問題，応用問題，窓口対応問題，そのすべてに彼は汗だくで答えました。合格点を設定し，採点し，早とちりや安易な間違いには，思いきり叱りました。合格点を取ったときは，思いきりほめて，一緒に喜びました。この試験問題は「Ｎくん問題集」と名づけ，担当者全員に回覧しましたが，中には自分も挑戦し，「採点してください」と答案を持ってくる者もいました。ともに学び，ともに高め合う気運がみなぎっていました。
　この本は，そんな「みんなの心」から生まれました。問題を作り解答する。採点をして話し合う。まるで学生のときのような体験は，私たちに新鮮な気持ちを思い出させてくれたのです。
　普段，私たちは，戸籍の理論を理解するために，多くの参考書を読み，多くの研修を受け，懸命に努力します。その努力の成果を，日々の実務に生かさなければなりません。実体験から生まれる事例を解くことで，応用力を磨き，失敗した事例を解くことで，弱点を知る。そんな訓練のために，私はあえて採点式の問題集を作りました。この本をきっかけに，より多くの方が，仲間たちと，戸籍を熱く語り合える場が生まれることを心から願っています。
　このような願いをこめて丁寧に書き上げた本書ですが，まだまだ未熟なため，思

わぬ間違いをおかしているかもしれません。そのような箇所がありましたら，どうか読者の皆さまからのご叱正やご意見をいただき，今後さらに精進していきたいと考えています。

　この本を発刊するに当たり，たくさんの方々にご尽力いただきました。和歌山地方法務局戸籍課の皆さま，ご指導をいただきありがとうございました。特に，同法務局畑村伸子戸籍課長とのお話には，同じ「戸籍への情熱」を持つ者として，共感するものがあり，たいへん勇気づけられました。また，日本加除出版編集部の増田さんには，前作の「戸籍の重箱」に引き続き，担当していただき，一編集員としてだけでなく，何でも話せる親友としても，私を支えてくれました。そして私の仲間である市民課の皆さま，支所やサービスセンター，また他市町村の皆さま，本当にありがとう。皆さまの「発刊を楽しみにしています」という声援が，どんなに私を幸せにしてくれたか分かりません。すべての方に，言葉では言い尽くせないほどの感謝のこころを送ります。

　ちなみに，「戸籍の重箱」に引き続き，表紙のイラストは，岡村万緒さんの作品です。「早く一人前になりたい」と言ったNくんが，柔道着を着て微笑んでいます。あれから数年が経ち，彼の腰には「黒帯」が巻かれていることにお気づきでしょうか。

　さあ，みなさん，「戸籍の道場の黒帯」を獲得するために，一緒にがんばりましょう。

　　平成23年10月

　　　　　　　　　　　　　　　　　　　　　　　　　　　山　下　敦　子

目次 program

※（　）内は，解答・解説のページを示しています。

はしがき …………………………………………………………………………… i
凡　例 ……………………………………………………………………………… vi

第一段　準備運動　　　　　　　　　　　　　　　　　1 (151)
ストレッチ

　　小手しらべ100問 ……………………………………………………… 2(151)

第二段　基礎稽古　　　　　　　　　　　　　　　　　7 (172)
体力づくりと弱点克服

第一章
氏の仕組み　　　　　　　　　　　　　　　　　　　　8
　第一　氏の基本 ………………………………………………………………… 9
　第二　生来の氏 ………………………………………………………………… 13
　第三　縁　氏 …………………………………………………………………… 18
　第四　婚　氏 …………………………………………………………………… 23
　第五　氏の仕組み（おさらい）…………………………………………… 28(172)

第二章
文字の仕組み　　　　　　　　　　　　　　　　　　33
　第一　文字の歴史を知りましょう ………………………………………… 34
　第二　現行通達徹底克服 ……………………………………………………… 37
　第三　文字のマルマル表・文字のマルマル別表 ………………………… 52
　第四　現行通達番外編（文字のグレイゾーンと戸籍訂正）…………… 53
　第五　文字の仕組み「力試し問題」1 …………………………………… 55(189)
　第六　文字の仕組み「力試し問題」2 …………………………………… 56(192)

第三章
戸籍訂正の仕組み　　　　　　　　　　　　　　　　59
　第一　戸籍訂正の定義と種類のフローチャート ………………………… 60
　第二　職権訂正 ………………………………………………………………… 63
　第三　戸籍法113条・114条 ………………………………………………… 68

第四	戸籍法116条 ································· 74
第五	無効と取消し ··································· 78
第六	訂正と追完の関係 ································ 81
第七	戸籍訂正の仕組み「力試し問題」 ············ 84(196)

第三段　対外試合

87 (200)

窓口実践問題

設問1	祖父母と孫の縁組（★5） ································· 89(201)
設問2	養女の嫡出でない子との縁組（★4） ······················ 89(204)
設問3	出生子が入る戸籍と名乗る氏（★4） ······················ 90(206)
設問4	帰化した親子の戸籍（★5） ································ 92(209)
設問5	離婚届で復する氏（★4） ··································· 92(211)
設問6	夫婦の筆頭者が養子になる縁組（★4） ··················· 93(213)
設問7	転籍届の不備の処理（★5） ································ 95(215)
設問8	嫡出でない子と祖父母の縁組（★5） ······················ 95(217)
設問9	親権者指定の届出人（★3） ································ 97(219)
設問10	養子が離縁後にもどる戸籍（★4） ························ 97(221)
設問11	失踪届で除籍された者の死亡届（★4） ··················· 98(223)
設問12	嫡出でない子の離縁と，離縁後の親権者の記載（★4） ································· 98(225)
設問13	嫡出でない子の離縁（★4） ································ 99(227)
設問14	この戸籍，間違ってない？（★5） ······················· 101(229)
設問15	離縁届の届書の取扱いと戸籍記載（★4） ··············· 103(230)
設問16	離婚無効と重婚（★5） ···································· 106(234)
設問17	縁組代諾者の失敗（★4） ································· 110(239)
設問18	離縁によって，子が入籍する戸籍（★4） ··············· 110(241)
設問19	離縁後，父の氏を称するためには？（★4） ············ 111(243)
設問20	「嫡出子否認の裁判」の戸籍訂正申請（★5） ·········· 112(245)
設問21	離縁後の法定代理人（★4） ······························· 117(251)
設問22	入籍届と縁組届の完璧な説明（★5） ···················· 117(254)
設問23	「失踪宣告取消し」をした者の婚姻（★5） ············· 118(259)

第四段　猛稽古

119 (262)

難問に挑戦！

第一	出生・認知 ······································· 120
設問1	母の前夫の嫡出推定と後夫の強制認知 ·············· 120(263)
設問2	死亡した子の準正の記載 ···························· 120(266)

	設問3	母に前婚がある場合の子の出生届	*120*(267)
	設問4	父母との親子関係不存在確認の裁判	*121*(268)
	設問5	出生子が入籍する戸籍	*121*(276)

第二　縁組・離縁 …… *122*

	設問1	婚姻中に縁組した者の離婚後復籍する戸籍	*122*(278)
	設問2	連れ子縁組した養子の離縁後称する氏	*122*(281)
	設問3	親権者養母との離縁	*123*(283)
	設問4	養父の認知で準正した子の離縁後の戸籍	*123*(285)
	設問5	母の離婚と子の離縁	*123*(287)

第三　婚姻・離婚，入籍 …… *124*

	設問1	婚姻届の新本籍の不備	*124*(289)
	設問2	外国の裁判所での離婚の裁判	*124*(291)
	設問3	夫の帰化により夫の氏を称した妻が復する氏	*124*(293)
	設問4	離婚・離縁による戸籍の変動後の入籍届	*125*(295)
	設問5	同籍内で婚姻した夫婦の離婚後の氏	*126*(297)

第五段　整理運動

127

深呼吸して，平常心

	第一話	老人とパンジー	128
	第二話	純ちゃんの青空	131
	第三話	プロポーズ　アゲイン	133
	第四話	息子よ	136
	第五話	春風に乗って	141
	第六話	父の背中	146

終段　道場卒業

299

はなむけの言葉

著者紹介 …… *302*

凡　例

1．本書の中で用いている表現・言葉遣いについては，戸籍実務に初めて携わる読者の方にも分かりやすいように，できるだけ簡易な表現を用いました。戸籍実務において特有の厳密な表現・言葉遣いとは異なる記載がされている箇所がありますので，その点はご了解ください。

2．文中の（　）内に掲げる場合の，法令・先例・判例・出典の引用については，次の略記法を用いています。

【法　令】

　　（民）…………民法　　　　　　　　　　　　（戸）…………戸籍法
　　（戸規）………戸籍法施行規則　　　　　　　（国）…………国籍法
　　（標準準則）……戸籍事務取扱準則制定標準　（家審）………家事審判法
　　（特家審）………特別家事審判規則　　　　　（家審規）……家事審判規則

【先　例】

　　昭和25・6・1民事甲1566号回答
　　　……昭和25年6月1日付け法務省民事甲第1566号民事局長回答
　　平成16・11・1民一3009号通達
　　　……平成16年11月1日付け法務省民一第3009号民事局長通達

【判　例】

　　大判昭15・1・23民集19巻1号54頁
　　　……大審院昭和15年1月23日判決・大審院民事判例集第19巻1号54頁
　　東京高決昭和53・11・2家月31巻8号64頁
　　　……東京高等裁判所昭和53年11月2日決定・家庭裁判月報第31巻8号64頁

3．本書執筆や実務において参照している書籍のうち，特に推薦すべきものを参考文献として以下に掲げます。

　●木村三男著「レジストラーブックス90　設題解説　戸籍実務の処理　戸籍訂正Ⅹ　総論編」（日本加除出版，1998年）
　●木村三男監修／神崎輝明著「レジストラーブックス104　設題解説　戸籍実務の処理　ⅩⅦ　追完編」（日本加除出版，2002年）
　●田代有嗣監修　高妻新著「改訂　体系・戸籍用語事典」（日本加除出版，2001年）
　●梶村太市著「実務講座　家事事件法」（日本加除出版，2010年）

第一段

準 備 運 動

～ストレッチ～

　「こんなことぐらい分かっているよ」と言われそうですが，「根拠はどこにあるの？」と聞かれると，意外と答えられなかったりするものです。
　ここでは，基本中の基本の問題を出題します。ただし，必ず根拠（条文や先例など。基本書に明記され通用されている概念の場合もあります。）を掲げてください。根拠が合っていなければ正解ではありません（窓口で質問されたときに，分かりやすい説明ができるかどうかで採点してください）。
　問題は全部で100問あります。1問1点。六法を片手に，着実に点数を獲得してください。また，根拠を見つけたら，必ず条文をしっかり読んで確認してください。

基本の大切さ

　戸籍の勉強は，基本の積み重ねです。基本が分かっていれば応用ができます。初めから難しい問題をスラスラ解ける人はいません。よく「戸籍は体で覚えるものだ」という人がいますが，それは違うと思います。「○○届の届出地は××です」と，先輩の言っていることを聞いて覚えたとします。では，「▲▲届の届出地は？」と聞かれると，思わず答えに詰まってしまう。これは，「戸籍法○○条に戸籍の届出地の原則が定められていて，その他に定めがあるものは，その届出地も追加される」と覚えていれば，「その他の定め」だけ覚えればいいわけです。ただ伝え聞いたことをそのまま覚えたとしても，自分のものにはなりません。「戸籍は理屈で覚えるもの」です。そして，法に定めがあるのには，それなりの理由があります。「戸籍は理由で覚えるもの」でもあります。理由づけをして覚えると，難しい問題も，自然に答えが分かるようになってきます。答えが推理できれば，後は根拠づけをして検証したらいいわけです。推理して検証することで，戸籍の面白さが分かるようになります。

小手しらべ100問

◀ ① 通　則 ▶

1　戸籍管掌者（戸籍を司る人）は誰ですか。
2　戸籍の役割とは何ですか。
3　届書の様式は決まっていますか。
4　戸籍の記載順序は決まっていますか。
5　「本籍」とは何ですか。
6　「筆頭者」とは何ですか。
7　「創設的届出」とはどんな届出ですか。「創設的届出」を5つ掲げてください。
8　「報告的届出」とはどんな届出ですか。「報告的届出」を5つ掲げてください。
9　「報告的届出」の届出の期間は，いつから計算するのですか。
10　届書は代筆できますか。

◀ ② 出　生 ▶

11　届出は郵送でできますか。郵送の届書は，いつが受理日ですか。
12　出生届の届出地はどこですか。
13　出生届の届出期間は何日ですか。
14　出生届の届出期間内に届出しなければ，どうなりますか。
15　「嫡出子」とはどういう意味ですか。
16　嫡出子の親権者は誰ですか。
17　嫡出でない子の親権者は誰ですか。
18　「嫡出子」と「嫡出でない子」は，相続上の違いがありますか。
19　「準正」とはどういう意味ですか。
20　父母との続き柄は，どのように決めるのですか。
21　出生子の母は，どのように決まるのですか。
22　出生子の父は，どのように決まるのですか。
23　父母が婚姻して生まれた子は，どの戸籍に入るのですか。
24　父母が婚姻しないで生まれた子は，どの戸籍に入るのですか。
25　子の名は，どんな文字でも付けられるのですか。

26 出生届の届出人は誰ですか。

◀ ③ 認　知 ▶

27 認知届には，どんな種類がありますか。

28 認知届（出生後の認知）は，どこに届出すればいいですか。

29 「胎児認知届」とは，どんな届出ですか。

30 「胎児認知届」は，どこに届出すればいいですか。

31 未成年の子を認知する場合と，成年の子を認知する場合は，何か違いがありますか。

32 認知届は，子の方から「不受理申出」ができますか。

◀ ④ 縁　組 ▶

33 縁組をすると，親族法上どんな効果がありますか。

34 縁組をする子が10歳でも，子本人が届出できますか。

35 同い年の人を養子にすることはできますか。

36 年下の叔父を養子にすることはできますか。

37 兄弟で養子縁組はできますか。

38 自分の実の子を養子にできますか。

39 未成年の子を養子にすると，養子の親権者は誰になりますか。

40 縁組をすると氏は変わりますか。

41 縁組をすると戸籍は変動しますか。

42 養子縁組の効力発生のときはいつですか。

43 夫婦の筆頭者が養子となる縁組をすると，配偶者が筆頭者に伴って戸籍が変動するのはなぜですか。

44 養子縁組届の届出地はどこですか。

45 特別養子縁組と普通養子縁組は，どこが違うのですか。

46 「証人」とは何ですか。

◀ ⑤ 離　縁 ▶

47 死亡した人と離縁できますか。

48 離縁をしたら，元の氏にもどれますか。

49 離縁をしても，元の氏にもどらない方法はありますか。

50 離縁をする子が3歳でも，子本人が届出人になれますか。

51　離縁をしたいのに，相手が離縁してくれないときはどうしたらいいですか。

52　養子離縁届には届出期間がありますか。

53　養子離縁届の届出地はどこですか。

◀ ⑥　婚　姻 ▶

54　婚姻をしても，夫婦で別々の氏を名乗ることができますか。

55　婚姻をしたら，どんな効果がありますか。

56　「成年擬制」とは何ですか。

57　「婚姻障害」とは何ですか。

58　「待婚期間」とは何ですか。どうして「待婚期間」があるのですか。

59　「婚姻適齢」とは何ですか。

60　未成年の子の婚姻は「父母の同意」が必要ですが，父母は離婚していて母が親権者の場合でも，父の同意も必要ですか。

61　長年同棲しているので，裁判で婚姻することができますか。

62　婚姻届の届出地はどこですか。

63　婚姻届などで，届出をする市区町村に本籍がない場合，戸籍謄本を添付しなければ受理されませんか。

◀ ⑦　離　婚 ▶

64　未成年で婚姻して，未成年で離婚したら，また未成年者にもどるのですか。

65　離婚したくないのですが，離婚届が出されても受理されない方法はありますか。

66　長年別居中ですが，夫が離婚をしてくれません。どうしたらいいですか。

67　離婚は決まりましたが，子どもの親権で話合いがつきません。とりあえず離婚だけできますか。

68　裁判離婚の届出期間は何日ですか。

69　離婚届の届出地はどこですか。

◀ ⑧　親権・未成年後見 ▶

70　離婚のときに親権者を父親にしましたが，母親に変更したいときは，父母の署名押印があれば変更できますか。

71　認知した父が，子どもの親権者になりたいと言っていますが，父母の署名押印があればできますか。

72　「親権」と「未成年後見」は，どこが違うのですか。

73　未成年後見人が選任されるのは，どういう場合ですか。

74　未成年後見人になるには，どんな手続が必要ですか。

75　未成年後見人になったら，いつまでに届出すればいいのですか。

◀ ⑨　死亡・失踪 ▶

76　死亡届の届出期間は，何日ですか。

77　死亡届の届出人は，誰でもなれますか。

78　死亡届の届出地は，どこですか。

79　自分から数えて，どこまでが「親族」となりますか。

80　死亡届の届出人がいない場合はどうしたらいいですか。

81　行方不明になって，長年生死が分からない人がいて困っています。どうしたらいいですか。

82　行方不明の人が「死亡とみなされる」のは，行方不明になってから何年後ですか。

83　戸籍に「死亡とみなされる」と記載された人が，生きていた場合はどうしたらいいですか。

84　夫が死亡とみなされたので再婚しました。前夫が生きていた場合，前夫との婚姻が復活して重婚になりますか。

◀ ⑩　復氏・姻族関係の終了 ▶

85　配偶者が死亡したので，実方の氏に戻したいのですが，どうしたらいいですか。

86　婚姻の際に氏を改めた生存配偶者が，氏を実方の氏に戻したら，死亡した配偶者の親族との姻族関係もなくなりますか。

◀ ⑪　入　籍 ▶

87　入籍届には，どんな種類がありますか。

88　「氏が同じ」，「氏が違う」というのは，「呼び名が同じかどうか」ということですか。

89　「子の氏変更」について家庭裁判所の許可を得ましたが，届出期間はありますか。

90　入籍届の届出地は，どこですか。

◀ ⑫　分　籍 ▶

91　筆頭者が死亡した場合，その配偶者は分籍できますか。

92 管外分籍届で，戸籍謄本の添付がありません。受理できますか。

◀ ⑬ 氏・名の変更 ▶

93 離婚して，「離婚の際に称していた氏を称する届出」（戸77条の2）をしました。改めて実方の氏にもどしたいのですが，どうしたらいいですか。

94 外国人配偶者の称している氏「サザーランド」を名乗りたいのですが，どうしたらいいですか。

95 外国人配偶者の通称名の氏「浜田」を名乗りたいのですが，どうしたらいいですか。

96 外国人配偶者の本名の氏「朴」を名乗っていましたが，離婚したので元の氏にもどしたいのですが，どうしたらいいですか。

97 名前を「和子」から「和代」に変えたいのですが，どうしたらいいですか。

◀ ⑭ 転 籍 ▶

98 転籍届は，誰が届出をするのですか。

99 新本籍は，どこに設定してもいいのですか。

100 管外転籍届で，戸籍謄本の添付がありません。受理できますか。

（※解答と解説 ➡ 151頁へ）

第二段

基礎稽古

～体力づくりと弱点克服～

　ここでは，難事例に立ち向かうための体力づくりをします。

　戸籍実務を人間の体にたとえると，骨格を成しているのが「法律」，皮膚を形成しているのが「身分行為」，血管を司るのが「氏」といったところでしょうか。

　血液の流れを正しくし，身分行為に「命」を与えるために，氏の仕組みをしっかりと復習しましょう。

　また，戸籍実務には，比較的楽しく学べるものと，なぜか苦手意識を感じるものとがあります。苦手なものの代表は，「文字」「戸籍訂正」ではないでしょうか。この弱点を克服するために，理解しておくべき基本的な事柄にも触れておきます。

　名付けて「メカニズムシリーズ」！

　それぞれの説明の区切りに，「力試し問題」を掲載しました。それぞれが，採点方式になっていますから，自分の力を試すとともに，自分の弱点を知り，今後の勉強に生かしてください。

第一章　氏の仕組み（メカニズム）
第二章　文字の仕組み（メカニズム）
第三章　戸籍訂正の仕組み（メカニズム）

第一章

氏の仕組み（メカニズム）

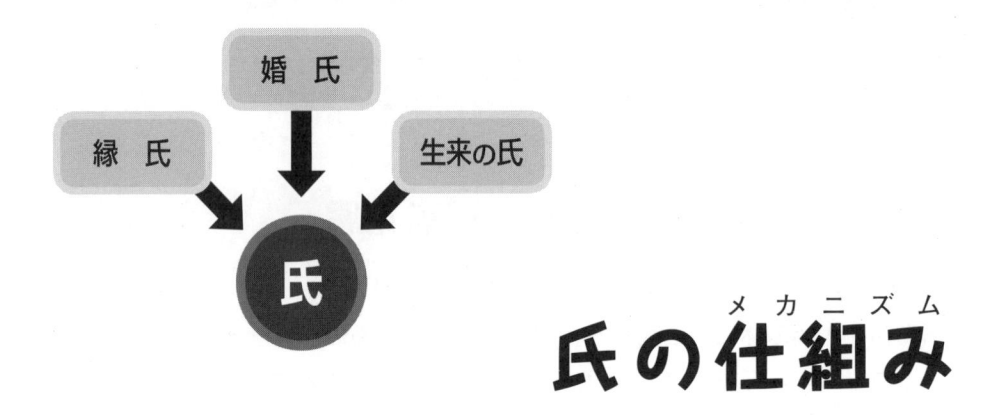

　戸籍の基本ともいえる「氏」の勉強をしましょう。

　氏は，一定の法則に従って変動します。そのメカニズムを理解して，難事例に立ち向かう準備をしましょう。

　ここでは，氏の総合的な仕組みだけを掲載し，届出をするときの要件や，身分行為の効果などは掲載していません。正しい戸籍の変動を把握する上で必要な「氏」の知識は，窓口で失敗しないための第一歩です。氏の基本を身につけたら，さらに届出の要件や，身分行為の効果も勉強してください。

　第二〜第五の最後のポイント標語は，気軽に口ずさんでください。

- 第一　氏の基本
- 第二　生来の氏
- 第三　縁　氏
- 第四　婚　氏
- 第五　氏の仕組み（メカニズム）（おさらい）

第一　氏の基本

1　「氏」とは何でしょう

氏とは，個人を特定するための呼称であり，戸籍法上，個人を，どの戸籍に記載するかを決定するための基準となるものです。氏の確定は，主に民法で定められ，入籍する戸籍は戸籍法で定められています。氏を知れば，戸籍の変動が見えてきます。各届出による氏の変動の説明は，それぞれの章で詳しく説明しますが，この章では，氏の動きを知るための根拠がどこに示されているかを中心に勉強しましょう。

2　民法上の氏の種類

日本人については，生まれて出生届をすると「生まれながらの氏」が与えられます。これを「生来の氏」といいます。その後，養子縁組をすると縁組の氏になります。これを「縁氏」といいます。婚姻すると，婚姻の際に決めた夫又は妻の氏になります。これを「婚氏」といいます。それぞれの氏に，私なりの優先順位をつけるとすれば以下のようになります。

1番		2番		3番
婚氏（民750条）	＞	縁氏（民810条）	＞	生来の氏（民790条）

なぜこの優先順位になるのか，考えてみましょう。

「生来の氏」は，原則として自然発生した親子関係によって決まります。

自然発生によって決まる生来の氏に対して，「縁氏」は，縁組をして親子関係をつくろうとする意思の力が入ります。そして「婚氏」は，この人と終生添い遂げようとする意思の力と，親族図を見てもわかるように，「親等数がない」，つまり夫婦は「一心同体」になるという意味が込められています。ですから，婚氏は氏の中で一番強い氏なのです。

　※　民法750条，790条，810条の条文を読みくらべれば，この優先順位になることが分かります。

3　民法上の氏の変動と戸籍の変動

ここで，氏を，ゆで卵にたとえてみましょう。ゆで卵にたとえると，卵の中身は

「民法上の氏」です。中身が変動すると戸籍も変動します。氏の変動については，民法で定められ，戸籍の変動については戸籍法で定められています。それぞれの条文に照らして，根拠を着実に身につけてください。

【民法上の身分変動と戸籍の変動の基本表】

民法上の身分変動	民法（氏の変動）	戸籍法（戸籍の変動）
生来の氏	790条	18条1項・2項
縁組の氏	810条	18条3項
離縁（縁組取消し）の氏	816条	19条1項
婚姻の氏	750条	16条
離婚（婚姻取消し）の氏	767条・771条	19条1項

氏の変動に伴う戸籍の変動の基本は上記の通りですが，戸籍の変動を考えるときには，これに加えて次の条件があります。

【戸籍の変動の追加条件表】

戸籍の変動・戸籍の編製の追加条件	根拠条文
戸籍の編製単位（氏を同じくする夫婦と子ごとに編製）	戸籍法6条
三代戸籍の禁止（親，子，孫の三代にわたる戸籍は禁止）	戸籍法17条
入籍すべき者に配偶者があるときは，夫婦で新戸籍編製	戸籍法20条

4 呼称上の氏の種類

ゆで卵にたとえると，「民法上の氏」が卵の中身なら，「呼称上の氏」は卵の殻です。民法上の氏が民法で定められているのに対して，呼称上の氏は戸籍法で定められています。卵の中身（民法上の氏）は民法で動き，卵の殻（呼称上の氏）は戸籍法で動きます。戸籍法73条の2，同77条の2，同107条が呼称上の氏です。

離縁や離婚をして，民法上縁組前や婚姻前の氏になっても，社会生活を営む上で氏を変えたくない，あるいは，民法上の氏がどうであれ，やむを得ない事由で，民法上の氏ではない別の氏にしたい場合，表面上希望の氏にすることができるのです。家庭裁判所の許可が必要な場合と，必要でない場合がありますから気をつけてください。また，それぞれの届出には届出ができる期間が定められています。その期間経過後は，当該届出はできませんが，「やむを得ない事由」がある場合は，家庭裁判所の許可を得て，戸籍法107条1項の氏変更をすることができます。

戸籍実務上，民法上の氏の把握が大切ですが，呼称上の氏（卵の殻）に惑わされて，民法上の氏（卵の中身）を見失わないようにしましょう。

呼称上の氏の種類を次の表で確認しましょう。

【呼称上の氏の種類表】

戸籍法の条文	届出の効果	届出できる期間	家庭裁判所の許可
73条の2	離縁しても離縁時の氏を称することができる。	離縁（縁組取消し）届出後3か月以内（7年間の縁組が必要）	×
77条の2	離婚しても離婚時の氏を称することができる。	離婚（婚姻取消し）届出後3か月以内	×
107条1項	やむを得ない事由で呼称上の氏を変更する。	許可の審判確定後，届出によって効果が生じるため，届出期間はないが，届出までの間に戸籍の変動があった場合は，その審判は無効になる	○
107条2項	外国人配偶者の本名の氏に変更する。	婚姻届出後6か月以内	×
107条3項	外国人配偶者との離婚により元の氏に変更する。	離婚（婚姻取消し）届出後3か月以内	×
107条4項	外国人の父または母の氏に変更する。	許可の審判確定後，届出によって効果が生じるため，届出期間はないが，届出までの間に戸籍の変動があった場合は，その審判は無効になる	○

（×：不要，○：必要）

5　呼称上の氏の変動と戸籍の変動

　基本となる届書（離婚届や離縁届等）と同時に提出する場合と，単独で氏変更の届書のみ提出する場合で，戸籍の取扱いが違うので注意が必要です。

　呼称上の氏の変動にともなう戸籍の変動については，「戸籍法107条1項以外の呼称上の氏の変更は，同籍者に効果が及ばない（戸19条3項，戸20条の2第1項・2項）」という原則があります。そのため同籍者がいる場合は，当該事件本人について新戸籍を編製し，従前の戸籍に残った同籍者について，事件本人の新戸籍に入籍するためには，別途「同籍する入籍届（家庭裁判所の許可不要）」が必要になります。

　呼称上の氏の変動と戸籍の変動を次の表で確認しましょう。

【呼称上の氏の変動と戸籍の変動表】

呼称上の氏の戸籍法条文	戸籍の取扱い	
戸73条の2・離縁同時	氏変更の届出人は離縁時に称していた氏で新戸籍編製（戸19条3項）。	
戸73条の2・単独	同籍者がいる	届出人のみ，離縁の際に称していた氏で新戸籍編製（戸19条3項）。
	同籍者がいない	戸籍の変動なし，氏の更正事項のみ記載。
戸77条の2・離婚同時	氏変更の届出人は離婚時称していた氏で新戸籍編製（戸19条3項）。	
戸77条の2・単独	同籍者がいる	届出人のみ，離婚の際に称していた氏で新戸籍編製（戸19条3項）。
	同籍者がいない	戸籍の変動なし，氏の更正事項のみ記載。
戸107条1項	戸籍の変動はなく，戸籍事項欄に氏の更正事項のみ記載。	
戸107条2項・婚姻同時	届出人が筆頭者ではない	事件本人は，婚姻で新戸籍を編製し，その新戸籍に，氏の更正事項を記載。
	届出人が筆頭者で同籍者がいる	事件本人に婚姻事項を記載し，氏変更事項記載の上，届出人のみ新戸籍編製（戸20条の2第1項）。
	届出人が筆頭者で同籍者がいない	戸籍の変動なし，氏の更正事項のみ記載。
戸107条2項・単独	同籍者がいる	届出人のみ，外国人配偶者の氏で新戸籍編製（戸20条の2第1項）。
	同籍者がいない	戸籍の変動なし，氏の更正事項のみ記載。
戸107条3項・離婚同時	同籍者がいる	届出人のみ，元の氏で新戸籍編製（戸20条の2第1項）
	同籍者がいない	戸籍の変動なし，氏の更正事項のみ記載。
戸107条3項・単独	同籍者がいる	届出人のみ，元の氏で新戸籍編製。
	同籍者がいない	戸籍の変動なし，氏の更正事項のみ記載
戸107条4項	届出人が筆頭者ではない	届出人は，外国人父，または母の氏で新戸籍編製（戸20条の2第2項）。
	届出人が筆頭者で同籍者がいる	届出人のみ，外国人父，または母の氏で新戸籍編製（戸20条の2第2項）。
	届出人が筆頭者で同籍者がいない	戸籍の変動なし，現在の戸籍に氏の更正事項のみ記載。

第二　生来の氏

1　「生来の氏」とは何でしょう

　生まれた時に父又は母が日本人であれば，子は出生によって日本の国籍を取得し（国2条），氏が決まります。これを「生来の氏（生まれながらの氏）」といいます。生来の氏は，出生届出の時に決まるのではなく，出生の時点で決まります。日本人として生まれた者にとっては，「氏の出発点」といえるでしょう。生まれたときに名乗る氏は，民法で定められています。嫡出子（民772条，大判昭15・1・23民集19巻1号54頁）は，父母の氏を称し（民790条1項），嫡出でない子は，母の氏を称します（民790条2項）。

【参考】　生来の氏以外の氏の取得
・外国人が日本国籍を取得したときに創設した氏（昭和25・6・1民事甲6615通達）
・父母がわからない子（棄児）に対して，市区町村長が決めた氏（戸57条）
・戸籍のない人が，戸籍を作る「就籍」の許可によって決まった氏（大正11・4・15民事893回答）

2　嫡出子が名乗る氏

　嫡出子とは法律上の夫婦間（婚姻届を出して婚姻した夫婦の間）に生まれた子をいいます。一般には，民法772条の推定を受ける子（推定を受ける嫡出子）をいいますが，たとえ推定を受けなくても判例で認められた子，つまり，婚姻後200日以内に生まれた子で，民法772条の嫡出推定を受けないが，嫡出子として出生届をした子（推定を受けない嫡出子）は生来の嫡出子になります（大判昭和15・1・23民集19巻1号54頁）。これらの出生子は，父母の氏を称する（民790条1項）とされ，父母の氏を称して，父母の戸籍に入籍します（戸18条1項）。

　また，父母の婚姻前に生まれ，まだ出生届がされていない子で，父母が婚姻届をした後，父（または父母）が，「この子は私（私たち）の子ですよ。」と出生届をした場合，その出生届には「認知の届出の効力（戸62条）」があるので，子は準正嫡出子（民789条2項）になります。この場合も，子は父母の氏を称し，父母の戸籍にダイレクトに入籍します。

> **準正嫡出子とは**
> 「父の認知」と「父母の婚姻」，両方の条件が揃うと，嫡出でない子は嫡出子になります。後で条件が揃って嫡出子になることを「準正」といいます。認知で条件が揃った場合を「認知準正（民789条2項）」，父母の婚姻で条件が揃った場合を「婚姻準正（民789条1項）」といいます。

(注) 生まれたときに嫡出でない子であって，既に出生届出がされていて母の戸籍に記載されている子は，父に認知され，父母が婚姻することによって，たとえ準正嫡出子になっても，父母婚姻中の戸籍には入籍できません。入籍するには，別に入籍届（民791条2項「父母の氏を称する入籍届」）が必要です。

3 嫡出でない子が名乗る氏

「嫡出でない子」とは，父母が法律上の婚姻をしないで出生した子を言います。民法772条の範囲に入らない子といってもよいでしょう（例外：婚姻後200日以内の出生子で，嫡出子として出生届をした子は，生来の嫡出子。前頁**2 嫡出子が名乗る氏**前段参照。）。

嫡出でない子は母の氏を称し（民790条2項），母の戸籍に入籍します（戸18条2項）。母が筆頭者になっていないときは，母について新戸籍を編製して子を入籍させます（戸17条「三代戸籍の禁止の原則」）。

4 生来の氏の図解

日本人について，「生来の氏」は生まれた時点で定まります。

氏の決定には，父母の婚姻日，父母の離婚日等が密接に関連しています。

次の図で，生来の氏の取得について確認していきましょう。

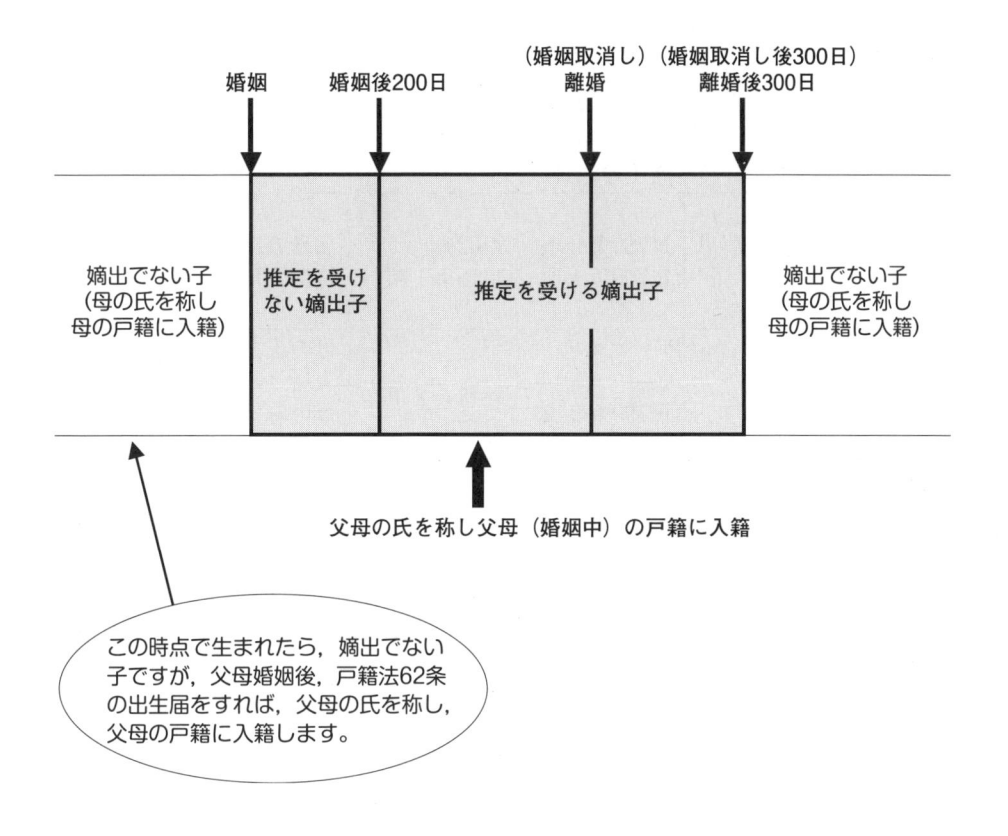

```
                    （婚姻取消し）（婚姻取消し後300日）
   婚姻    婚姻後200日    離婚       離婚後300日
    ↓        ↓          ↓           ↓
```

|嫡出でない子
（母の氏を称し
母の戸籍に入籍）|推定を受け
ない嫡出子|推定を受ける嫡出子|嫡出でない子
（母の氏を称し
母の戸籍に入籍）|

父母の氏を称し父母（婚姻中）の戸籍に入籍

> この時点で生まれたら，嫡出でない子ですが，父母婚姻後，戸籍法62条の出生届をすれば，父母の氏を称し，父母の戸籍に入籍します。

5 生来の氏の確定表

前掲の図解で生来の氏の仕組みが頭に入ったら，次は氏の確定の根拠を勉強しましょう。

生来の氏を確定するための表は，次の通りです。氏の確定は民法で，入籍する戸籍は戸籍法で定められています。

根拠をしっかり押さえて，法の条文を照らし合わせながら学ぶことが大切です。

【生来の氏の確定と入籍する戸籍】

出 生 子	民法 （氏の確定）	戸籍法 （戸籍の確定）	入籍する戸籍
民法772条1項の嫡出子	民790条1項本文	戸18条1項	父母の氏を称し，父母の戸籍に入籍する。
民法772条2項の離婚（婚姻取消し）後300日以内の嫡出子	民790条1項ただし書	戸18条1項	父母の氏を称し，父母離婚の際（婚姻中であった当時）の戸籍に入籍する。

婚姻後200日以内の出生子で，嫡出子として出生届をした子	790条1項本文（大判昭和15・1・23民集19巻1号54頁）	戸18条1項	父母の氏を称し，父母の戸籍に入籍。
父母婚姻前に出生し，戸籍法62条の「認知の届出の効力を有する出生届」をした嫡出子	民789条2項民790条1項	戸62条戸18条1項	父母の氏を称し，父母の戸籍に入籍。
嫡出でない子	民790条2項	戸18条2項戸17条	母の氏を称し，母の戸籍に入籍。母が戸籍の筆頭者でない時は，母につき新戸籍を編製し，子を入籍させる。

6 力試し問題　生来の氏

　「生来の氏」の勉強の成果を試してみましょう。推理して答えが出ても，必ず検証（根拠を見つけること）を忘れないように行いましょう。問題には，1〜5個の★がついています。これは，難易度を示しています。正解した問題の★の数が，あなたの得点です。ただし，答えが合っていても，根拠が間違っていたり根拠がわからなかった場合は，正解ではありません【全20点】。

〜生来の氏〜

出生子は誰の氏を名乗って，どの戸籍に入籍しますか？

(1)　結婚して10か月後に子どもが生まれました。　　　　　　　　　　　★

(2)　夫と離婚して11か月後に子どもが生まれました。　　　　　　　　　★

(3)　未婚で子どもが生まれました。母は父母の戸籍に入っています。　　★

(4)　結婚して2か月後に子どもが生まれました。夫の子どもとして出生届をします。母に前婚はありません。　　　　　　　　　　　　　　　　★

(5)　婚姻する前に子どもが生まれましたが，まだ出生届をしていません。夫の子なので，夫が出生届をします。母に前婚はありません。　★★★

(6)　夫と離婚して6か月後に子どもが生まれました。　　　　　　　　　★

(7)　前夫と離婚して6か月後に再婚しました。再婚して2か月後に子どもが生まれました。　　　　　　　　　　　　　　　　　　　　　★★★

(8) 夫と離婚して5か月後に子どもが生まれました。夫の子ではないので，裁判所で親子関係不存在確認の裁判をして，その審判書と確定証明書を添付して出生届をしました。　★★★★

(9) 前の夫と離婚して6か月後に再婚しました。再婚して2か月後に子どもが生まれましたが，その子は後夫の子なので，裁判所で前夫との親子関係不存在確認の裁判をして，その審判書と確定証明書を添付の上，出生届をしました。
　★★★★★

（※解答と解説　➡　173頁へ）

❗ ポイント標語　～生来の氏～

- ○日本人　生まれたときに　氏決まる
- ○生来の氏　生まれた時点で　考えよ‼
- ○婚姻中の　父母の子どもは　父母の氏
- ○未婚の母　生まれた子どもは　母の氏
- ○父母離婚　300日以内の　出生子
  　　　　　父母婚姻中の　戸籍入籍
- ○離婚して　300日以内の出生子
  　　　　　夫の子でないなら　要裁判※

※　「懐胎時期に関する医師の証明書」の添付の方法もあります（平成19・5・7民一1007号通達，同日民一1008号依命通知）。

第三　縁　氏

1　縁氏とは何でしょう

　養子縁組届をして，養子になった人が名乗る養親の氏を「縁氏」といいます。「生来の氏」が氏の出発点であるのに対して，「縁氏」は，縁組をして親子になる意思表示をして名乗る氏ですから，民法上，生来の氏より優先されます。生来の氏の人が縁組をすれば，養親の氏になります（民810条本文）が，婚姻の際に定めた夫又は妻の氏（婚氏）を称している間は，縁氏より婚氏が優先するため，氏の変動はありません（民810条ただし書）。また，何度も縁組（転縁組）をした人は，最終の縁組の養親の氏を名乗ります。

　※　外国人には，「日本の氏」の概念がありませんから，外国人の養子になっても，氏及び戸籍の変動はありません。

2　縁組による氏の変動と戸籍の変動

　縁組による氏の変動と戸籍の変動は次の通りです。
　条文に照らして，確実に根拠を押さえながら見ていくと，他の届出の学習のときにも応用できます。

【縁組による氏の変動と戸籍の変動表】

養子となる人	民　法 （氏の変動）	戸籍法 （戸籍の変動）	戸籍の変動の説明
単身者	民810条1項本文	戸18条3項 戸17条	養父（養母）の氏を称し，養父（養母）の戸籍に入籍（同籍内の縁組は，戸籍の変動なし）。養親が戸籍の筆頭者又は配偶者でない時は，養親につき新戸籍を編製し，養子を入籍させる。
夫婦の筆頭者	民810条1項本文	戸18条3項 戸20条	養父（養母）の氏を称し，新戸籍編製。配偶者は筆頭者の新戸籍に，筆頭者に伴って入籍する（随従入籍）。
夫婦の筆頭者の配偶者	民810条1項ただし書		婚氏を名乗る間は，氏や戸籍の変動はない。

3 離縁（縁組取消し）をすると，氏と戸籍はどうなる

養子離縁届をすると，養子は縁組前の氏に戻ります（民816条1項本文）が，婚姻の際に定めた夫，または妻の氏（婚氏）を名乗っている人は，婚氏が優先するため，氏の変動はありません。また，夫婦と縁組をしている養子は，夫婦の一方だけと離縁しても氏の変動はありません（民816条1項ただし書）。何度も縁組（転縁組）をしている人は，最終の養親と離縁をしたときだけ，氏が変動します。

※　外国人との離縁には，氏及び戸籍の変動はありません。

離縁（縁組取消し）による氏と戸籍の変動を，根拠条文を押さえながら見ていきましょう。

【離縁（縁組取消し）による氏の変動と戸籍の変動表】

養　子	民　法 （氏の変動）	戸籍法 （戸籍の変動）	戸籍の変動の説明
単身者 ただし，夫婦の養子になっている場合の夫婦双方との離縁。 転縁組をしている場合の最終の養親との離縁。	民816条1項本文 民816条2項	戸19条1項 戸73条の2	縁組前の氏に復し，縁組前の戸籍に入籍。縁組前の戸籍が除かれているとき，又は新戸籍編製を希望したときは，縁組前の氏で新戸籍を編製。7年以上の縁組期間があれば，離縁の際に称していた氏で新戸籍編製もできる。
夫婦の筆頭者 ただし，夫婦の養子になっている場合の夫婦双方との離縁。 転縁組している場合の最終の養親との離縁。	民816条1項本文 民816条2項	戸19条1項 戸20条 戸73条の2	筆頭者は縁組前の氏に復し，新戸籍を編製。配偶者は，筆頭者が編製した新戸籍に，筆頭者に伴って入籍（随従入籍）。7年以上の縁組期間があれば，離縁の際に称していた氏で新戸籍編製もできる。
夫婦の筆頭者の配偶者			婚氏を名乗っているため，離縁（縁組取消し）による氏や戸籍の変動はない。

4 力試し問題　養子縁組

養子縁組における「縁氏」の問題です。勉強の成果を試してみましょう【全20点】。

～養子縁組～

養子は，民法上どの氏を称して，戸籍はどのようになりますか？

(1) 単身者が，夫婦の養子になりました。　★

(2) 単身者が，叔母（戸籍筆頭者又は配偶者でない者）の養子になりました。　★★

(3) 父の戸籍に在籍する子が，父の戸籍に入籍した父の後妻と縁組をしました。　★★

(4) 夫婦の筆頭者が，伯父と縁組をしました。　★

(5) 夫婦の筆頭者が，父の後妻と縁組をしました。　★★

(6) 夫婦の筆頭者の配偶者が，祖母と縁組をしました。　★

(7) 未成年の嫡出でない子の母が，夫の氏を称する婚姻をしました。子は，母及び母の夫と養子縁組をしました。　★★

(8) 父母の戸籍にある山田太郎は，中国国籍の「黄雲崔」と縁組をしました。その後，養父である「黄」の氏を名乗るため，家庭裁判所の許可を得て，戸籍法107条4項の氏変更の届出をしました。　★★★★

(9) 夫と死別した妻（死亡した筆頭者の配偶者）が，復氏することなく妻の氏で再婚しました。妻筆頭者の新戸籍が編製されています。この度，妻（筆頭者）は，叔母と縁組をします。　★★★★★

（※解答と解説 ➡ 176頁へ）

❗ ポイント標語　～縁　組～

○**単 身 者**　養親戸籍に　即入籍
　　BUT　同籍内　縁組しても　子は動かず
○**縁組すれば**　親子になるから　養親の氏
　　BUT　縁組しても　婚氏を名乗る配偶者
　　　　　　婚氏が勝つから　縁氏名乗らず
○**夫 婦 も の**　筆頭者が縁組　新戸籍
　　　　　　一緒に入籍　その配偶者
○**転 縁 組**　最終の養親の　氏になる

5　力試し問題　養子離縁（縁組取消し）

養子離縁（縁組取消し）後における「縁氏」の問題です。勉強の成果を試してみましょう【全20点】。

〜養子離縁（縁組取消し）〜

養子は，離縁（縁組取消し）をすれば，どの氏を名乗って，戸籍はどのようになりますか？（離縁後の民法上の氏を，しっかり押さえること）

(1)　単身者が叔母と養子縁組をしていますが，その叔母と離縁します。　★

(2)　養子（単身者）が夫婦と縁組していましたが，養子と養父母双方との「縁組取消しの裁判」が確定し，養父母から届出がありました。裁判の申立人は，養父母です。　★★★

(3)　夫婦が夫婦の養子になっていましたが，夫（筆頭者）が養親双方と離縁します。　★★

(4)　夫婦の筆頭者が夫婦の養子になりましたが，養母とだけ離縁します。　★

(5)　夫婦の筆頭者の配偶者が伯父夫婦と縁組をしましたが，養父母双方と離縁します。　★

(6)　未成年の嫡出でない子の母が，夫の氏を称する婚姻をし，子は，母及び母の夫と養子縁組をしましたが，養母（母）が離婚した後，子は養父（母の夫）と離縁します。　★★★★

(7)　「山田」の氏の単身者が，①川口②西川③木村の順で縁組をしました。西川と離縁します。　★

(8)　設問(7)の例で，木村と離縁します。　★★

(9)　設問(7)の例で，木村及び川口と離縁しますが，川口とは7年以上縁組が継続していたため，養子は離縁後に，川口の氏を名乗りたいと言っています。それはできるでしょうか。　★★★★

（※解答と解説　➡　179頁へ）

❗ ポイント標語　〜離　縁〜

○**離縁すれば**　縁組事項の　従前の氏
　　BUT　転縁組　真ん中離縁で　氏変わらず
○**養父母の**　一方離縁は　氏変わらず
○**離縁しても**　婚氏を名乗る配偶者
　　　　　　　婚氏が勝つから　氏は変わらず
○**夫婦もの**　筆頭者が離縁　新戸籍
　　　　　　　一緒に入籍　その配偶者
○**７３の２**（ななさんのに）　中身はすでに　縁組の前

第四　婚　氏

1　婚氏とは何でしょう

　民法750条では，夫婦は婚姻の際に夫婦の協議によって定めた夫又は妻の氏を「夫婦の称する氏」としています。婚姻の際に「夫婦の称する氏」と定めた氏を，「婚氏」といいます。この「婚氏」を婚姻により新たに名乗る者は，婚姻の際に氏を改めた者です。つまり，夫の氏を称して婚姻した場合は，新たに「婚氏」を名乗ることになったのは，妻であるということです。前記「氏の基本」（9頁参照）でも記したように，氏の中では「婚氏」が最も優先します。

2　婚姻による氏の変動と戸籍の変動

　日本人同士の婚姻については，婚姻の際に婚氏と定めた氏を名乗る夫（妻）に氏の変動はなく，婚姻により戸籍の筆頭者となります。この筆頭者となる夫（妻）が，戸籍の筆頭に記載した者でない場合は，夫婦につき新戸籍を編製します（戸16条1項本文）。しかし，その者が，既に筆頭者になっている場合は，新たに戸籍を編製することなく，配偶者は当該戸籍に入籍します（戸16条1項ただし書）。

　日本人と外国人の婚姻については，外国人には「日本の氏」の概念がありませんから，日本人について，婚姻による民法上の氏の変動はありませんが，外国人と婚姻した者が，戸籍の筆頭者でない場合は，氏の変動がなくても，日本人につき新戸籍を編製することになります（戸16条3項本文）。既に戸籍の筆頭者になっている日本人が，外国人と婚姻した場合は，当該外国人との婚姻事項が記載されるのみで，氏や戸籍の変動はありません（戸16条3項ただし書）。以上のように，外国人との婚姻には，民法上の氏の変動はありませんが，婚姻後6か月以内であれば，呼称上，当該外国人配偶者の称している氏に変更することができます（戸107条2項）。外国人配偶者の通称名の氏を称したい場合は，戸籍法107条1項の氏変更になりますから，家庭裁判所の許可が必要になります（参考：東京高決平成9・3・28家月49巻10号89頁）。

　※　上記いずれの場合も，婚姻により，いったん筆頭者になった者は，もとの戸籍から「分籍した効果」がありますから，もとの戸籍にもどることはできません。ただし，養子縁組をして父母の戸籍から養親の戸籍に入籍した後に，自己の氏を称して婚姻をした者については，婚姻で筆頭者になったとしても，婚姻での分籍の効果が生じるのは養親の戸籍なので，その後離縁した場合は，縁組前の戸籍にもどることができます。

婚姻による氏の変動と戸籍の変動を，次の表で根拠を押さえながら勉強していきましょう。

【婚姻による氏の変動と戸籍の変動表】

婚姻する者の戸籍	民法 （氏の変動）	戸籍法 （戸籍の変動）	戸籍の変動の説明
婚姻の際に定めた氏の者が，戸籍の筆頭者でない場合の婚姻	民750条	戸16条1項本文	婚姻の際に定めた夫（妻）の氏で，夫婦につき新戸籍を編製する。
婚姻の際に定めた氏の者が，既に戸籍の筆頭者である場合の婚姻	民750条	戸16条1項但書 戸16条2項	夫の氏を称する者は，夫の戸籍に入籍，妻の氏を称する者は，妻の戸籍に入籍する。
日本人（戸籍の筆頭者でない者）と外国人との婚姻		戸16条3項本文	日本人につき新戸籍編製。氏は変動しないが，婚姻届出後6か月以内であれば戸籍法107条2項により，呼称上の氏を外国人配偶者の本名の氏に変更することができる。
日本人（戸籍の筆頭者）と外国人との婚姻		戸16条3項ただし書	外国人との婚姻事項を記載するのみで，氏と戸籍は変動しないが，婚姻届出後6か月以内であれば戸籍法107条2項により，呼称上の氏を外国人配偶者の本名の氏に変更することができる。

3 離婚（婚姻取消し）すると，氏と戸籍はどうなる

　日本人同士が婚姻している場合は，離婚（婚姻取消し）の届出によって，婚姻の際に氏を改めた者（筆頭者の配偶者）は，婚姻前の氏にもどり（民767条1項・771条），婚姻前の戸籍に復籍します（戸19条1項本文）が，婚姻前の戸籍が除籍されていたり，新戸籍編製の申出があれば，婚姻前の氏で新戸籍を編製することができます（戸19条1項但書）。また，離婚（婚姻取消し）の届出後3か月以内であれば，離婚の際に称していた氏を称することができます（民767条2項，戸77条の2）。

　外国人と婚姻した日本人については，もともと婚姻の際に民法上の氏が変動していないのですから，離婚（婚姻取消し）による民法上の氏の変動はありません。しかし，婚姻の際に，戸籍法107条2項の届出によって，呼称上，外国人配偶者の称している氏を名乗っている者は，離婚（婚姻取消し）の届出後3か月以内であれば，戸籍法107条3項により，その呼称上の氏を，もとの氏に変更することができます。

【離婚（婚姻取消し）による氏の変動と戸籍の変動表】

離婚（婚姻取消し）する者	民　法（氏の変動）	戸籍法（戸籍の変動）	戸籍の変動の説明
婚姻の際に氏を改めなかった者（筆頭者）			氏と戸籍の変動なし
婚姻の際に氏を改めた者（筆頭者の配偶者）	民767条1項民771条	戸19条1項	婚姻前の氏に復し，婚姻前の戸籍に入籍する。婚姻前の戸籍が除かれているとき，又は新戸籍編製を希望したときは，婚姻前の氏で新戸籍を編製する。
	民767条2項	戸77条の2	離婚の際に称していた氏で新戸籍編製もできる。
外国人と婚姻した者			氏と戸籍の変動はないが，婚姻の際に戸籍法107条2項により，外国人配偶者の氏に変更していた者は，離婚（婚姻取消し）後3か月以内であれば，戸籍法107条3項により，呼称上の氏を，もとの氏に変更することができる。

●裁判離婚の届出人と戸籍の変動の注意（これは，裁判離縁の注意でもあります）

　離婚した場合，原則として，婚姻で氏が変わった者は，上記の表のように，婚姻直前の氏に戻り，婚姻直前の戸籍に復籍します（縁組しているときは養親の戸籍にもどります・戸19条1項本文）。原則がそうであっても，戸籍に変動がある配偶者は，「もとの戸籍にもどる」か「新戸籍をつくる」か（戸19条1項但書），また，「離婚の際に称していた氏を名乗っていく」か（戸77条の2）を選択する意思表示をすることができます。協議離婚の場合は，夫と妻両方が届出人になるので，婚姻のとき氏を改めた者は自由に意思表示をして選択できますが，裁判離婚の場合はどうでしょうか。例えば，夫の氏を称して婚姻をした夫婦で，夫が訴え（申立）をして裁判が確定し，届出義務者である夫が裁判確定後10日以内に届出をした（戸77条・63条）としましょう。意思表示をすべき氏を変えた妻は届出人ではありません。届書の「その他欄」に妻が新戸籍を編製する旨の申出を記載して，意思表示をすれば，新戸籍が編製できるという取扱いもあります（昭和53・7・22民二4184号通達）が，その記載がない場合は，原則に戻りましょう。妻は婚姻前の氏に戻り，婚姻前の戸籍に復籍します。もとの戸籍が除籍されている場合は，もとの戸籍と同所同番地に新戸籍を編製します（戸30条3項）。これは，「妻が思わぬところに戸籍ができていた」ということがないように考えられた処理です。また，妻をいったん婚姻前の戸籍にもどしておけば，新戸籍をつくりたいときは「分籍」できるし，復氏して3か月以内なら「戸籍

法77条の2の届」もできますから，妻に意思表示の余地を残すためです。

●**離婚による復氏の特殊な例**
　離婚による復氏は，婚姻事項を確かめて，婚姻前の氏を特定するのが原則です。ところが，以下のようなパターンもあります。
○**転婚者の離婚**
　「あれ？婚姻事項を見たら，実方の氏でもない，養子縁組の氏でもない人が，従前戸籍の筆頭者になってる。これって誰？」こんな婚姻事項があったら，それは「転婚者」かもしれません。婚姻前の戸籍をさかのぼって調べてみましょう。
　婚姻の際に氏を改めた者が，配偶者と死別した場合，事実上婚姻が解消しますから，必ず婚氏を名乗らなければならない期間は終わります。「復氏届（民751条1項，戸95条）」を提出すれば，実方の氏にもどれますが，その復氏届を出さないまま，再婚をする場合があります。このように「復氏届」を出さないまま再婚した人を「転婚者」といいます。
　転婚者の婚姻事項には，直前の死別した配偶者の戸籍が表示されています。その転婚者が離婚した場合は，直前の死別した配偶者の氏も名乗れますし，その前の実方の氏も名乗れます（昭和23・1・13民事甲17号通達）。これは，「離婚届」の中に「復氏届」の効果が含まれていると考えてください。
○**帰化者の離婚**
　「あれ？婚姻事項を見ても，従前戸籍の表示がない。これってなぜ？」こんな婚姻事項があったら，「帰化者」かもしれません。確認してみましょう。
　外国人が日本に帰化したときは，戸籍を作らなければならないので，帰化時に日本の「氏」を設定します。ところが，帰化時に既に日本人と婚姻していて，その日本人配偶者の氏を名乗る場合は，帰化者本人は「氏」の設定をすることをせず，筆頭者である日本人の戸籍に入って，その氏を名乗ります。そんな状態で離婚した場合には，帰化したときに氏を設定していなかったため，離婚の際に初めて「自分の氏」を設定するのです（昭和23・10・16民事甲2648号回答）。氏は，自分の希望する氏を設定できます。もちろん，筆頭者の氏と同じでもかまいません。筆頭者と同じ氏だからといって「戸籍法77条の2」の届出は必要ありませんので注意してください。帰化者の離婚届は，「その他」欄に次の記載が必要です。

> 妻（夫）の復する戸籍がないため，離婚後に称する氏を『○○』と定め，同人につき新戸籍を編製する。

4 力試し問題　婚姻・離婚（婚姻取消し）

次の場合，Aは，民法上誰の氏を称し，戸籍はどのようになりますか。

(1) 山田太郎とAは，夫「山田」の氏を称して婚姻をします。山田太郎は筆頭者です。　★

(2) 夫と死別した妻A（筆頭者の配偶者だった者）は，復氏することなく，妻の氏を称して再婚をします。　★★

(3) Aは，韓国国籍の者と婚姻をします。Aは現在父母の戸籍に入っています。　★★

(4) 夫と死別した妻A（筆頭者の配偶者だった者）は，復氏することなく，夫の氏を称して再婚をし，再婚相手と離婚をします。　★★★

(5) 夫山田太郎の氏を称して婚姻をしたAは，離婚と戸籍法77条の2の届出をして，離婚の際に称していた氏「山田」で，新戸籍を編製しました。その後，Aは再び同一人と夫の氏を称して婚姻をしました。再度Aは離婚をします。★★★

(6) 日本人と婚姻している中国人Aが，帰化しましたが，Aは帰化の際に氏を創らずに，日本人夫の氏を称して，夫の戸籍に入籍しました。この度，夫と離婚しますが，夫と同じ氏で新戸籍を編製することを希望しています。　★★★

(7) 夫の氏を称して婚姻したA（筆頭者の配偶者）は，婚姻中に母方の祖母と養子縁組をしました。その後，Aは夫と離婚します。　★★★

(8) 妻の氏を称して婚姻した夫婦の離婚調停が成立しました。申立人は妻です。届出期間内に，妻は離婚届を提出しました。離婚届の「婚姻前の氏に戻る者の本籍」欄には，夫Aが新戸籍を編製するとして，新本籍と筆頭者が記載されています。　★★★

（※解答と解説 ➡ 183頁へ）

❗ ポイント標語　〜婚姻・離婚（婚姻取消し）〜

○婚　姻　の　選択した氏　筆頭者
○婚　姻　で　独立するから　新戸籍
　　　BUT　「氏」名乗る　夫(妻)が筆頭の戸籍あり
　　　　　　戸籍作らず　そこに入籍
○離婚すれば　婚姻事項の　従前の氏
○７７の２　中身はすでに　婚姻の前

第五　氏の仕組み（メカニズム）（おさらい）

ここで，氏の仕組みをおさらいしましょう。

前記の各章の根拠条文を当てはめながら，確認をしていきましょう。

民法上の氏がしっかり頭に入ったら「氏の異同（民法上の氏が違うのか，同じなのか）」の練習問題にチャレンジしてください。

1　生来の氏（民790条，戸18条1項・2項）

(1) 父母の氏を称し，父母婚姻中の戸籍に入籍する子
- 民法772条（推定を受ける嫡出子）
- 判例（大判昭和15・1・23民集19巻1号54頁）で認められた嫡出子
- 戸籍法62条の出生子

(2) 母の氏を称し，母の戸籍に入籍する子
- 嫡出でない子

2　縁組をしたときの氏（民810条，戸18条3項）

(1) 養親の氏に変わる者
- 単身者
- 夫婦の筆頭者

(2) 養親の氏に変わらない者
- 婚姻の際に氏を改めた者（筆頭者の配偶者）
- 外国人と縁組をした者

> ※　外国人との縁組では，民法上の氏（ゆで卵の中身）は変わらないが，縁組した外国人の養父または養母の称している氏の殻をかぶせることができる（戸107条4項）。ただし，家庭裁判所の許可が必要。

3　離縁（縁組取消し）をしたときの氏（民816条，戸19条1項）

(1) 離縁（縁組取消し）で氏が変わる者
- 単身者（転縁組をしている者で，最終の養親と離縁した者）

　（夫婦の養子となっていて，夫婦双方と離縁した者）

・夫婦の筆頭者（転縁組している者で，最終の養親と離縁した者）
（夫婦の養子となっていて，夫婦双方と離縁した者）

> ※ 離縁の際に民法上の氏（ゆで卵の中身）が変わっても，7年以上の縁組期間があれば，呼称上，離縁の際に称していた氏の殻をかぶせることができる（戸73条の2）。

(2) 離縁（縁組取消し）で氏が変わらない者
・転縁組をしている者で，最終の養親でない養親と離縁した者
・養親夫婦の一方とのみ離縁した者
・婚姻の際に氏を改めた者（筆頭者の配偶者）
・外国人と離縁した者

> ※ 外国人との縁組で，縁組した外国人養父又は養母の称している氏の殻をかぶせていた者が，離縁によって，その殻をとって，もとの氏にもどるためには，家庭裁判所の許可を得て，氏変更の届出をする必要がある（戸107条1項）。

4 婚姻したときの氏（民750条，戸16条）

(1) 婚姻の際に氏を改める者
・婚姻の際に改めた氏ではない者
(2) 婚姻の際に氏を改めない者
・婚姻の際に改めた氏の者
・外国人と婚姻した者

> ※ 外国人との婚姻では，民法上の氏（ゆで卵の中身）は変わらないが，婚姻した外国人の称している氏の殻をかぶせることができる（戸107条2項）。

5 離婚（婚姻取消し）したときの氏（民767条・771条，戸19条1項）

(1) 離婚（婚姻取消し）で氏が変わる者
・婚姻の際に氏を改めた者（筆頭者の配偶者）

※　離婚の際に民法上の氏（ゆで卵の中身）が変わっても，呼称上，離婚の際に称していた氏の殻をかぶせることができる（戸77条の2）。

(2) 離婚（婚姻取消し）で氏が変わらない者
・婚姻の際に氏を改めなかった者
・外国人と婚姻した者

※　外国人との婚姻で，婚姻した外国人の称している氏の殻をかぶせていた者は，離婚によって，その殻をとって，もとの氏にすることができる（戸籍107条3項）。

6 「氏の仕組み（メカニズム）」基本トレーニング

（ 生 は生来の氏， 縁 は縁氏， 婚 は婚氏， 離縁　離婚 ）

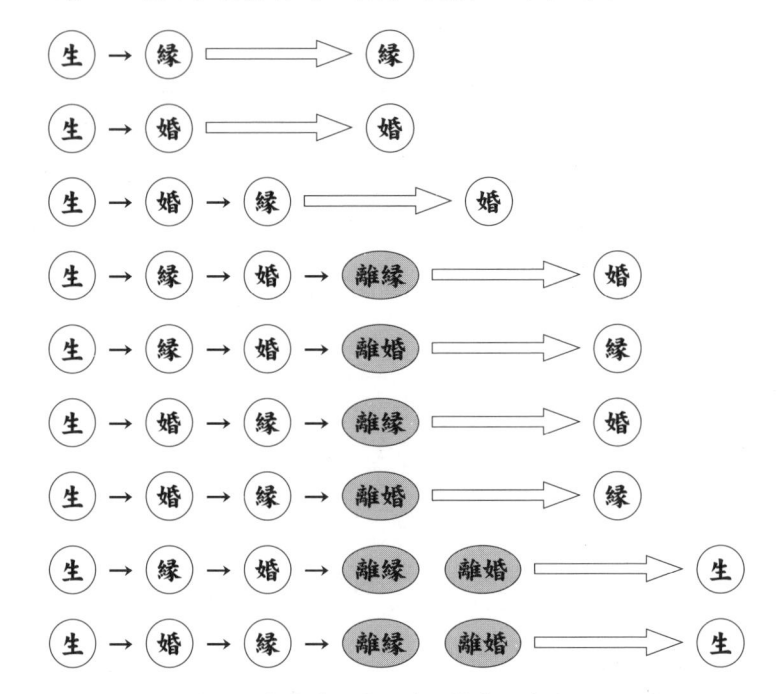

婚氏，縁氏，生来の氏，それぞれの民法上の氏（卵の中身）の変動を示しています。⟹ の先が，身分行為の最終の民法上の氏です。

生 → 縁 ⟹ 縁

生 → 婚 ⟹ 婚

生 → 婚 → 縁 ⟹ 婚

生 → 縁 → 婚 → 離縁 ⟹ 婚

生 → 縁 → 婚 → 離婚 ⟹ 縁

生 → 婚 → 縁 → 離縁 ⟹ 婚

生 → 婚 → 縁 → 離婚 ⟹ 縁

生 → 縁 → 婚 → 離縁　離婚 ⟹ 生

生 → 婚 → 縁 → 離縁　離婚 ⟹ 生

(注) 上記の図は，あくまでも基本です。次の場合は含まれていません。以下の事例を考える際には，上の基本の図，あるいは各章で学んだことを応用して考えてください。

・転縁組（何度も縁組すること）をしている者
・転婚者（筆頭者である夫（妻）と死別して復氏しないまま再婚した者）
・養親夫婦の一方とだけ離縁した者

7 力試し問題　最終問題

いよいよ，「氏のメカニズム」の締めくくりの問題です。ゆで卵の中身が同じか，違うかを問う問題です。簡単そうに見えて意外と難しいですよ【全20点】。

～氏の異同～

次の者の民法上の氏は同じですか，違いますか。

(1) 嫡出でない子と，その子を認知した父の氏は？　★

(2) 父母の戸籍に入籍している子２名（兄と妹）の氏は？　★★

(3) 未婚の中田A子は，子が生まれたため，父母である中田夫妻の戸籍から出て，母につき新戸籍を編製し，子を入籍させました。祖父母である中田夫妻と，生まれた子の氏は？　★★

(4) 父母婚姻中の戸籍に入籍している子の母が，夫（子の父）と離婚して，戸籍法77条の２の届出で，離婚の際に称していた氏「山田」で新戸籍を編製しました。子と母の氏は？　★★

(5) 「山田」を称する母と子の戸籍があります。この度，母が再婚し「川口」になりましたが，離婚して，離婚の際に称していた「川口」の氏で新戸籍を編製しました。もとの「山田」の戸籍に在籍している子と，離婚後の「川口」の氏の母は？　★★★

(6) 父母の氏「山田」を称する子の母が死亡し，父は再婚したので，後妻が，その戸籍に入籍しました。後妻と子は，同籍内で養子縁組をしました。子の父と，その戸籍に在籍し，養子となった子の氏は？　★★★

(7) 山田太郎が，海野C男D子夫婦（C男筆頭者）と縁組をしました。養子の太郎は，海野C男と離縁しました。太郎は海野D子との縁組が継続しているため，戸籍に変動はありません。戸籍筆頭者の海野C男と，太郎の氏は？　★★★

(8) 韓国国籍の「朴正夫」と婚姻した陸田B子は，戸籍法107条２項の氏変更の届出で，外国人配偶者の氏「朴」を名乗りました。その後２人の子どもが生まれました。この度，B子は夫と離婚し，戸籍法107条３項の氏変更の届出をして，「陸田」の氏で新戸籍を編製しました。前の「朴B子筆頭の戸籍」に在籍している子と，「陸田B子」となった母の氏は？　★★★★

（※解答と解説 ➡ 186頁へ）

> **！ ポイント標語　〜最　終〜**
>
> ○**氏変動**　戸籍の変動　超大事！

第二章

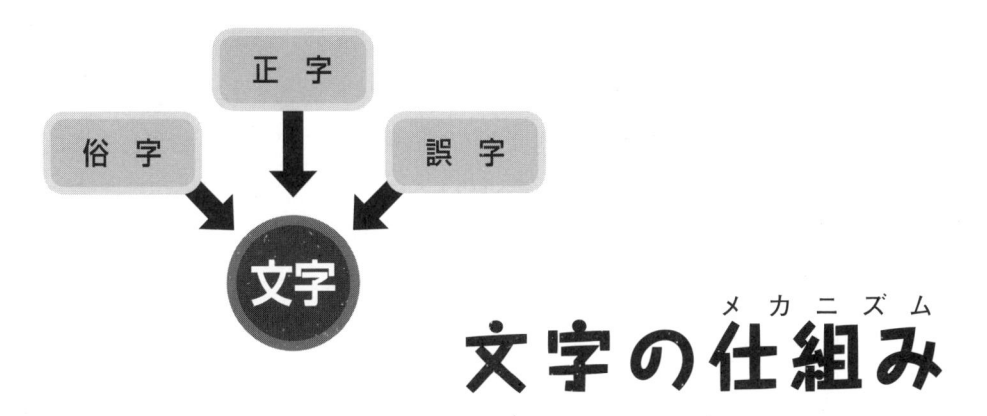

文字の仕組み(メカニズム)

　窓口では，比較的「文字」のトラブルが多いと感じます。それは，戸籍は「公簿」ではありますが，日本国民の国籍と身分関係を公証するという重大な役割を担っているため，個人が記載されている氏名の文字には大きな影響力があり，生活に密着したものであるという認識があるからです。日本には「姓名判断」，「先祖代々の氏」，「墓石の文字」といった意識下の文化が根強くあるため，定められた正しい取扱いをしたとしても，「文字を勝手に変えた」という苦情が絶えません。窓口を担当する者として，一人ひとりの心を汲み取りながらも，取扱いの主旨を理解してもらえるための「説明する力」を身につけなければなりません。

　さあ，訓練を始めましょう。

- 第一　文字の歴史を知りましょう
- 第二　現行通達徹底克服
- 第三　文字のマルマル表・文字のマルマル別表
- 第四　現行通達番外編（文字のグレイゾーンと戸籍訂正）
- 第五　文字の仕組み(メカニズム)「力試し問題」1
- 第六　文字の仕組み(メカニズム)「力試し問題」2

第一　文字の歴史を知りましょう

　これまで文字に関する通達が多く発出されて，文字の取扱いがたびたび変更されました。戸籍への記載の時期によって，同じ戸籍の中に，同じ人の氏名が違う文字で記載されたり，戸籍が編製された時期によって，別戸籍の親の氏の文字と子の氏の文字が違う文字で記載されたりして，窓口のトラブルの原因にもなっています。通達の歴史的経緯を頭に入れて，根拠を持って取扱いの説明ができるようになりましょう。文字の取扱いの変遷を大きく5つに区切って掲載します（●は変更に係る主要な通達の運用開始日を示しています）。

文字の歴史年表

①平成2年5200号通達（整理通達）発出以前（この期間は，申出がない限り，戸籍の変動があっても，文字はそのまま記載する取扱い。）

昭和25.12.15民事甲3205号通達
　誤字は，訂正申出によって管轄法務局の長の指示を得て市区町村長の職権で訂正する。

昭和34.6.4民事甲1127号通達
　当用漢字の原字，旧字体は更正申出があれば市区町村長限りの職権で更正する。

昭和38.4.19民事甲1136号回答
　先例等で更正ができると認められている誤字や俗字は，申出により管轄法務局の長の指示を得ることなく市区町村長限りの職権で更正する。

昭和42.10.20民事甲2400号通達
　「戸籍の氏名欄の更正に関する誤字・俗字一覧表」が示される。

昭和56.9.14民二5536号通達
　「常用漢字表」（昭和56年内閣告示第1号）の公布・施行に伴い，子の名に用いることのできる文字に関する戸籍事務の取扱いについての基本通達が示される。

昭和56.9.14民二5537号通達
　通用字体と異なる字体の文字を通用字体へ更正する申出があった場合は，市区町村長限りの職権で更正する。
　誤字，俗字の正字への訂正申出は管轄法務局の長の許可を得て職権で訂正することができる。ただし，その訂正が既に先例で認められているときは，管轄法務局長の許可を要しない。

昭和58.3.22民二1500号通達

常用漢字表，人名用漢字別表に掲げる字種以外の漢字についても，申出により，その字体を同音同義に用いられる康熙字典体に更正できる。
「礻」「艹」「辶」「飠」をへんに持つ字体を，「ネ」「艹」「辶」「食」の字体に更正できる。　←　このときはまだ「吉」・「﨎」などの字はデザイン上の差と認識されていた

昭和58.3.22民二1501号通達

新たな「誤字・俗字一覧表」が示される。

平成3年1月1日●5200号通達運用開始

【主な改正点】

平成2.10.20民二5200号通達

誤字や俗字は，戸籍の変動の際，申出を待たず市区町村長限りの職権で対応する正字で記載する。
この通達により，従来の通知・回答は整理され，この通達に反する先例は廃止された。

平成2.10.20民二5202号依命通知

5200号通達を運用するための留意事項が示される。

平成2.11.22民二5300号通達

新たな「誤字俗字・正字一覧表」が示される。

②平成2年5200号通達開始から平成6年改正まで（この期間は、戸籍の変動があると、誤字も俗字も全部対応する正字に変える取扱い。）

平成6年12月1日●平成6.11.16民二7005号通達による変更後の5200号通達運用開始

【主な改正点】

平成6.11.16民二7005号通達

これまでの俗字の取扱いが変更され，俗字で戸籍に記載されている文字は，戸籍変動の際もそのまま記載する。
なお，改正前通達により職権で俗字を正字に訂正した場合において，本人により従前の俗字への更正の申出があったときは，更正して差し支えない。

平成6.11.16民二7006号依命通知

変更後の5200号通達の留意点が示される。
また，「正字・俗字等対照表」が新たに示された。　←　ここで「吉」・「﨎」などが俗字と示される

平成6.11.16民二7007号通達

新たな「誤字俗字・正字一覧表」が示される。

③平成6年5200号通達の改正後、平成16年改正まで（ここからは、戸籍の変動があっても俗字はそのまま記載する。誤字は正字に対応させる取扱い。）

平成16年9月27日 ●同日民一2665号通達による変更後の5200号通達の運用開始

④平成16年5200号通達の改正後平成22年まで（正字と俗字の概念が整理されたが，俗字と誤字の取扱いは③と同様

【主な改正点】

平成16.9.27民一2665号通達

戸籍法施行規則60条2号の別表第二の改正に伴う，5200号通達の一部改正がされる。

俗字や誤字を訂正できる場合は，①常用漢字，②規則別表第二の一の漢字，③その他の正字，④5200号通達別表の文字。

更正できる場合は，①通用字体の異体字を通用字体へ更正する，②規則別表第二の一の異体字を規則別表第二の一の漢字へ更正する，の2つに限定された。

平成16.9.27民一2666号依命通知

戸籍法施行規則60条2号の別表第二の改正に伴う，5202号依命通知の一部改正がされる。

平成16.10.14民一2842号通達

新たな「誤字俗字・正字一覧表」が示される。

平成22年11月30日 ●同日民一2903号通達による変更後の5200号通達の運用開始

⑤平成22年5200号通達改正後

【主な改正点】

平成22.11.30民一2903号通達

平成2年民二5200号通達の一部改正。

平成22.11.30民一2905号通達

常用漢字表の改訂（平成22年内閣告示第2号）に伴う「誤字・俗字・正字一覧表」の一部改正。

平成22.11.30民一2913号依命通知

平成2年民二5202依命通知別表が改められた。

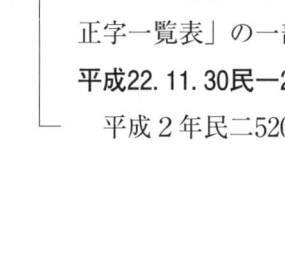

↓ 現在

第二　現行通達徹底克服

　氏又は名の記載に用いる文字の取扱いは，通達で規定されています。通達の大きな流れは，平成2年10月20日民二5200号通達（以下「平成2年5200号通達」という。）を基本として，平成6年11月16日民二7005号通達（以下「平成6年7005号通達」という。）で一部改正され，平成16年9月27日民一2665号通達で文字の整理がされ，平成22年11月30日民一2903号通達で常用漢字改定に伴う改正がされて現在に至っています。基本の通達である平成2年5200号通達以降の通達の内容は，基本の通達の「〇〇〇」を「●●●」に改めるというように，通達の定め全部を掲載していないため，私たちの頭の中では，現行の基本通達がどうなっているのかということを把握しにくくなっています。そこで，これまでの通達をミックスして，現行の民二5200号通達の全体像を掲載し，その説明と克服法を併記しました。

　文字の学習を窓口対応等に生かすには，コツがあります。それは，現行の通達だけではなく，前掲の戸籍の歴史とともに歩んだ「文字の歴史」を踏まえた上で，「誤字」や「俗字」がどのような経緯で生まれ，どのような主旨で文字の正字化が図られたかを総合的に理解することです。窓口のお客様に「決められているから仕方がない」と説明しても納得はしていただけません。理由に根ざした根拠には説得力があります。根拠の背景にある理由を身につけてください。

　現行通達の全文を以下の項目に分けて左ページに掲載し，その右ページに通達の説明と弱点克服に必要な知識を掲載します。

1. 誤字と俗字
2. 告　知
3. 訂正申出
4. 訂正申出の記載例と訂正する範囲
5. 更正申出
6. 更正申出の記載例と更正する範囲
7. 新戸籍編製の届出と同時に更正申出があった場合の取扱い
8. 変体仮名によって記載されている名の更正

1 誤字と俗字

現　行　通　達

　氏又は名の記載に用いる文字の取扱いに関する戸籍事務の取扱いは，次のとおりとするので，貴管下支局長及び管内市区町村長に周知方取り計らわれたい。
　なお，これに反する当職通達又は回答は，本通達によって変更又は廃止するので，念のため申し添える。
第１　新戸籍編製等の場合の氏又は名の記載に用いる文字の取扱い
　婚姻，養子縁組，転籍等による新戸籍の編製，他の戸籍への入籍又は戸籍の再製により従前の戸籍に記載されている氏若しくは名を移記する場合，又は認知，後見開始等により，戸籍の身分事項欄，父母欄等に新たに氏若しくは名を記載する場合において，当該氏又は名の文字が従前戸籍，現在戸籍において俗字等又は誤字で記載されているときの取扱いは，次のとおりとする。
１　俗字等の取扱い
　　戸籍に記載されている氏又は名の文字が次に掲げる文字であるときは，そのまま記載するものとする。
　(1)　漢和辞典に俗字として登載されている文字（別表に掲げる文字を除く。）
　(2)　「示」，「辶」，「食」又は「靑」を構成部分に持つ正字の当該部分がそれぞれ「ネ」，「辶」，「飠」又は「青」と記載されている文字
２　誤字の取扱い
　(1)　誤字の解消
　　　戸籍に記載されている氏又は名の文字が誤字で記載されているときは，これに対応する字種及び字体による正字又は別表に掲げる文字（以下「正字等」という。）で記載するものとする。
　　　対応する字種に字体が複数あり，そのいずれの字体に対応するかについて疑義がある場合には，それらの字体のうち「通用字体」（常用漢字表（平成22年内閣告示第２号）に掲げる字体（括弧書きが添えられているものについては，括弧の外のもの）をいう。）又は戸籍法施行規則（昭和22年司法省令第94号）別表第二（以下「規則別表第二」という。）の一に掲げる字体を用いるものとする。ただし，対応する正字等を特定する上で疑義がある場合には，管轄法務局若しくは地方法務局又はその支局（以下「管轄局」という。）の長の指示を求めるものとする。
　(2)　事由の記載
　　　従前の戸籍に誤字で記載されている氏又は名の文字を新たに戸籍にこれに対応する正字等で記載した場合には，その事由については，戸籍に記載を要しない。

第二章　文字の仕組み

現行通達の説明と克服法

●誤字とは何でしょうか

　世界に誇る日本の現行戸籍制度は，明治5年から始まりましたが，当初は手書きであり，文字についての特別の定めがなかったため，戸籍担当者の「書き癖」や「移記間違い」，出生届の届出の際の誤り等のため，辞書に載っていない文字が発生する結果になりました。この，「辞書に載っていない文字」を誤字といいます（注：辞書に載っていても「譌字（かじ）」や「略字」は誤字です）。近年，OA化が進み，文字の整理を図るため，平成2年10月20日民二5200号通達（以下「平成2年5200号通達」という）が発せられ，以後，急速に誤字の解消が進みました。

●俗字とは何でしょうか

　俗字は，もともと誤字の仲間ですが，一般的に多く使用され，社会的に認知されている文字として俗字とされました。辞書に「俗字」として搭載されている文字もあります。

　また，「示」「辶」「食」「靑」をそれぞれ偏に持つ正字で，つくりはそのままで，偏が「礻」「辶」「飠」「青」と記載されている文字も俗字として扱います（例）。

(例)
　邊（正字）→邊（俗字）／靜（正字）→静（俗字）／禰（正字）→禰（俗字）

●正字とは何でしょうか

　正字とは，辞書に「正字」として載っている正しい文字です。また，もともとは俗字だったものでも，通達で「正字」とされた文字もあります。もともと俗字だった文字が正字となった文字を含むため，通達文では「正字」とは表現せずに「正字等」と表現されています。大きく分けて，常用漢字表の通用字体，戸籍法施行規則別表第二の一（以下「規則別表二の一」という），及び戸籍法施行規則別表第二の二（以下「規則別表二の二」という）の文字，平成2年10月20日民二5200号通達別表（以下「通達別表」という）の文字，康熙字典，その他辞書に正字として掲載されている文字が正字です。

●誤字の取扱い

　氏名が誤字で記載されている者が，新戸籍編製や，他の戸籍への変動があった場合は，その誤字は対応する正字で記載しますが，対応する正字に疑義がある場合は，管轄法務局の長の指示を求めます。対応する正字が判明しない場合は，そのまま記載せざるを得ません。

　なお，前記のように戸籍の変動にともなって，誤字を正字に変えた場合は，変えた事由を戸籍に記載する必要はありません。

●俗字の取扱い

　氏名が俗字で記載されている者が，新戸籍を編製したり，他の戸籍への変動があった場合は，変更せずそのまま記載します。

2 告　知

現　行　通　達

(3) 告知手続

　従前の戸籍に氏又は名の文字が誤字で記載されており，新たに戸籍の筆頭者氏名欄又は名欄にこれに対応する正字等で記載する場合は，戸籍の記載の事前又は事後に書面又は口頭でその旨を告知するものとする。ただし，届出書の届出人署名欄に正字等で自己の氏又は名を記載して届出をした者に対しては，告知を要しない。

ア　告知は，新たに戸籍の筆頭者氏名欄又は名欄に記載する市区町村長（以下「記載市区町村長」という。）又は届出を受理した市区町村長が行う。届出等を受理した市区町村長が行った場合は，届書等を記載市区町村長へ送付する際に告知した内容を通知するものとする。

イ　告知の相手方は，筆頭者氏名欄の氏の場合は筆頭者（筆頭者が除籍されている場合は，配偶者。配偶者も除籍されている場合は，同戸籍に記載された他の者全員）に対し，名欄の場合は本人に対してこれを行う。

ウ　郵送により告知する場合は，本人の住所地にあて，告知書を発送すれば足りる。また，告知の相手方が届出人である場合に，使者により届出等がされたときは，使者に告知書を交付すれば足りる。

エ　記載市区町村長は，告知した日，方法，内容等を便宜の方法で記録するものとする。なお，告知を要しない場合は，届書の欄外に適宜の方法でその旨を記載するものとする。

現行通達の説明と克服法

●告知とは何でしょうか

　氏名が誤字で記載されていた者が，戸籍の変動で正字に変更されます。法的に正しい取扱いをしたとしても，戸籍の文字が変更になることは，使用している本人にとっては重大なことです。変更したことを本人に知らせなくてはなりません。このように，本人に知らせることを「告知」といいます。

●告知する相手

・氏の文字が変更になった場合……筆頭者。筆頭者が除籍されている場合は配偶者。筆頭者も配偶者も除籍されている場合は，他の在籍者全員

・名の文字が変更になった場合……本人

●告知の方法

　例を挙げましょう。

　この度，夫の氏を称する婚姻届が提出されました。夫が筆頭者になり，新戸籍が編製されます。ところが，戸籍での夫の氏は「藤田」と記載されています。氏の文字「藤」は誤字ですので，新戸籍では対応する正字である「藤田」で記載します。婚姻届の「署名欄」を見てみましょう。

1，夫（届出人）が正字である「藤田」で署名していた場合（告知不要）

　　夫本人は，自分の氏が正字の「藤田」であると認識していますから，告知する必要はありません。婚姻届の欄外に「告知不要」と記載することで足ります。このように，取扱いでは「告知は不要」とされていますが，窓口に本人が来ている場合は，念のため変更の旨を説明した方が良いでしょう。

2，夫が誤字である「藤田」で署名してきた場合（口頭による告知）

　　夫本人は，自分の氏が誤字の「藤田」であると認識していますから，告知が必要です。窓口で，新戸籍には正字で記載することを口頭で告知し，婚姻届の欄外に「口頭による告知」と記載します。

3，夫が誤字である「藤田」で署名してきた場合（告知書）

　　夫本人は，自分の氏が誤字の「藤田」であると認識していますから，告知が必要ですが，窓口で告知することができませんでした。この場合は，夫の住所地に告知書を送付することになります。告知書の送付は，受理市区町村又は記載市区町村が行いますが，告知した内容について，届書に記録する必要がありますから，告知書のコピーを届書に添付する方法が良いでしょう。また，使者による届出の場合は，その使者に告知書を交付すれば足ります。

※告知して拒否されたとしても，戸籍に誤字で記載することはできません。

3 訂正申出

現 行 通 達

第2　戸籍の氏又は名の文字の記載の訂正
　戸籍の氏又は名の文字が俗字等又は誤字で記載されている場合において，その文字をこれに対応する正字等に訂正する申出があったときは，市区町村長限りで訂正して差し支えない。ただし，対応する正字等を特定する上で疑義がある場合には，管轄局の長の指示を求めるものとする。
1　申出人
　(1)　筆頭者氏名欄の氏の文字の記載を訂正する申出は，当該戸籍の筆頭者（15歳未満のときは，その法定代理人）及びその配偶者がしなければならない。その一方が所在不明又はその他の事由により申出をすることができないときは，他の一方がすることができ，この場合には，申出書にその事由を記載しなければならない。これらの者が除籍されているときは，同戸籍に在籍している者（15歳未満のときは，その法定代理人）が共同ですることができる。
　(2)　名欄の名の文字の記載を訂正する申出は，本人（15歳未満のときは，その法定代理人）がしなければならない。
　(3)　筆頭者氏名欄及び名欄以外の欄の氏又は名の文字の記載を訂正する申出は，当該戸籍の名欄に記載されている者（15歳未満のときは，その法定代理人）がしなければならない。
2　申出の方法等
　(1)　訂正の申出は，いつでもすることができる。戸籍記載の基本となる届出と同時にするときは，届書の「その他」欄にその旨を記載すれば足りる。
　(2)　氏又は名の文字の記載の訂正は，一つの戸籍ごとに申出を要するものとする。
　(3)　訂正の申出書（その申出が「その他」欄に記載された届書を除く。）は，戸籍法施行規則第23条第2項の種目により受付の手続をし，戸籍の記載後は，一般の届書類に準じて整理保存する。

現行通達の説明と克服法

●「訂正申出」とは何でしょうか

　誤ったものを正しくすることを「訂正」といいます。文字でいうと，誤った文字「誤字」から正字にすることが「訂正」です。また，誤字の仲間だった「俗字（等）」から正字にすることも「訂正」です。

　現行通達の第1の2に示された戸籍の変動によって，当然に「誤字」が「正字」に変わることとは別に，当事者が，文字を訂正したいという「意思表示」をして，誤字を正字に変更する手続を「訂正申出」といいます。また，第1の1に示された戸籍の変動があっても当然には変更されない「俗字」についても，同様に「意思表示」によって訂正することを「訂正申出」といいます。本籍地の市区町村長に対して「訂正申出書」を提出し，当該市区町村長はその申出を受けて，職権で文字訂正をすることになりますが，戸籍には本人の「意思表示」で文字を変更した旨の記載が必要です。また，訂正後の文字は対応する「同じ字種の正字」ですが，対応する文字について疑義がある場合は，管轄法務局の長に指示を求めることになります。

●「申出書」と「届書」の違いは何でしょうか

　「申出書」とは，申出書そのもので効力が発生するのではなく，本籍地の市区町村長に対して「申出内容の職権発動を促す書面（市区町村長を申出に係る内容のとおりに動かすきっかけの書面）」をいいます。受付をした市区町村長が受理をして効力を発生させる「届書」とは，少し意味が違います。したがって，申出書の宛名は「本籍地市区町村長」ということになります。

●訂正申出できる人

・氏の文字を訂正する場合
　① 筆頭者及び配偶者（一方が所在不明，その他の理由で申出できないときは，その旨を「その他」欄に記載すれば他の一方のみで申出できる）
　② 筆頭者が除籍されている場合は配偶者
　③ 筆頭者も配偶者も除籍されている場合は，その他の在籍者全員
・名の文字を訂正する場合……本人

●申出の方法

　① 戸籍記載の基本となる届書の「その他」欄に記載して申出する方法
　② 「訂正申出書」を提出して申出する方法

（注1）　訂正申出は一つの戸籍単位で行います。したがって，例えば，親が別戸籍の子の氏名を訂正申出することはできません。

（注2）　②の訂正申出書は一般の届書と同様に整理保管しますが，前記のように「申出書」は本籍地の市区町村長が受理をするため，本籍地でない市区町村長が「受付」をした場合は，本籍地に送付するのみで，一般の届書類に綴ることはできません。

4 訂正申出の記載例と訂正する範囲

現　行　通　達

3　訂正の及ぶ範囲

　　筆頭者氏名欄の氏の文字の記載を訂正する場合は，同一戸籍内のその筆頭者の氏の文字の記載をすべて訂正するものとする。また，その者の氏のほか，その者と同一呼称の氏の文字についても訂正することができる。

　　名欄の名の文字の記載を訂正する場合は，同一戸籍内のその者の名の文字の記載をすべて訂正するものとする。

4　訂正事由の記載

(1)　筆頭者氏名欄の氏の文字の記載の訂正をする場合は，戸籍事項欄に訂正事由を記載するものとし，この場合において3により同一戸籍内の他の欄においてその者の氏又はその者と同一呼称の氏の文字を訂正するときは，個別の訂正事由の記載を要しない。

(2)　名欄の名の文字の記載を訂正する場合は，その者の身分事項欄に訂正事由を記載するものとし，この場合において3により同一戸籍内の他の欄においてその者の名の文字の記載を訂正するときは，個別の訂正事由の記載を要しない。

(3)　筆頭者の名の文字の記載の訂正に伴って筆頭者氏名欄の名の文字の記載の訂正をする場合は，戸籍事項欄に訂正事由の記載を要しない。

(4)　筆頭者氏名欄及び名欄以外の欄の氏又は名の文字の記載の訂正をする場合は，当該戸籍に記載されている者の身分事項欄にその訂正事由を記載する。

　　　この場合の戸籍の記載は，本日付け法務省民二第5201号当職通達をもって示した戸籍記載例216及び217の例による。

5　訂正事由の移記

　　氏又は名の文字の記載を訂正した後に，転籍し，新戸籍を編製し，又は他の戸籍に入籍する者については，氏又は名の文字の記載の訂正事由は，移記を要しない。

6　届書に正字等で記載した場合の取扱い

　　戸籍の筆頭者氏名欄の氏の文字が誤字又は俗字で記載されている場合において，1(1)に記載された者が，届書の届出人署名欄に正字等で氏を記載して届け出たときは，氏の文字の記載の訂正の申出があった場合と同様に取り扱い，その氏の文字の記載を訂正することができる。

　　名欄の名の文字が誤字又は俗字で記載されている者が，届書の届出人署名欄に正字等で名を記載して届け出た場合も，同様とする。

現行通達の説明と克服法

●訂正申出の記載例と訂正範囲

　意思表示によって訂正するのですから，戸籍には，「意思表示」で文字を変更した旨の記載が必要です。記載例及び訂正範囲は次のようになります。

・「氏」の文字の訂正申出の記載

　　「氏」は，戸籍全体に係ることなので，戸籍事項欄に記載します。

コンピュータ戸籍（戸籍事項欄）	紙戸籍（戸籍事項欄）
文字訂正　【訂正日】平成○年○月○日 　　　　　【従前の記録】 　　　　　　【氏】西本	平成○年○月○日「西」に文字訂正㊞

・「氏」の文字の訂正申出による訂正範囲①（「誤字」を「正字」に訂正する場合）

　　誤ったものを正しくするという考えから，同一戸籍の同一呼称の氏全部を訂正します（例：筆頭者の氏，身分事項欄の氏，父母欄の同じ呼称の氏等）。

・「氏」の文字の訂正申出による訂正範囲②（「俗字」を「正字」に訂正する場合）

　　同一戸籍内の，当該筆頭者の氏を訂正します。

　（注）　通達では，あたかも「誤字・俗字」が同様の取扱いのように読み取れますが，「俗字」は，平成6年7005号通達で，戸籍に記載できる文字とされたため，同一戸籍に，筆頭者本人とは違う者の氏（例えば父母の氏等）が，たとえ呼称上同一であったとしても訂正しません。

・「名」の文字の訂正申出の記載

　　「名」は，その人個人のことなので，身分事項欄に記載します。

コンピュータ戸籍（本人の身分事項欄）	紙戸籍（本人の身分事項欄）
文字訂正　【訂正日】平成○年○月○日 　　　　　【従前の記録】 　　　　　　【名】靜子	平成○年○月○日「静」に文字訂正㊞

・「名」の文字の訂正申出による訂正範囲

　　同一戸籍内の，当該本人の名をすべて訂正します。

●訂正事由の移記

　戸籍に記載された訂正申出の事項は，戸籍の変動があった場合には移記しません。

　（注）　前記の第2の6に，戸籍の「氏」又は「名」の文字が，誤字や俗字である場合において，届書の届出人署名欄に正字等で氏を記載して届け出たときは，申出があったとみなして訂正できるといった内容が示されていますが，これは「できる」であって，「しなければならない」ということではありません。このような場合は，後のトラブルを防ぐため，窓口で意思確認を行うことが必要であると考えます。

5 更正申出

現　行　通　達

第3　戸籍の氏又は名の文字の記載の更正
　戸籍の筆頭者氏名欄又は名欄の氏又は名の文字については，次の場合に更正することができ，更正の申出があった場合は，市区町村長限りで更正して差し支えない。
1　更正のできる場合
　(1)　通用字体と異なる字体によって記載されている漢字を通用字体の漢字にする場合
　(2)　規則別表第二の一の字体と異なる字体によって記載されている漢字を規則別表第二の一の字体の漢字にする場合（対応する字体を特定する上で疑義がある場合には，管轄局の長の指示を求めるものとする。）
　(3)　変体仮名によって記載されている名又は名の傍訓の文字を平仮名の文字にする場合
　(4)　片仮名又は平仮名の旧仮名遣いによって記載されている名又は名の傍訓の文字を現代仮名遣いによる文字にする場合
2　申出人等
　　申出人，申出の方法等，更正事由の記載，更正事由の移記については，前記第2のうち，1(1)及び(2)，2，4及び5に準じて行う。
　　この場合の戸籍の記載は，前記当職通達をもって示した戸籍記載例218の例による。

現行通達の説明と克服法

●「更正申出」とは何でしょうか

　もともとは正しかったものが，法改正などで取扱いが変わり，その変わった後の取扱いに合わせることを，「更正」といいます。文字については，次の場合をいいます。

●更正申出できるのはどんな場合でしょうか（※）

・常用漢字表の通用字体でない文字を，通用字体の文字に変える場合
・規則別表第二の一の字体でない字体を，規則別表第二の一の字体に変える場合
・変体仮名で記載されている文字を，平仮名に変える場合
・旧仮名遣いの文字を現代仮名遣いに変える場合
　（後掲の第三　文字のマルマル表・文字のマルマル別表（52頁）参照。対応する文字について疑義がある場合は，管轄法務局の長に指示を求めることになります。）

●更正申出できる人

・氏の文字を更正する場合
　① 筆頭者及び配偶者（一方が所在不明，その他の理由で申出できないときは，その旨を「その他」欄に記載すれば他の一方のみで申出できます。）
　② 筆頭者が除籍されている場合は配偶者
　③ 筆頭者も配偶者も除籍されている場合は，その他の在籍者全員
・名の文字を更正する場合……本人

●申出の方法

　① 戸籍記載の基本となる届書の「その他」欄に記載して申出をする方法
　②「更正申出書」を提出して申出をする方法
　（注１）　更正申出は，一つの戸籍単位で行います。したがって，例えば親が別戸籍の子の氏名を更正申出することはできません。
　（注２）　②の更正申出書は一般の届書と同様に整理保管しますが，前記のように「申出書」は本籍地の市区町村長が受理をするため，本籍地でない市区町村長が「受付」をした場合は，本籍地に送付するのみで，一般の届書類に綴ることはできません。

（※）【例外措置】平成２年5200号通達で，俗字であるとして正字に変えられてしまっていた文字のうち，平成６年7005号通達（変更後の5200号通達）によって俗字のまま使用できるようになったものを，もとの「俗字」にもどす場合（例えば，平成３年に婚姻で新戸籍を編製し，氏の文字が「脇田」に訂正された者が，もとの「脇田」にもどす場合など。）も更正申出として取り扱います。
　　また，従前デザイン上の差の文字であった期間に「吉」「西」を「吉」「西」に変更して記載されていた場合も，平成６年7006号依命通知により改正された5202号依命通知の別表に「吉」「西」が俗字として搭載されたため，更正申出があれば，「吉」「西」にもどすことができます。

6 更正申出の記載例と更正する範囲

現 行 通 達

2 申出人等
　申出人，申出の方法等，更正事由の記載，更正事由の移記については，前記第2のうち，1(1)及び(2)，2，4及び5に準じて行う。
　この場合の戸籍の記載は，前記当職通達をもって示した戸籍記載例218の例による。
（注：この項は，戸籍記載，更正範囲に係る内容を含むため，前掲46頁の現行通達に掲載したものを，再度掲載しています。）

3 更正の及ぶ範囲
　筆頭者氏名欄の氏の文字の記載を更正する場合は，同一戸籍内のその筆頭者の氏の文字の記載をすべて更正するものとする。著しい差異のない字体への更正の場合は，その者の氏のほか，その者と同一呼称の氏の文字についても更正することができる。
　名欄の名の文字の記載を更正する場合は，同一戸籍内のその者の名の文字の記載をすべて更正するものとする。
　なお，父母の氏又は名の文字の記載が更正された場合には，父母と戸籍を異にする子は，父母欄の更正の申出をすることができる。この場合において，子が父母と本籍地を異にするときは，父母の氏又は名の文字の記載が更正された後の戸籍謄（抄）本を添付しなければならない。

現行通達の説明と克服法

●更正申出の記載例と訂正範囲

意思表示によって更正するのですから，戸籍には，「意思表示」で文字を変更した旨の記載が必要です。記載例及び更正範囲は次のようになります。

・「氏」の文字の更正申出の記載

「氏」は，戸籍全体に係ることなので，戸籍事項欄に記載します。

コンピュータ戸籍（戸籍事項欄）	紙戸籍（戸籍事項欄）
文字更正　【更正日】平成〇年〇月〇日 　　　　　【従前の記録】 　　　　　　【氏】河邊	平成〇年〇月〇日「辺」に文字更正㊞

・「氏」の文字の更正申出による更正範囲

同一戸籍内の，当該筆頭者の氏を更正します。

・「名」の文字の更正申出の記載

「名」は，その人個人のことなので，身分事項欄に記載します。

コンピュータ戸籍（本人の身分事項欄）	紙戸籍（本人の身分事項欄）
文字更正　【更正日】平成〇年〇月〇日 　　　　　【従前の記録】 　　　　　　【名】靜子	平成〇年〇月〇日「静」に文字更正㊞

・「名」の更正申出による訂正範囲

同一戸籍内の，当該本人の名をすべて更正します。

●訂正事由の移記

戸籍に記載された更正申出の事項は，戸籍の変動があった場合には移記しません。

7 新戸籍編製の届出と同時に更正申出があった場合の取扱い

現　行　通　達

4　新戸籍編製の事由となる届出と同時に申出があった場合の更正の方法
　　婚姻，養子縁組，転籍等により新戸籍を編製し，又は他の戸籍に入籍する場合において，その届出と同時に更正の申出があったときは，従前の戸籍で氏又は名の文字の記載を更正する。
　　筆頭者及び配偶者以外の者が自己の氏を称する婚姻等の届出をし，その者を筆頭者とする新戸籍を編製する場合において，その届出と同時に氏の更正の申出をしたときは，更正後の氏で新戸籍を編製し，同戸籍の戸籍事項欄に更正事由を記載する取扱いをして差し支えない。

8 変体仮名によって記載されている名の更正

現　行　通　達

第4　変体仮名によって記載されている名について
　変体仮名によって記載されている名を戸籍の筆頭者氏名欄及び名欄以外の欄に記載する場合は，従前の戸籍の検索等に支障を来さない限り，平仮名を用いて差し支えない。

現行通達の説明と克服法

●更正申出事項は，従前戸籍に記載するのか，新戸籍に記載するのか

　新戸籍編製と同時に「氏」又は「名」の更正申出があった場合は，新旧どちらの戸籍に記載するべきか迷うところです。誤った判断をすると，市区町村が2つ以上にまたがる場合に，更正事項が重複したり，あるいは記載遺漏したりしますから，次の基本的な考え方をマスターしましょう。

（基本1）　申出事項は，移記事項ではない。新戸籍，又は変動後の戸籍には，移記しないものは記載しない（移記しないものは，次の戸籍に残らないほうがよい）。

（基本2）　氏の更正申出の場合，本人による申出にかかるものだから，申出した本人の戸籍でない者の戸籍には，更正申出事項は記載できない。

　以上の基本で考えると，記載する戸籍は次のようになります。

・管外転籍によって，A市からB町に転籍する転籍届に「氏又は名の更正申出」があった場合
　➡（基本1）により，従前のA市で更正事項を記載する。

・婚姻（養子縁組）で，A戸籍からB戸籍に変動する届出に「名の更正」申出があった場合
　➡（基本1）により，従前のA戸籍で更正事項を記載する。

・それぞれA町，B市に戸籍がある者が，婚姻によりC区に新戸籍を編製する際に，婚姻届に「氏の更正申出」があった場合
　➡父母の戸籍にある夫又は妻が，新戸籍編製の際に「称する氏」の更正申出があった場合は，申出したのは，新戸籍を編製する子であるから，従前の父母の戸籍に更正事項を記載できない。（基本2）により，C区の新戸籍で申出事項を記載する。

現行通達の説明と克服法

●父母欄，身分事項欄の名の文字が，変体仮名で記載されている場合の取扱い

　戸籍は，通達に定められた誤字から正字への変更や，申出による変更以外は，原則として，従前戸籍の氏名の文字は，忠実に次の戸籍に移記します。

　しかし，父母欄の父母の名，あるいは身分事項欄の認知事項の母の名等が，変体仮名によって記載されている場合は，戸籍検索に支障がない限り，対応する平仮名で記載することができます。ただし，筆頭者欄や名欄に記載されている名の文字は，申出がない限り更正できません。

第三　文字のマルマル表・文字のマルマル別表

　現行通達の説明と克服法では，訂正・更正の実務を説明しましたが，この文字からこの文字へ変更できるのか，また，変更できるなら「訂正」なのか「更正」なのかを知ることが必要です。以下のオリジナルの図を参考にしてください。

【文字のマルマル表】

　同じ○の中同士は更正，訂正はできません。
　矢印の逆方向へは更正，訂正はできません。

```
   規則別表二の二の文字        常用漢字表の通用字体
   通達別表の文字    ──更正──→   規則別表二の一の文字
   康熙字典の文字
   辞書で正字とされている文字
              ↑                    ↑
              訂正                  訂正
              │                    │
         ( ──  俗　字　・　誤　字  ── )
```

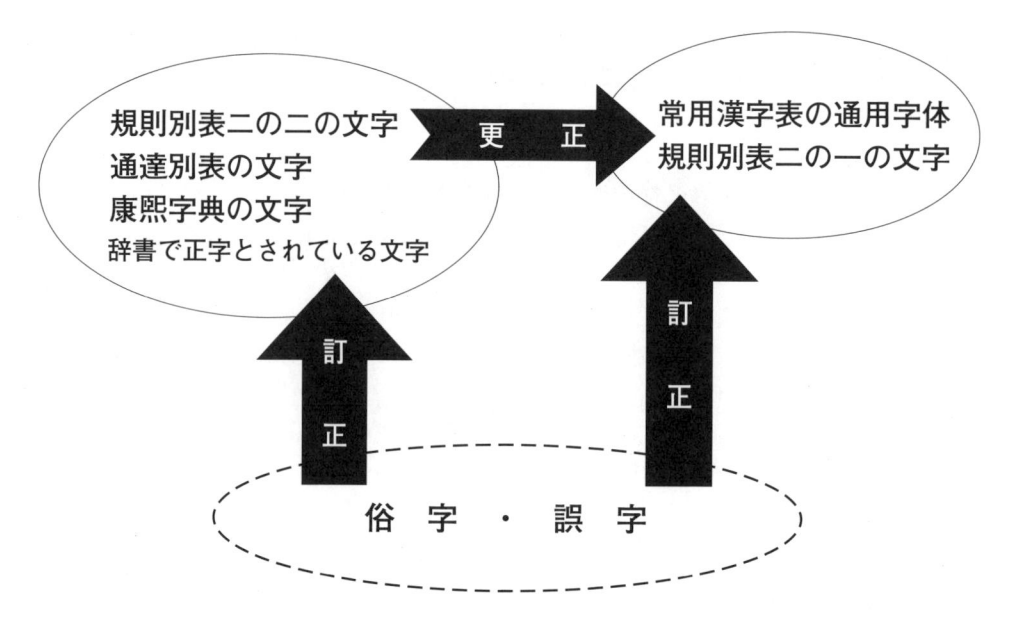

【文字のマルマル別表】

　矢印の逆方向へは更正できません。

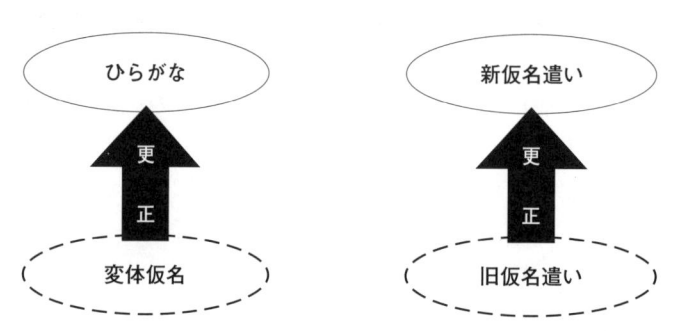

```
     ひらがな            新仮名遣い
        ↑                   ↑
       更正                 更正
        │                   │
     ( 変体仮名 )         ( 旧仮名遣い )
```

第四　現行通達番外編(文字のグレイゾーンと戸籍訂正)

　さて，文字の歴史，現行通達を学んだ後は，基本通達には定めがない不思議な文字の勉強をしましょう。また，通達に定めた訂正や更正の取扱いではない「文字についての戸籍訂正」にも触れてみましょう。

１　文字のグレイゾーン（デザイン上の差の文字）

　文字を区別するための判断基準には，「字種の違い」と「字体の違い」があります。例えば「静」と「靜」は，同じ文字（字種）ですが，文字の形（字体）が違います。「静」は常用漢字表の通用字体であり，「靜」は辞書で正字とされている文字であるという区別がつきます。ところが，文字の形が違うのに，「全く同じ文字」とされている文字があるのです。それが「デザイン上の差の文字」とされる文字です。文字の種類には「誤字・俗字」「正字」の３種類があるということは分かりました（38頁「第二　現行通達徹底克服　１　誤字と俗字」参照）。そして，誤字や俗字を対応する正字に訂正したり，通用字体でない文字を通用字体に更正したりできることも分かりました（42頁・46頁「第二　現行通達徹底克服　３　訂正申出・５　更正申出」参照）。

　しかし，全く同じ文字であるとされるデザイン上の差の文字は，もともと同じ文字なのですから「訂正・更正」の対象にはなりません。デザイン上の差の文字の違いとは，明朝体活字の書体設計上の表現の差【例１】，すなわちデザインの違いに属する事柄であって字体の違いではありません。なお，筆写の楷書との関係も同様に字体の表現の差【例２】とされています。具体例として，次の文字を挙げます。

【例１】明朝体のデザイン上の差
　公と公，芽と芽，家と家　など。

【例２】筆写の楷書の字体表現（デザイン上の）差
●いとへん
　「純」は楷書体，「純」は明朝体です。「綾」は楷書体，「綾」は明朝体です。いずれも同じ文字なので，「更正申出」や「訂正申出」はできません。
●「令」と「令」
　「令」は行書体，「令」は明朝体です。「鈴」は行書体，「鈴」は明朝体です。いずれも同じ文字なので，「更正申出」や「訂正申出」はできません。
　※コンピュータ戸籍は明朝体です。

> 　行書体の「鈴子」さんが，コンピュータ戸籍への改製で，明朝体の「鈴子」さんに記載された場合，誤字を正字に変えたのではありませんから，「告知」する必要がありません。後日窓口でトラブルになった時は，「デザイン上の差の文字」を説明するのが大変です。「書体」の違いであることを納得していただくしかありません。

（注）35頁の文字の歴史年表を見てください。「吉」と「西」の文字が←で示されています。これは，昭和58年3月22日民二1500号通達から平成6年12月1日（平成6年民二7005号通達による，変更後の5200号通達運用開始）までの間は，「吉」「西」はいずれもデザイン上の差の文字とされていて，平成6年12月1日以降は「俗字」とされたことを示しています。したがって「吉」と「西」の取扱いについては次のようになります。

> ● 「吉」と「吉」,「西」と「西」の取扱い
> 　「文字の歴史年表」のように，「吉」と「吉」,「西」と「西」は，デザイン上の差の違いであるとされてきましたが，平成6年民二7005号通達で「俗字」に変身しました（同年民二7006号依命通知により改正された5202号依命通知の別表「正字・俗字等対照表」の俗字等欄に掲げられました。）。デザイン上の差の文字であった期間に「吉」「西」と変更して記載されていた場合は，「更正申出」があれば「吉」「西」に戻すことができます（47頁「現行通達の説明と克服法　5　更正申出」欄外参照）。

2　戸籍訂正

　文字の取扱いは，前記「文字の歴史年表」（34頁～）のように多くの変更がなされてきました。この通達の取扱いどおりにすべきところ，誤った取扱いの文字を記載してしまっていた場合は，市区町村側の誤りになりますから，戸籍訂正を施さなくてはなりません。しかし，長年戸籍に記載された文字は，その人の氏名の文字として，社会的に定着していますから，勝手に訂正をすることは，かえって本人に悪影響が出ることも考えられます。長年使用の文字については，必ず「申出書」をもらい，本人の意思表示によって訂正したのだということを明らかにした上で，職権訂正書を作成し，申出書と関連の戸籍を添付して，訂正を施すことが必要です。これは通達の「誤字の解消」や「訂正，更正の申出」とは全く違います。あくまでも市区町村の誤りを是正する「戸籍訂正」の手続なのだということを認識してください（63頁～「第三章　戸籍訂正の仕組み　第二　職権訂正」参照）。

第五　文字の仕組み（メカニズム）「力試し問題」1

「文字のメカニズム」を学習して，文字の内容の深さに驚いたことでしょう。

窓口でトラブルが多いのは，その歴史的経緯と，日本の漢字文化が大いに関係しています。ここで，あなたの力を試してみましょう。これまで学んだことをフルに発揮して，果敢に挑戦してください。

次の表の矢印の方向への変更の申出があった場合，変更できるでしょうか。また変更できるのであれば，「訂正」なのか，それとも「更正」なのかを記してください。それぞれの文字がどの種類に入るかを確認してから答えを出してください。（例えば，通達別表の文字から規則別表第二の一の文字なので更正できる等）。文字の種類が合っていなければ得点できません【各2点】。

1 邉→辺	11 藪→薮	21 西→西	31 巳→己
2 カナヘ→カナエ	12 桒→桑	22 曾→曽	32 栁→柳
3 眞→真	13 鈴→鈴	23 祐→祐	33 髙→高
4 閒→間	14 渚→渚	24 巳→己	34 檜→桧
5 祿→禄	15 靜→靜	25 邊→邉	35 禱→祷
6 伴→伴	16 逢→逢	26 漣→漣	36 彌→弥
7 辻→辻	17 西→西	27 壽→寿	37 吉→吉
8 岡→岡	18 滿→満	28 靜→静	38 凜→凛
9 淵→渕	19 冨→富	29 祇→祇	39 禮→礼
10 齋→斎	20 未→来	30 淺→浅	40 塚→塚

（※解答と解説　➡　189頁へ）

第六　文字の仕組み(メカニズム)「力試し問題」2

　窓口で次のようなトラブルがありました。どのように説明をすればよいでしょうか。必ず，歴史年表や通達等，ここで学んだことを参考にして，どこに根拠があるかを示して答えを出してください。

　また，窓口に来た人に分かりやすいように説明するにはどうしたらよいかもあわせて考えてみてください。根拠が間違っていたり，根拠が分からない場合は，得点できません【各5点】。

窓口で文字の説明をするとき

　氏名の文字には愛着がある方が大勢います。たとえば，「親が付けてくれた文字」「先祖代々の文字」など，身分行為と同じぐらい，深い「思い」があるときがあるのです。私たちは，このことを常に認識して説明しなければなりません。

　私たちは，当然のことのように「誤字」という言葉を使います。「誤字・俗字・正字」と簡潔に区別をすることで，文字の知識を明確に習得することができるからです。もちろん法に定められた表現であることには間違いありません。

　しかし，窓口で，この「誤字」という表現をストレートに言葉にすると，当事者の方が，時には心証を悪くされる場合があるのです。「親が付けてくれた文字を間違った文字だと言うのか」と，感情をたかぶらせる方もいらっしゃいます。文字の相談に来られる方は「文字を勝手に変えた」という不満を持って来られる方が多いため，そのトラブルを速やかに解決するためには，言葉を選んで説明する必要があります。

　例えば，このように説明したらどうでしょうか。

　「お客様のお名前は，ご両親が付けてくださった大切な文字ですが，この「廣」の文字は，現在の辞書には載っていない文字なのです。文字の取扱いの法律では，『辞書に載っていない文字』は，その文字に対応する『辞書に載っている文字』に置き換えて記載するようになっています。……」

　「ことば」には「思いやり」を伝える力があります。

設問 1

　親父の戸籍は「鶴田」になっているが，僕の戸籍は「鶴田」になっている。親子で文字が違うというのはおかしい。説明してほしい。
（戸籍の動き）
父の戸籍　　　昭和48年4月1日転籍により編製　平成16年5月1日コンピュータ改製
子の戸籍　　　平成3年11月22日婚姻により新戸籍編製　平成16年5月1日コンピュータ改製

（※解答と解説 ➡ 192頁へ）

設問 2

　○○銀行に行ったら，「定期預金の通帳に書いている苗字の文字「吉田」が，今の苗字の文字「吉田」と違う」と言われた。このままだと別人とされてしまうので，お金を下ろすことができない。なんとかしてほしい。
（戸籍の動き）
昭和45年6月23日　　　○○町に新戸籍編製　　　氏は「吉田」
昭和60年3月23日　　　転籍により△△市に新戸籍編製　　　氏は「吉田」
平成18年10月14日　　　△△市がコンピュータ改製　　　氏は「吉田」

（※解答と解説 ➡ 193頁へ）

設問 3

　当家は先祖代々「河邊」であるが，いつの間にか戸籍は「河邊」に変えられてしまっている。姓名判断では，画数が一画違うことで運勢が変わってしまうと言われている。どうしてくれるんだ。
（戸籍の動き）
昭和32年9月2日婚姻により新戸籍編製　　　氏は「河邊」
婚姻前の従前戸籍の氏「河邊」

（※解答と解説 ➡ 194頁へ）

設問 4

　私の子どもは平成16年7月7日生まれで，戸籍上の名前は「凛」。本当は子どもに「凜」と付けたかったが，窓口担当者の方が付けられない文字だと言ったのであきらめた。でも，うちの子の3か月後に子どもが生まれた近所の人は，その子どもに「凜」という名を付けていたので，ショックを受けた。あの時の役所の対応は間違っていたのではないか。私はどうしても「凜」と付けたかったので，通常は子どもの名前は「凜」を使用している。

（※解答と解説 ➡ 194頁へ）

第三章

戸籍訂正
- 戸籍法116条
- 戸籍法114条
- 戸籍法24条2項
- 戸籍法113条

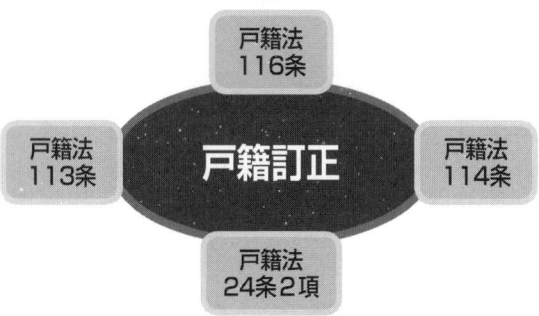

戸籍訂正の仕組み（メカニズム）

　戸籍訂正手続及び訂正に係る戸籍記載については，軽微なものから，親族関係に重要な影響を及ぼすものまで多岐にわたっています。個々の訂正事例や記載例については，ここですべてを説明することはできませんが，窓口対応に生かせる戸籍訂正の基礎知識を掲載します。「この訂正はどのような手続によるべきなのか」，「こんな相談があったときは，どう答えるえるべきなのか」を正確に把握できるよう，戸籍訂正の仕組みを勉強しましょう。

　戸籍訂正は，一般的に戸籍実務に精通した実務者が担当することが多いと思われます。戸籍訂正は，それだけ難解で奥深い内容であるということです。しかし，敢えて挑戦してみませんか。私たちが持つ素朴な疑問を，一つずつ解決することを繰り返して，次のステップへの基礎を築きましょう。

- 第一　戸籍訂正の定義と種類のフローチャート
- 第二　職権訂正
- 第三　戸籍法113条・114条
- 第四　戸籍法116条
- 第五　無効と取消し
- 第六　訂正と追完の関係
- 第七　戸籍訂正の仕組み（メカニズム）「力試し問題」

第一　戸籍訂正の定義と種類のフローチャート

1　戸籍訂正の定義

　まず，戸籍とは何なのかを考えてみましょう。戸籍は，日本国民の国籍と身分関係を登録し，これを公証する唯一の公簿です。戸籍は，一応真実が記載されているものと推定されます。しかし，時には市区町村長の過誤，届出の無効，法に違反したもの等の理由により，事実とは違った内容が記載されている場合があります。戸籍訂正とは，これらを是正するための手続です。この「戸籍訂正の定義」から考えると，当然のことですが，戸籍の記載に「誤記や遺漏」又は「錯誤や無効」といった「齟齬（くい違い）」や「瑕疵（欠陥）」があることが前提になります。しかし，齟齬や瑕疵があるかどうか，また，あるとしても，その生じた原因は何かを見極めることが意外に難しいのです。生じた原因によって，戸籍訂正の手続ではない場合や，戸籍訂正の手続であったとしても，裁判所の関与や，管轄法務局の長の許可が必要な場合がありますから，次の訂正の種類をしっかり頭に入れておく必要があります。

2　戸籍訂正の種類のフローチャート

　戸籍の記載は，主に届出に基づいています（戸15条）。戸籍訂正は，まず記載の基礎になる届書に誤りがあったか，なかったかで大きく分かれます。次のフローチャートを見てください。

(⇨ YES ➡ NO)

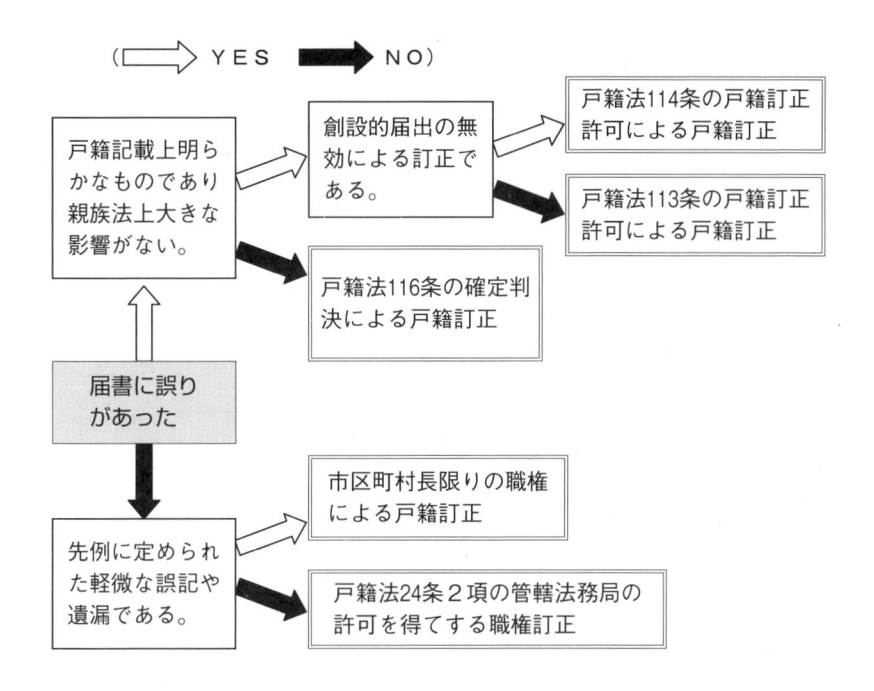

```
                    創設的届出の無      戸籍法114条の戸籍訂正
   戸籍記載上明ら    効による訂正で ⇨  許可による戸籍訂正
   かなものであり ⇨  ある。
   親族法上大きな                    ➡ 戸籍法113条の戸籍訂正
   影響がない。                       許可による戸籍訂正
         ↑      ➡ 戸籍法116条の確定判
         │         決による戸籍訂正
   届書に誤り
   があった
         │      ⇨ 市区町村長限りの職権
         ↓         による戸籍訂正
   先例に定められ
   た軽微な誤記や ➡ 戸籍法24条2項の管轄法務局の
   遺漏である。     許可を得てする職権訂正
```

　以上のように，戸籍訂正にはいくつかの種類がありますが，それぞれどの戸籍訂正の手続によるものなのか判断するには，段階を踏んで理解する必要があります。まず，チャートの疑問点を考えていきましょう。

（疑問点1）「届書に誤りがあった」とは，どういうことでしょうか。

　届書は，原則として届出に基づいて記載されます（戸15条）。「届書に誤りがあった」とは，記載の元となる届書そのものに，違法，錯誤，遺漏，無効原因等があって，事実と相違している場合をいいます。例えば出生届において「父母との続き柄」を「三男」と記載すべきところ，届出人が誤って届書に「二男」と記載した場合は「届書に誤りがあった」ということになり，戸籍法113条の戸籍訂正許可による戸籍訂正によることになりますが，反対に届書に「三男」と記載していたにもかかわらず，戸籍に「二男」と記載した場合は，「届書に誤りがなかった」ので，市区町村長の過誤であるから，正しい届書に基づいて「職権訂正」をすることになります。

（疑問点2）「戸籍記載上明らかなもの」とは，どういうことでしょうか。

　ここで，いくつか例を挙げましょう。

●**違法・錯誤・遺漏が明らかなもの（戸113条）**
・出生届において，生年月日を間違って届出した。

> ・婚姻届において,「夫の氏の婚姻」を「妻の氏の婚姻」と誤ってチェックした。
> ●創設的届出について,無効が明らかなもの(戸114条)
> ・嫡出でない子の母が未成年であるため,母の親権者(子の祖父母)が子の親権を代行している場合において,子が祖父母と縁組する際の代諾者が特別代理人であるべきところ,母の代諾で縁組をした。
> ・婚姻届において,届出の時点で,届出人がすでに死亡していた。

　例に挙げたように,「戸籍記載上明らかな場合」とは,誤った届出により,事実と相違した記載がされていることが,戸籍を見て容易に判断できる場合をいいます。戸籍記載上明らかな場合で,親族法上大きな影響がない場合は,戸籍法113条,同114条の「戸籍訂正許可の審判」で戸籍訂正を行いますが,親子関係があるかないか,あるいは,意思表示によって成立する創設的届出において,届出の時点で,届出人に意思があったのか,なかったのかは戸籍を見ても判断できません(注)。したがって,このような場合は,「戸籍記載上明らかではない」ということになりますから,戸籍法116条の「確定判決による戸籍訂正」によることになります。

　(注)　届出の時点で,届出人が既に死亡している場合は,届出人が意思表示できなかったことが戸籍記載上明らかですから,戸籍法114条の戸籍訂正によります。

　基本的な仕組みが頭に入ったところで,次の節でそれぞれの戸籍訂正について詳しく勉強していきましょう。

第二　職権訂正

　「職権」とは，職務上の権限のことをいいます。「職権で戸籍訂正する」とは，市区町村長が，職務上の権限によって，戸籍に訂正を施すことをいいます。職権訂正ができるかどうかは，原則として，届出人が正当な届出をしていたかどうかで決まります。つまり，「誤りの責任が市区町村側にある場合」は，職権訂正ができますが，「誤りの責任が届出人側にある場合」は，職権訂正はできないということです。

責任の所在について

　私たちは，窓口で「届書の審査」を行います。届書に間違いがないかどうかを審査し，間違いがあった場合は，これが戸籍記載上明らかなときは，届出人に対して，届書の記載を補正するように促したり，正当な届出にするように届書を返戻したりするのですが，時には正当な届出人によらない届書を誤って受理してしまったり，届書の内容に不備があるのに見逃して受理してしまい，戸籍に誤った記載をしてしまうことがあります。これは，果たして審査した市区町村側に責任があるのでしょうか，それとも届出人に責任があるのでしょうか。

　審査の過程で誤りを見逃してしまったことに責任は感じますが，あくまでも「届書に誤りがある」という点では，届出人に責任があります。届出人に責任がある場合は，届出人が家庭裁判所で「戸籍訂正許可の審判」を得なければ，戸籍訂正はできません（追完届が可能な場合もあります。）。私たちは，十分な審査ができなかったことに大変心苦しい思いをします。戸籍のエキスパートである私たちは，このようなことがないように，慎重かつ正確な審査を心がけなければならないのです。

1　職権訂正の種類

　職権訂正には，次の5つの種類があります。
●市区町村の過誤による職権訂正
　(1)　戸籍法24条2項の管轄法務局長の許可を得てする職権訂正
　(2)　市区町村長限りの職権訂正（当事者の申出によるものも含みます。）
●市区町村には過誤はないが，戸籍の正確性を担保するための職権訂正
　(3)　戸籍法施行規則41条の職権訂正
　(4)　戸籍法施行規則43条の職権訂正

(5) 戸籍法施行規則45条の職権訂正

　まず、(1)(2)の職権訂正について、疑問点を解決していきましょう。職権訂正をするには、原則として管轄法務局の長の許可を得ることが必要です。しかし、先例で定められた軽微な誤記などは、管轄法務局の長の許可を得ないで、市区町村長限りの職権訂正をすることができます。

(疑問点1)　「管轄法務局の長の許可が必要か、必要でないか」の基準はどこにあるのでしょう。

次の事例を考えてみましょう。

> (例1)　出生届で、届書に「三男」と書いて届出をしたのに、戸籍に「二男」と記載してしまいました。

　この事例は、明らかに市区町村の過誤がありますから、職権訂正の対象です。ここで問題になるのは、職権訂正書に添付すべき、「市区町村の過誤であるという事実を証明するべき『届書』があるか、ないか」ということです。届書は本籍地の管轄法務局で27年保存されます（戸規49条2項に規定された保存年限は27年ですが、保存期間経過後も廃棄せずに、それ以上保存している場合があります。）。届書が保存されている場合は、市区町村長限りの職権訂正ができますが（昭和47・5・2民事甲1766号通達）、届書が既に廃棄されている場合は、市区町村長限りの職権訂正はできません（昭和54・10・3民二4849号回答）。この場合、受附帳等で市区町村の過誤が確認できる場合は、受附帳の写し及び関連戸籍等を添付して、管轄法務局の長に戸籍訂正許可申請をすることになります。

> (例2)　A町に婚姻届出をして、A町に新戸籍を編製しました。ところが、夫の従前本籍地であるB市への送付漏れがあったために、事件本人が除籍されずに複本籍（一人に複数の本籍があること）が生じました。

　この事例も、明らかに市区町村の過誤がありますから、職権訂正の対象ですが、この場合には、「届書があるか、ないか」の違いで、戸籍訂正になる場合と、ならない場合があります。過誤が見つかったときに、①届書が保存されている場合は、届書の謄本を作成して、B市に送付します。届出と記載までの間に相当日数がかかってしまいましたから、希望があれば「記載遅延の理由」を戸籍に記載することになります。これは戸籍訂正ではなく、送付漏れであったことをカバーする処理です。ところが、②届書が既に廃棄されている場合は、A町の受附帳の写し、関連戸

籍等を添付して，管轄法務局の長に戸籍訂正許可申請をすることになります。

(注) この婚姻届において，例えば，夫の従前本籍がB市，妻の従前本籍がC市である場合には，C市に送付漏れがないかを確認する必要があります。C市にも送付漏れがあった場合で，上記①のときは，同様に届書の送付で対応し，②のときは，遺漏に気付いた市区町村が，管轄法務局の長に訂正許可申請をして，許可後に訂正した戸籍を添付して，もう一方の市区町村長に対して「戸籍訂正通知書（本市はこのように訂正したので，貴市も訂正してくださいという内容の通知）」を送付します。管轄法務局で訂正許可を得るのは一つの市区町村長で足りますが，市区町村間で連絡を取り，絶対に訂正漏れがないように注意しましょう。

> (例3) 妻から離婚届の不受理申出が提出されていたにもかかわらず，夫から提出された離婚届を誤って受理し，戸籍に記載しました。

この事例は，市区町村に重大な過誤があります。届書が保管されているか否かにかかわらず，管轄法務局の長の許可を得て戸籍訂正をする必要があります。

以上３つの例を挙げましたが，管轄法務局の長の許可を得るべき事例なのかどうかは，安易に判断せず，疑義があるときは必ず管轄法務局に相談しましょう。

(疑問点２) 戸籍法24条の条文を読んでいると，「通知」という言葉が出てきますが，これはどんな通知のことでしょうか。

戸籍法24条１項，及び同条３項でいう「通知」と，戸籍法24条２項の関係については次のようになります。

戸籍法24条２項のもうひとつの役割

戸籍法24条２項には，市区町村の過誤による戸籍訂正について，管轄法務局の長の許可を得て訂正することとは別に，市区町村の過誤ではないが，戸籍記載の正確性を担保（確保）するための，もうひとつの役割があります。

●**既に確定した事実を本人が届出，申請しない場合に，職権で戸籍に記載する役割**

裁判所で戸籍を訂正する許可等の裁判（戸113条・114条・116条）が確定すると，裁判所から訂正される事件本人の本籍地に，その旨の通知があります（家審規71条）。通知を受けた市区町村は，申請期間（申請期間は確定後１か月。戸115条・116条）経過後も届出をしない申請義務者（申立人。戸113条・114条・116条）に対して，申請をするように「催告（早く申請をしなさいと促す通知）」をします（戸44条１項，戸規64条・付録19号書式第一）。一度目の催告をしてから，相当の期間（10日〜14日）を過ぎても申請手続しないときは，さらに二度目の催告をします（戸44条２項，戸規64条・付録19号書式第三）。二度の催告をしても申請手続をしな

い場合は，管轄法務局の長の許可を得て，市区町村長の職権で戸籍訂正記載をします（戸44条3項・24条2項）。これは，既に確定した事実を，早く戸籍に反映させるための手立てですから，戸籍訂正だけではなく，裁判離縁や裁判離婚，縁組取消しや婚姻取消し等の裁判による報告的届出にも適用されますので覚えておきましょう。

●違法，錯誤，遺漏，無効を発見したが，本人が裁判所に「戸籍訂正の申立て」をしない場合に，職権で戸籍に記載をする役割

　裁判所や検察庁その他の官庁が，戸籍上許されない記載，錯誤，遺漏を発見したときは，届出事件本人の本籍地に，その旨の通知があります（戸24条3項）。また，その違法，錯誤，遺漏の記載を，市区町村が発見する場合もあります（戸24条1項）。通知を受けた市区町村，あるいは発見した市区町村は，届出人又は届出事件本人に「あなたの戸籍の記載には違法，錯誤，遺漏がありますから，所定の手続をしなさい。」と知らせる趣旨の通知を送ります（戸24条1項，戸規47条・附録18号書式）。しかし，その通知ができないとき（届出事件本人が収監されている場合等）又は，通知しても訂正手続をしないときは，違法，錯誤，遺漏等が戸籍記載上明らかである場合に限り，管轄法務局の長の許可を得て，市区町村長の職権で戸籍訂正記載をします（戸24条2項）。

（疑問点3）　文字訂正の申出等で「職権発動」という言葉がありますが，これも職権訂正の手続の仲間なのでしょうか。

　これは，とても良い質問です。その理由は，私たちが普段言っている「市区町村長限りの職権訂正」は，市区町村の誤りの是正だけだと思いがちですが，この「職権発動（43頁第二章第二　3訂正申出（「申出書」と「届書」の違い）参照）による職権訂正」も，職権訂正の仲間だからです。この職権発動による戸籍訂正，あるいは職権記載には，文字訂正申出，文字更正申出の他に，次のようなものがあります。

・父母の婚姻や子の認知によって，父母間の子が準正嫡出子となった場合の職権記載や続き柄の訂正
・離婚した同一人間の婚姻（再婚）によって，夫婦間の未成年の子が，単独親権から共同親権になった記載

　これらの職権訂正あるいは職権記載は，申出書や届書（「その他」欄）に，職権発動を促す記載がない限り，戸籍に訂正あるいは記載することができないことは言うまでもありません。

(疑問点４) 管轄法務局の長の許可を得てする職権訂正（戸24条2項），市区町村長限りの職権訂正の他に，戸籍法施行規則41条，43条，45条の職権訂正がありますが，これはどんな場合の職権訂正ですか。

　戸籍の届出は，届出地が定められています。その定められた届出地は，事件本人の本籍地，届出人の所在地，出生地，死亡地，転籍届や分籍届の新本籍地など，報告や意思表示がしやすいように工夫がされています。しかし，この複数の届出地があるために，同じ届書が複数の届出地に提出されたり，また，違う届出が違う地に届出されたりすることがあり，記載のある本籍地に送付されて初めて気付くことがあります。これは戸籍の届出の宿命と言えるかもしれません。これを是正するために設けられているのが，戸籍法施行規則41条・43条です。また，行政区画の変更や土地の番号，街区符号の変更による本籍地の更正については，戸籍法施行規則45条で定められています。

まだあるぞ！　職権訂正

●**戸籍法施行規則41条の職権訂正**

　例えば，新本籍地で管外転籍を受理し，原籍地に送付しない間に，その在籍者の婚姻届が，転籍前の戸籍謄本を添付して届出された場合の，婚姻事項の従前本籍の訂正。

●**戸籍法施行規則43条の職権訂正**

　例えば，同じ出生子の出生届が，本籍地と住所地の2か所に届出された場合の訂正。

　※　戸籍法施行規則41条，43条のいずれも，先に受理された届出が優先しますから，後にされた届出について訂正することになります。

●**戸籍法施行規則45条の職権訂正**

　行政区画の変更，土地の地番号，街区符号などの変更による本籍地の更正。

第三　戸籍法113条・114条

　戸籍法113条の条文には「戸籍の記載が法律上許されないものであること又はその記載に錯誤若しくは遺漏があること……」とあります。そして，同法114条には「届出によって効力を生ずべき行為について戸籍の記載をした後に，その行為が無効であることを発見したとき……」とあります。この戸籍法113条と114条の区別が，なんとなく曖昧であるために，私たちは大きな疑問を感じます。また，戸籍法113条には，裁判を請求できる者が「利害関係人」とされているのに対して，戸籍法114条では「届出事件の本人」とされていることで，窓口で相談を受けた際に，どちらの法に該当するのか判断を誤った場合には，相談者に迷惑がかかる恐れがあります。ここでは，戸籍法113条と114条の違い，さらに，戸籍法114条と116条の違いにスポットを当てて勉強していきましょう。

1　戸籍法113条の戸籍訂正

　創設的届出，報告的届出を問わず，訂正すべき事項が届出人の誤った届書に原因があるものであって，訂正が比較的軽微で，戸籍記載上明らかである場合の戸籍訂正の手続です。

　家庭裁判所に利害関係人（戸113条）が申立てをして，戸籍訂正許可の審判を得て，確定後1か月以内（戸115条）に，申立てをした者（戸113条）が，事件本人の本籍地又は申請人の所在地（戸25条1項）の市区町村に，審判書謄本及び確定証明書を添付して，戸籍訂正申請書を提出します。戸籍法113条の戸籍訂正は，届出自体が無効なのではなく，届出の一部に食い違いや欠陥があり，それを是正する訂正であるということに着目しましょう。ここで，戸籍法113条について，疑問点を解決していきます。

（疑問点1）「戸籍の記載が法律上許されないもの」とは，どういうことでしょうか。

　民法あるいは戸籍法等の法に抵触しているために，戸籍に記載してはいけないものをいいます。ただし，身分行為自体の無効（例えば，出生子と親子関係がない者を父（母）とする出生届による出生事項等），届出行為の無効（例えば，意思のない婚姻届による婚姻事項等），身分行為の実質的要件を欠いた無効（例えば，家庭裁判所の許可を要する入籍届において許可なしで受理し，記載された入籍事項等）は，戸籍法114条又は戸籍法116条によることになります。

（疑問点２）「戸籍の記載に錯誤があるもの」とは，どういうことでしょうか。

「錯誤」とは，真実と表記に食い違いがあることをいいます。戸籍でいえば，真実と戸籍に記載されている内容とが違う場合をいいます。たとえ戸籍の記載に錯誤があったとしても，（疑問点１）の「ただし，……」で記した内容の戸籍訂正については，戸籍法113条の訂正ではありません。

（疑問点３）「戸籍の記載に遺漏があるもの」とは，どういうことでしょうか。

当然戸籍に記載すべき事項について，その一部が記載されずに漏れている場合をいいます。たとえ戸籍の記載に遺漏があったとしても，（疑問点１）の「ただし，……」で記した内容の戸籍訂正については戸籍法113条の訂正ではありません。

2 戸籍法113条の訂正事例表

●戸籍の記載が法律上許されないもの
・出生届において，届出資格のない者，例えば，嫡出子出生届で，同居していない祖父がした届出による出生の記載（戸52条に抵触） ・死亡届において，届出資格のない者，例えば，地区の民生委員がした届出による記載（戸87条に抵触） ・日本国籍を有しない者の記載（昭26・7・23民事甲1505号回答） ・管外への転籍届に添付した戸籍謄本の出生年月日等を偽造し，その偽造した戸籍謄本及び届書に基づいてされた記載（戸108条に抵触）

●戸籍の記載に錯誤があるもの
・出生届において，出生年月日を誤って届出したことによる，出生事項及び生年月日欄の記載 ・誤った死亡届による生存者についての死亡の記載 ・死亡年月日，死亡の場所に誤りがある届書に基づいてされた死亡事項の記載 ・婚姻届において「妻の氏を称する旨」の届出をするつもりが，届出人が誤って「夫の氏を称する旨」のチェックをして届出したことによる婚姻の記載

●戸籍の記載に遺漏があるもの
・転籍届において，届書に在籍する者の記載を遺漏したため，在籍者を遺漏したまま編製された新戸籍 ・婚姻後200日以内に出生した子について，夫を父とする嫡出子の出生届をするつもりが，誤って嫡出でない子として父欄を遺漏した届出をしたため，それに基づき父欄を遺漏した出生子の記載

3 戸籍法114条の戸籍訂正

　創設的届出（届け出ることによって効力が生じる身分行為）については，その身分行為を成立させるための実質的要件があります。また，その実質的要件を欠いた届出については，「無効の原因になるもの」「取消しの原因になるもの」の2通りに分けられます。戸籍法114条の戸籍訂正は，創設的届出において，届出の要件を欠いたことによって「無効原因」が生じたときに行う戸籍訂正手続です。ただし，戸籍法114条の戸籍訂正は，戸籍記載上明らかで，親族法上重要な影響がないものに限られます。家庭裁判所に届出事件本人（戸114条）が申立てをし，戸籍訂正許可の審判を得て，確定後1か月以内（戸115条）に，申立てをした者（戸114条）が，事件本人の本籍地又は申請人の所在地（戸25条1項）の市区町村長に，審判書謄本及び確定証明書を添付して，戸籍訂正申請書を提出します。戸籍法114条について，疑問点を解決していきましょう。

（疑問点1）　届出の「取消し」と「無効」は，どこが違うのでしょう。
　戸籍の実務では，「取消し」と「無効」には，原則として次のような意味の違いがあります。
　　取消し……取消しのときから将来に向かってないものになるもの（婚姻や縁組の取消しの効果）と，はじめからないものになるもの（離婚や離縁の取消しの効果）とがあります。
　　無　効……はじめからないものになるものです。
　では，戸籍実務ではなぜ「取消し」と「無効」が区別されているのでしょう。それは，成立した身分行為には，子の出生や財産分与など，身分行為が成立した後に社会生活に密着した重要な行為がともなうからです。すべて「無効」扱いにすると，その行為に混乱をきたします。婚姻が無効になることによって嫡出子が嫡出でない子になったりしたら，子が取得した権利を剥奪することにもなります。なお，次の届出については，取消しの効果は遡及しますから，「無効」と同じ効果があります。
○協議離縁の取消しの届出（民812条・747条，戸73条）
　裁判が確定した場合，「取消しの効果」は遡及し（通説），当初から離縁の効力は生じなかったことになります。
○協議離婚の取消しの届出（民764条・747条，戸77条）
　離縁の取消しと同じく，離婚の取消しの効果は遡及し，当初から離婚はなかったことになります。
　※　なお「無効と取消し」については，第五（78頁～）で詳しく説明します。

(疑問点2) 戸籍法113条による訂正事例にも創設的届出のものがありますが，なぜ創設的届出なのに，戸籍法114条の戸籍訂正ではないのでしょう。

「戸籍法113条の訂正事例表」(69頁)の中で，創設的届出の訂正事例を見てみましょう。

> （事例） 婚姻届において「妻の氏を称する旨」の届出をするつもりが，届出人が誤って「夫の氏を称する旨」のチェックをして届出したことによる婚姻の記載。

上記の事例は，婚姻届出の効果自体は，届出人の意思表示によって有効に成立しています。ただ，届書の一部に錯誤があるために，戸籍記載と事実とに食い違いがあるのです。

> （事例） 転籍届において，届書に在籍する者の記載を遺漏したため，在籍者を遺漏したまま編製された新戸籍。

上記の事例についても，転籍届出の効果自体は，届出人の意思表示によって有効に成立しています。ただ，届書の一部に遺漏があるために，戸籍記載と事実に食い違いがあるのです。

このように，一部に誤りはあるものの届出の効果そのものは有効なのか，それとも当初から届出自体が無効なのかで，戸籍法113条によるのか，114条又は116条によるのかが決まります。

(疑問点3) 無効による戸籍訂正には，戸籍法114条によるものと，同法116条によるものとがありますが，その違いは何でしょう。

各創設的届出の実質的要件を欠いたために無効となる届出のうち，戸籍法114条による場合と，同法116条による場合を次の表で比較してみましょう。

【戸籍法114条と116条の戸籍訂正事例比較表（申請の頻度が高いものを掲載）】

戸籍法114条によるもの	戸籍法116条によるもの
認　知　届	
・認知届出の時点で認知者が既に死亡していた（任意認知のみで，裁判認知，死後認知，遺言認知は含まない。）。	・認知する者は真実の父でなかった（民786条，大判大正11・3・27民集1巻137頁）。 ・認知する者に認知する意思がなかった（最判昭和52・2・14家月29巻9号78頁）。
養子縁組届	
・縁組届出の時点で当事者が既に死亡していた（民802条1号）。 ●未成年者を養子とする場合に，配偶者とともに縁組をするべきところ，単独で縁組をした（民795条）。 ●養子が15歳未満の場合は，その法定代理人が縁組の代諾をするところ，代諾権のない者が代諾をした（民797条）。 ●15歳以上の未成年を養子とする縁組において，養子本人が届出すべきところ，親権者が届出をした（民802条2号）。	・一方又は双方に縁組をする意思がなかった（民802条1号）。 ・単なる方便としての縁組（最判昭和23・12・23民集2巻14号493頁） **無効な縁組届の追完** ●印を付けたものは，戸籍法114条の戸籍訂正の対象になりますが，戸籍訂正によらずに，「追完届」をすることで，当初から正当な届書として取り扱う場合があります。詳細は「第六　訂正と追完の関係」（81頁～）で説明します。
協議離縁届	
・離縁の時点で当事者が既に死亡していた（家庭裁判所の許可を得てする死後離縁（民811条6項）は含まない。）。 ●夫婦が未成年を養子にしているときに離縁する場合において，養親が婚姻継続中にもかかわらず，夫婦の一方のみと離縁をした（民811条の2）。 ●15歳未満の養子が離縁する場合は，離縁後にその法定代理人となるべき者が，養子に代わって離縁の協議をするべきところ，協議権のない者が離縁協議をした（民811条2項～5項）。 ●15歳以上の未成年を養子とする縁組において，養子本人が届出すべきところ，親権者が届出をした（民811条1項）。	・一方又は双方に離縁をする意思がなかった（民811条1項）。 **無効な離縁届の追完** ●印を付けたものは，戸籍法114条の戸籍訂正の対象になりますが，戸籍訂正によらずに，「追完届」をすることで，当初から正当な届書として取り扱う場合があります。詳細は「第六　訂正と追完の関係」（81頁～）で説明します。
婚　姻　届	
・婚姻届出の時点で当事者が既に死亡していた（民742条1号）。	●一方又は双方に婚姻をする意思がなかった（民742条1号）。
協議離婚届	
・離婚届出の時点で当事者が既に死亡していた。	●一方又は双方に離婚をする意思がなかった（民763条，最判昭和34・8・7民集13巻10号1251頁）

この比較表でわかるように，創設的届出において，最も重要な「効力についての意思」つまり，「夫婦になろうとする意思」「親子になろうとする意思」などが欠けていることが，戸籍記載上明らか（61頁本章第一（疑問点２）参照）である場合は戸籍法114条により，明らかでない場合には，戸籍法116条による戸籍訂正手続になります。

　例えば，縁組について考えると，縁組届出の時点で当事者が死亡していた，あるいは法に定められた代諾者でない者がした届出等は，その実質的要件が欠けていることが，戸籍を見れば容易に判断できますから，戸籍法114条によることになります。また，縁組届として形式的に整った届出の記載が，届出人の意思に基づいてされたものであるかどうかなどについて，戸籍を見ても判断できない場合は，利害関係人の間で裁判をして争うことになり，確定判決による戸籍法116条の戸籍訂正になります。

第四　戸籍法116条

　いよいよ戸籍訂正の最難関，戸籍法116条です。代表的なものとしては，「親子関係の存否」，「縁組，離縁の無効」，「婚姻，離婚の無効」等が挙げられますが，いずれも親族法上多大な影響があるものばかりです。戸籍訂正記載についても，広範囲に及ぶものもあります。そして，私たちの最大の悩みは，審判書や判決の主文には「どのように訂正する」ということが明記されていませんから，「どこをどう訂正したら良いのか」，「どこまで訂正したら良いのか」の判断がつかない場合があることです。難しい事例については，内容や記載について，管轄法務局と市区町村が協力し，十分に検討を重ねる必要があります。個々の記載例については，この章で掲載することはできませんが，戸籍法116条の性質，また，他の戸籍訂正との対比を勉強して，最難関の突破口を切り開くきっかけを作ります。

　では，始めましょう。

(疑問点1)　戸籍法116条の戸籍訂正は「確定判決によること」とされていますが，この「確定判決」とは何でしょうか。

　まず，裁判の種類から考えてみましょう。前掲の戸籍法113条・114条の裁判手続は，「戸籍訂正許可の審判」といって，家事審判法9条1項甲類の手続によります。家事審判法9条には「甲類」と「乙類」がありますが，「甲類」は対立する相手方がない，つまり，争う要素がない事項ですから，当事者の合意による任意処分ということはなく，あくまでも国の後見的作用として，重要な身分行為の許可，権利義務の付与等の裁判手続です。戸籍法113条・114条は，「戸籍記載上明らか」，「親族法上大きな影響がない」という前提がありますから，争う要素がない訂正ということになります（「甲類」には他に，成年後見人選任，失踪宣告，子の氏変更，特別代理人選任などがあります。）。

　一方「乙類」については，親権者の指定や変更とか，相続の際の遺産分割のように，争う相手方があり，裁判所の関与で利害関係人間の調整を図る必要があるため，乙類審判の場合は調停前置主義（家審17条・18条）が採られています（「乙類」には他に，民法811条4項による親権者の指定，推定相続人排除などがあります。）。

　では，戸籍法116条の戸籍訂正は，「甲類」「乙類」のどちらなのでしょうか。答えはどちらでもありません。戸籍法116条の戸籍訂正は，家事審判法23条「合意に相当する審判」，あるいは，人事訴訟法で裁判を行います。戸籍法116条の戸籍訂正

は，「親子関係の存否」や，「婚姻などの届出の意思があったかどうか」について争うものですから，当事者間に主張の相違があります。また，裁判の結果は親族法上大きな影響を及ぼします。その理由から，戸籍法116条の訂正には「確定判決」を必要とするのです。確定判決を得ることによって，確定判決の効果には，「既判力（判決が不動のものとなる）」，「形成力（法律関係が作られる）」といった重要な性質があります。親族法上大きな影響がある戸籍訂正ですから，この「確定判決によること」が必須条件であるということです。

(疑問点2) 家事審判法23条「合意に相当する審判」とは，どういう裁判をいうのでしょうか。また，人事訴訟法によるものと，どこが違うのでしょうか。

争う相手方がある家事事件については，まず調停手続から行います（調停前置主義：家審18条1項）。調停主任と調停委員とで構成された調停委員会によって行われる，いわば争議を解決するための話合いの場を持つのです。裁判離婚や裁判離縁などではよく見かける「調停調書」は，この調停が成立した（話合いがついた）ときに出される書類です。しかし，戸籍法116条では，「確定判決を得ること」が必須条件ですから，たとえ調停で利害関係人の間で話合いがついたとしても，調停による戸籍訂正はできません。調停において「合意に達した（出した結論に争いがないという話合いがついた）」場合は，裁判所は合意の事実について調査し，調停委員会の意見も聞いた上で「合意に相当する審判（家審23条）」を行います。審判後2週間の「異議申立期間（反対の意思表示をする期間）」を設けて（家審25条1項），この2週間の間に適法な異議申立てがなければ，審判は確定し，その「確定審判」は「確定判決」と同じ効力があります（家審25条3項）。異議申立期間中に適法な異議申立てがあった場合には，人事訴訟法による裁判になります。このように「合意に相当する審判」とは，人事訴訟法による裁判の前提として行われるもので，本来，人事訴訟法で行うべき事件を，「当事者間の合意」を基盤にして，迅速に解決しようとする手続であると考えてください。

(疑問点3) 審判書や判決の主文には訂正内容について明記されていませんが，関連するすべてを訂正してもよいのでしょうか。

これは，事例によって異なります。例えば，離婚無効の裁判が確定して，裁判を申し立てた人（原告）が，市区町村長に戸籍訂正申請書を提出したとします。婚姻の際に氏を改めた者は，離婚届出により復籍又は婚姻前の氏で新戸籍編製，あるいは，戸籍法77条の2の届出により，離婚の際に称していた氏で新戸籍を編製してい

ます。離婚無効の裁判が確定することにより，離婚は初めからなかったものとして戸籍訂正をする必要があります。離婚が成立しなかった戸籍を想像してみましょう。筆頭者の配偶者（婚姻の際に氏を改めた者）は，もちろん戸籍は変動しなかったのですから，復籍した者，婚姻前の氏で新戸籍を編製した者，戸籍法77条の2で新戸籍を編製した者，いずれも，もとの戸籍に回復して離婚事項の消除を行うことになります。これで離婚無効の訂正は完了します。しかし，離婚届出の際に，夫婦の未成年の子の親権者が定められ，その後の子の入籍届で，子の戸籍も変動していたらどうでしょう。離婚無効の裁判の確定で，子の親権者指定事項，子の入籍事項，その食い違いの全部を，戸籍法116条の戸籍訂正申請で訂正できるのでしょうか。離婚に伴う子の親権者指定に関しては，同時に訂正できるという先例（昭和37・6・7民事甲1506号回答）があります。しかし，家庭裁判所の許可を得てした入籍届については，離婚とは別の身分行為ですから，別途戸籍訂正許可の審判（戸114条「創設的届出の無効」）を得る必要があります。したがって，前記に掲げた事例では，戸籍訂正申請がされた場合，夫婦の離婚，離婚の際の子の親権者指定事項は訂正できますが，子の入籍事項については，同時に訂正することはできません。

　このように，それぞれの事例によって難しい判断を要しますから，疑義がある場合は管轄法務局の指示を得るようにしましょう。

　確定判決を得た戸籍法116条の戸籍訂正の範囲については，確定した身分行為の無効により，その他の矛盾する記載について訂正できるという，次のような先例があります。

【戸籍法116条により確定した基本の身分行為の訂正と同時に訂正できる記載についての先例】

●嫡出子否認

- 離婚後300日以内の出生子が，離婚により復氏した母の戸籍に入籍している場合において，嫡出子否認の裁判が確定した場合の入籍事項の訂正（戸籍誌389号77頁（質疑応答））。

●認知無効

- 認知された子が，父の氏を称する入籍届により，父の戸籍に入籍した場合において，認知無効の裁判が確定した場合の入籍事項の訂正。

●縁組無効

- 養女（母）の実方の戸籍に在籍する子が，母の氏を称する届出により，養女（母）の戸籍（養女につき新戸籍編製）に入籍した後に，縁組無効の裁判が確定した場合における入籍に関する事項。
- 協議離縁後，その前提となる縁組無効が確定した場合の協議離縁に関する事項の消除及び訂正（昭和31・6・13民事甲1244号回答）。

●婚姻無効

- 夫婦の新戸籍に婚姻前の出生子が嫡出子として入籍している場合において，夫婦につき婚姻無効の裁判が確定した場合の，出生子の父母との続き柄の訂正，及び，母が従前戸籍に回復されるときは，その戸籍に出生子を移記訂正する記載（昭和40・1・7民事甲4016号通達，昭和57・4・30民二2972号通達）。

●離婚無効

- 協議離婚後，その前提となる婚姻無効が確定した場合の協議離婚に関する事項の消除及び訂正（昭和28・4・25民事甲688号回答）。
- 婚姻によって氏を改めた者が，協議離婚の届出により婚姻前の氏に復すると同時に，戸籍法77条の2の届出をした後，協議離婚無効の裁判が確定した場合の戸籍法77条の2の記載の訂正（昭和61・8・21～22第38回徳島県戸住協決議—昭和62・1・29高松法務局長認可）。
- 未成年子を有する夫婦が，その一方を子の親権者と定めて協議離婚した後，その離婚につき無効の裁判が確定した場合における当該未成年の子の親権に関する事項の消除（昭和34・8・31民事甲1934号回答）。

第五　無効と取消し

　不謹慎ですが，皆さんが分かりやすいように，身分行為を車にたとえてみましょう。車を買いましたが，車には故障している箇所があります。その故障が原因で車は動かなくなりました。これが「身分行為の無効」です。車には故障している箇所がありますが，車は何とか動いています。故障したところを直さなくてはならないので修理に出したいと思っています。これが，「身分行為の取消し」です。故障した個所が気になるので，自分で修理しました。これが「届出の追完」です。車には故障した箇所がありましたが，走っているうちに直ってしまいました。これが「治癒」です（追完と治癒については，後掲「第六　訂正と追完の関係」(81頁〜)で説明します。）。

　第三の3「戸籍法114条の戸籍訂正」(70頁)で，「無効」と「取消し」の効果の違いを述べましたが，民法では，その身分行為の欠陥について，それが「無効原因」になる場合と，「取消し原因」になる場合とに分かれています。いったん受理して，戸籍に記載された届出については，その効果は真実として公証されます。「受理行為」とは，市区町村長が行う行政処分ですが，法的効果が伴う重要な行為です。窓口で審査をして受理行為を行う私たちは，そのことを常に自覚しなければなりません。

　「無効」と「取消し」の違いの要点を，再度確認してみましょう。

届出の「無効」と「取消し」の違い

　戸籍の実務では，原則として「無効」と「取消し」には次のような意味の違いがあります。

　取消し……取消しのときから将来に向かってないものになること。

　無　効……はじめからないものになること。

　ただし，次の場合は「取消し」であっても遡及効があるため，「無効」の場合と同じ効果があります。

○協議離縁の取消しの届出（戸73条）

　離縁取消しの裁判が確定した場合，「取消しの効果」は遡及し（通説），当初から離縁の効力は生じなかったことになります。

○協議離婚の取消しの届出（戸77条）

　離縁の取消しと同じく，離婚の取消しの効果は遡及し，当初から離婚はなかったことになります。

（疑問点１）「取消し原因」について，具体的にはどんなものがあるのでしょうか。

次の表で，届出の「取消し原因」を確認するとともに，「無効原因」と「取消し原因」を比べてみましょう。

【実質的要件が欠けることによって「無効原因となるもの」と「取消し原因となるもの」（創設的届出の中で，頻度が高いものだけを掲載）】

※無効原因のうち●印は戸籍法114条，○印は戸籍法116条によるものです。

無効原因となるもの	取消し原因となるもの
認 知 届	
○認知する者は真実の父でなくてはならない（民786条）。 ○任意認知において，認知する者は認知の意思を有していなければならない（最判昭和52・2・14家月29巻9号78頁）。（ただし，●任意認知において，認知の時点で認知者が既に死亡していた場合は，戸籍記載上明らかな無効なので，戸籍法114条の戸籍訂正手続による。）	・胎児認知には母の承諾が必要である（民783条1項）。 ・成年の子の認知には，子の承諾が必要である（民782条）。 ・死亡した子を認知する場合は，被認知者である子に直系卑属（子や孫）があることを要する（民783条2項前段）。 ・死亡した子を認知する場合において，子の直系卑属が，成年である場合は，その直系卑属の承諾が必要である（民783条2項後段）。
養子縁組届	
○縁組をする意思の合致がなければならない（民802条1号）。（ただし，●縁組の時点で当事者が既に死亡していた場合は，戸籍記載上明らかな無効なので，戸籍法114条の戸籍訂正手続による。） ●配偶者のある者が未成年者を養子とするときは，配偶者がその意思を表示できない場合を除き，配偶者とともに縁組をすること（民795条）。 ●養子が15歳未満の場合は，その法定代理人が縁組の代諾をすること（民797条）。	・養親となる者は成年（民4条）であること（民792条）。ここでいう成年は，婚姻で成年とみなされる者（民753条）も含む。 ・養子が養親より年上でないこと（民793条）。 ・養子が養親の尊属でないこと（民793条）。 ・養子が養親の嫡出子でないこと。養子が同一の養親と縁組をしていないこと（昭和23・1・13民事甲17号通達）。 ・後見人が被後見人を養子とするときは家庭裁判所の許可が必要であること（民794条）。 ・配偶者のある者が縁組をするには，その配偶者の同意を得て縁組をすること（民796条）。 ・養子となる者が未成年であるときは，家庭裁判所の許可があること（民798条本文）。ただし，民法798条ただし書に該当する場合は，許可の要件は不要。 ・15歳未満の養子に法定代理人とは別に監護者がいる場合は，監護者の同意が必要（民797条2項）。 ・詐欺・強迫による縁組の場合（民808条・747条）。

無効原因となるもの	取消し原因となるもの
養子離縁届	
○離縁をする意思の合致がなければならない（民811条1項）。（ただし，●離縁の時点で当事者が既に死亡していた場合は，戸籍記載上明らかな無効なので，戸籍法114条の戸籍訂正手続による。） ●夫婦が未成年者を養子にしているときに離縁する場合は，養親が婚姻継続中なら，夫婦共同で離縁すること（民811条の2）。 ●15歳未満の養子が離縁するときは，離縁後にその法定代理人となるべき者が，養子に代わって離縁の協議（届出）をすること（民797条・811条2項～5項）。	・詐欺・強迫による離縁の場合（民812条・747条）。
婚　姻　届	
○婚姻をする意思の合致がなければならない（民742条1号）。（ただし，●婚姻の時点で当事者が既に死亡していた場合は，戸籍記載上明らかな無効なので，戸籍法114条の戸籍訂正手続による。）	・婚姻年齢に達していること（民731条）。（※ただし，届出後，婚姻年齢に達した場合は取消し原因は消滅する。） ・重婚でないこと（民732条）。 ・女性は前婚解消又は取消しの日から6か月経過していること（民733条）。 ・近親間の婚姻の禁止（民734条～736条）。 ・未成年者の婚姻には父母の同意が必要（民737条）。 ・詐欺・強迫による婚姻の場合（民747条）。
離　婚　届	
○離婚する意思の合致がなければならない（民763条，最判昭和34・8・7民集13巻10号1251頁。ただし，●離婚の時点で当事者が既に死亡していた場合は，戸籍記載上明らかな無効なので，戸籍法114条の戸籍訂正手続による。）。	・詐欺・強迫による離婚の場合（民764条・747条）。

第六　訂正と追完の関係

（疑問点１）「届出の追完」とはどんなものですか。

　「届出の追完」とは，届書を受理したが，受理した届書に，戸籍の記載ができない重大な不備があり，その不備（間違いや遺漏）を補完することによって，届出を当初から完全なものにすることをいいます（戸45条）。追完届は，届書を補完しないと戸籍の記載ができない場合に行う届出ですから，戸籍記載前に行うことが原則です。また，「戸籍記載ができない」といった届書の重要な不備ですから，その他の届書の補完である「届書の補正」や「符せん処理（標準準則33条）」とは性質が違います。届書の不備の是正の原則は，時系列で示すと次のようになります。

【届書に不備が見つかった場合の処理】

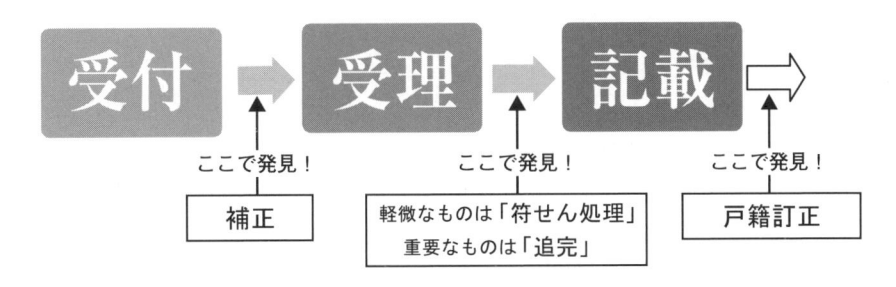

受付 → 受理 → 記載 →

- ここで発見！　補正
- ここで発見！　軽微なものは「符せん処理」重要なものは「追完」
- ここで発見！　戸籍訂正

（疑問点２）　追完届が必要となる不備が見つかった場合は，受理した市区町村は，どうすればいいのですか。また，追完届をしないときはどうしたらよいのですか。

　「届出の追完」を規定している戸籍法45条では，同44条の規定を準用し，追完届出の「催告」（戸規64条・附録19号様式第一・第二）をすることとしています。また，２度の催告しても追完届出をしない場合は，市区町村長は管轄法務局の長の許可を得て，判明している事項について，戸籍に記載をすることが許されています（戸45条・44条３項・24条２項，大正４・６・26民519号回答）。

（疑問点３）　既に戸籍記載をしたものは，戸籍訂正の手続き以外に，記載の是正方法はないのでしょうか。

　前記の図のように，戸籍に記載されたものは，原則として戸籍訂正によります。

しかし，当初の届出に「無効原因」や「取消し原因」がある届出について，たとえ戸籍記載後であっても，戸籍訂正ではなく，「追完届」をして届出の欠陥を補うことによって，届出を当初から完全なものにする場合があります。これは，先例によって特別に認められたものですが，届出の意思はあったが身分行為の実質的要件の手続の誤りをした場合，あるいは，遺漏のために届出に「無効原因」や「取消し原因」が生じた場合，その誤りや遺漏を補う簡易措置であると考えられます。したがって，当初から意思が存在しなかったもの，親子関係がなかったものなどの，届出の根幹をなすものの欠陥については，追完できないことは言うまでもありません。

戸籍記載後の追完が許される事例は，次の通りです。

【戸籍記載後の追完】

●出生届の追完

・父母の婚姻前の出生子について，婚姻後母からされた嫡出子出生届が誤って受理され，子の父母の婚姻後の戸籍に入籍させている場合に，出生の届出人として父を加える旨の追完（昭和31・12・4民事甲2709号回答）。

●養子縁組届の追完

・嫡出でない子の養子縁組について，未成年である母が代諾した届出が誤って受理され，戸籍の記載がされている場合に，その養子縁組当時に既に選任されていた母の未成年後見人（正当な届出人）が代諾する旨の追完（昭和25・9・12民事甲2467号通達）。

・15歳以上の未成年者の養子縁組について，親権者である父母の代諾による届出が誤って受理され，戸籍の記載がされた場合に，養子本人が自ら縁組の届出をする旨の追完（昭和30・5・11民事甲905号回答）。

・配偶者とともにすべき養子縁組について，その届出に配偶者の一方の記載を遺漏した届出が誤って受理され，戸籍の記載がされた場合に，配偶者とともに縁組をする旨の追完（昭和30・11・30民事甲2467号回答）。

・15歳未満の子が，戸籍上の父母の代諾によって養子縁組をした後，その戸籍上の父母との間に親子関係不存在確認の裁判が確定し，親子関係の戸籍訂正がされた場合に，縁組届出当時の正当代諾権者が代諾する旨の追完，又は15歳に達した養子が自ら縁組の届出をする追完（昭和30・8・1民事甲1602号通達・昭和34・4・8民事甲624号通達）。

●転籍届の追完

・15歳以上の未成年者の転籍の届出がその法定代理人からされ，戸籍に記載された後，その未成年者本人が届出をする追完（昭和32・1・14民事甲63号回答）。

・他市町村への転籍の届出に添付した戸籍謄本に在籍者の記載を遺漏していた

> ため，転籍後の戸籍にその記載を遺漏している場合の追完（昭和25・7・19民事甲1953号回答）。
> ・夫婦の戸籍について，筆頭者のみがした転籍の届出が誤って受理され，戸籍の記載がされた場合に，配偶者とともに届出をする旨の追完（昭和26・2・12民事甲238号回答）。

（疑問点4） 届出の「治癒」とは，どんなことを言うのでしょうか。

　辞書では「治癒とは，病気やけがが治ること。」と書かれています。戸籍においては，届出の時点で実質的要件の欠陥があり，「取消し原因があった届出」が，時を経て，その取消し原因が，自然に消えてしまうことをいいます。例えば，婚姻適齢（男性18歳，女性16歳）に達していない者の婚姻届を誤って受理した場合は，この届出は民法731条に違反した「取消し原因」のある届出ですが，当該事件本人が婚姻適齢に達したときは，取消し原因が消滅するといった事例がこれに当たります。

　また，実質的要件の欠陥があり，「無効原因や取消し原因があった届出」に追認（追完）することで，その欠陥がなくなってしまうことも「治癒」といいます。例えば，15歳未満の子が養子となる縁組について，縁組代諾権のない者がした届出は，民法797条に違反した「無効原因」のある届出ですが，正しい代諾権者が追認（後で承認する意思表示をすること）する「追完届」をすると，その縁組届の無効原因が消滅するといった事例がこれに当たります。

第七　戸籍訂正の仕組み「力試し問題」

■訂正の種類

次の身分行為が，既に戸籍に記載されています。どの戸籍訂正の手続によるものでしょうか【各3点】。「訂正の種類」欄には，次の中から選んで記入すること。

> 戸113条・戸114条・戸116条
> 戸24条2項・戸規41条・戸規43条・市区町村長限りの職権訂正

No.	事　例	訂正の種類
1	15歳以上の子の養子縁組について，子の親権者が代諾をした。	
2	出生届の誤記により，生年月日が間違って記載されている。	
3	婚姻届の送付漏れにより，事件本人について複本籍が生じている（届書廃棄済）。	
4	妻の意思がない離婚届が受理されて，戸籍に記載されている。	
5	父母離婚後，家庭裁判所の許可を得ないで入籍届をした。	
6	婚姻届が受理されたが，受理の時点で夫が死亡していた。	
7	出生届に記載した出生子の名が，誤記されている（届書廃棄済）。	
8	転籍届を原籍地と新本籍地の両方に届出した。	
9	離縁協議者が，離縁後法定代理人となるべき者ではなかった。	
10	届書が正当であるにもかかわらず，従前戸籍の筆頭者の氏を誤記した（届書保存中）。	
11	婚姻届で，妻の氏を称するつもりが，誤って「夫の氏」欄にチェックをして届出をした。	
12	未成年養子との離縁で，夫婦共同離縁をすべきところ，誤って夫婦の一方と離縁する届出をした。	
13	妻から離婚の不受理申出をしていたにもかかわらず，夫が提出した離婚届が誤って受理された。	
14	認知した父は，真実の父ではなかった。	
15	離婚した同一人との婚姻で，夫婦間の未成年の子について，婚姻届に「共同親権に服する旨」の記載を遺漏した。	
16	離婚届に，夫婦間の未成年の子の親権者指定の記載があるにもかかわらず，親権事項を遺漏した（届書保存中）。	
17	婚姻届に新本籍の地番号を「24番地1」と記載したが，「24番地」で編製した（届書保存中）。	
18	一方の意思がない養子縁組。	
19	管外転籍した後に，他市町村にされた転籍前の本籍が記載された養子縁組届による記載。	
20	嫡出子と父との親子関係がなかった。	

（※解答と解説 ➡ 197頁へ）

■窓口相談

次の事例について，問いに答えてください【全4問各10点】。

設問 1

　15歳未満の養子について，代諾権のない者がした縁組届が誤って受理され，戸籍に記載されました。この戸籍訂正手続について，市区町村はどのような対応をすればよいでしょうか。

（※解答と解説 ➡ 198頁へ）

設問 2

　窓口に，生年月日が誤記されているという申出がありました。戸籍を出生の時点までさかのぼって確認しましたが，戸籍の移記間違いなどはありません。ところが，出生時の戸籍は，災害により再製されたものであるという記載があります。また受附帳は既に廃棄されています。申出人は，この再製のときに市区町村が誤記したのだと主張しています。どうすればよいでしょうか。

（※解答と解説 ➡ 198頁へ）

設問 3

　虚偽の認知届がされたとして，検察庁から本籍地に戸籍法24条3項の通知がされました。通知を受けた市区町村は，どのように対応すればよいでしょうか。

（※解答と解説 ➡ 199頁へ）

設問 4

　窓口に,「父と某女性との婚姻届は虚偽の届出だから取り消してほしい」との相談がありました。戸籍には当該婚姻届による記載がされ,婚姻した翌日に相談者の父は死亡しています。相談者の父は成年被後見人で,相談者は「父は意思表示ができる状態ではなかった」と主張しています。相談を受けた担当者は,どのように対処すればよいでしょうか。

（※解答と解説　➡　199頁へ）

第三段

対外試合

～窓口実践問題～
【出題編】

　これは，窓口対応の訓練の問題集です。また，誤って受理してしまった届書についての対処法を考える問題でもあります。窓口には，いつ，どんな問題が持ち上がるか分かりません。そのため，敢えて事例を「出生，認知……」と区切らず，ランダムに掲載しました。

　ある新人戸籍担当者が，思わず「大変です！」と走ってくるかもしれない事例ばかりです。対応に苦慮したり，潜んだ「落とし穴」に落ちてしまった担当者の「焦り」を実感しながら読んでください。そして知識を応用して根拠づけをし，解答を導き出してください。

　それぞれの事例には，1～5個の★印ついていますが，これは難易度を示しています。

　★印の合計は全部で100個ありますから，100点満点です。

　ただし，答えが合っていても，根拠が間違っていたり，根拠が分からなかったときは正解ではありません。

　※　この設問で使用する人物名等は，実在のものではありません。

窓口で大切なこと

　戸籍の記載や届書の審査を正確に行うことは言うまでもありませんが，窓口では忘れてはいけない大切なことがあります。
　それは，「説明する力」です。
　難しい事例に遭遇したとき，ただ闇雲に問題を解決しようとすると，大切なことを見落としてしまいます。急いで答えを出さずに，まず，来庁者の会話をしっかり聞きとり，その会話から見えてくるもの，例えば，「今どういう状態なのか」，「これからどうしたいのか」，「何に疑問を抱いているのか」などを箇条書きにしましょう。そして，それらの答えを，根拠を示して説明できるようになったときに，初めて相手の方に説明できることになるのです。
　戸籍の知識をもった来庁者はほとんどいません。私たちが当たり前だと思っていることも，相手の方には大きな疑問である場合があります。来庁者は，私たちを信頼して，どんなことでもお話してくださいます。私たちはその信頼に応えるべく，誠意をもって，噛み砕いた説明ができるよう努力しなければなりません。難しい言葉を使って難しいことを言うのは簡単です。しかし，窓口では分かりやすい説明を心がけましょう。例えば「小学校５年生の子どもが聞いても理解できるような説明をする」というふうに，自分の中で具体的に設定してもよいかもしれません。分かりやすい説明，これほど難しいことありません。すべてが理解できて，その知識が自分のものになったときに，ようやく「やさしい説明」ができるようになります。
　掲載した各問題の解答を導き出すとともに，窓口でどのような説明をすればよいのかも，あわせて考えてみましょう。

設問 1　祖父母と孫の縁組　★★★★★

　　60代の夫婦と思われる男女が，3歳ぐらいの子を連れて来庁した。
男性：「この子を養子にしたいのですが……。」
担当者：「お子さんとお二人のご関係は？」
男性：「この子は，息子の子どもです。」
担当者：「お子さんの親権者は息子さんですね。」
女性：「息子が離婚してから，息子と私たち夫婦でこの子を育てていたのですが，一か月前に息子が亡くなりまして，おじいちゃんと話し合って，この子を養子にしようって決めたんです。」
担当者：「お子さんの後見人は決めておられますか？」
女性：「後見人って何ですか？別れた嫁のことじゃないですよね。」
担当者の心の声：「(何から説明したらいいのかなぁ……)」
　　さて，来庁者のすべての質問に答えてください。

（※解答と解説 ➡ 201頁へ）

設問 2　養女の嫡出でない子との縁組　★★★★

　　20代の女性Aと50代の女性Bが来庁した。
B：「この子（A）を2年前に養女にしたのですが，この子には子どもがいるんです。私にとっては孫に当たるのですが，その孫も養子にできますか。」
担当者：「縁組されるお子さんはおいくつですか？」
A：「4歳です。」
担当者：「そのお子さんの親権者はAさんですか？」
A：「私は結婚しないで子どもを産んだので，子どもには私しかいませんから，私が親権者だと思います。」
担当者：「失礼ですが，Aさんはおいくつですか？」
A：「私は23歳です。」
担当者の心の声：「(孫との縁組かぁ……問題なしだな。)」
　　さて，担当者は思わぬ落とし穴に落ちようとしています。助けてあげてください。

（※解答と解説 ➡ 204頁へ）

設問 3　出生子が入る戸籍と名乗る氏　★★★★

　平成22年9月14日，父Aから出生の届出があった。
A：「9月1日に子どもが生まれたので，今日で14日目だから，まだ大丈夫ですよね。初めての子どもで，名前をどうしようか迷ってしまって。」
担当者T：「大丈夫ですよ。今日までが届出期間ですから。」
　担当者Tは，出生届の『名の文字』や『父母婚姻日』などを審査して，問題がないと判断し，受理した。
担当者T：「これで結構です。おめでとうございます。その他の手続がありますので，該当の課に行ってください。」
A：「ありがとう。」
　しばらく経って記載担当者が大慌てで走ってきた。
記載担当者：「Tさん，この赤ちゃんのお父さん9月3日に養子縁組してるよ。お父さんの氏は『田中』から『岩本』に変わってるよ。……これ，どうしたらいいのー？」
担当者T：「……（顔面蒼白）」
　さて，担当者Tは，どんな失敗をしてしまったのでしょうか。次の届書を正しい届書にしてください（ただし，縁組前後の父母の本籍は同所同番地とします）。また，誤った届書の，その後の対処法も考えてください。

（※解答と解説 ➡ 206頁へ）

【提出された出生届】

出 生 届

平成22年9月14日届出

金沢市　長殿

受理	平成22年9月14日 第 1156 号	発送 平成　年　月　日	
送付	平成　年　月　日 第　　号		長印
書類調査	戸籍記載	記載調査	調査票	附票	住民票	通知

生まれた子

(1) 子の氏名
- （よみかた）いわもと あずさ
- 氏：岩本　名：あずさ
- 父母との続き柄：☑嫡出子　□嫡出でない子　長女　□男 ☑女

(2) 生まれたとき：平成22年9月1日　☑午前 □午後　10時15分

(3) 生まれたところ：石川県金沢市○○　561番地

(4) 住所（住民登録をするところ）：石川県金沢市○○二丁目　5番地　3号
- 世帯主の氏名：岩本浩二
- 世帯主との続き柄：子

生まれた子の父と母

(5) 父母の氏名 生年月日（子が生まれたときの年齢）
- 父：岩本浩二　昭和58年12月24日（満26歳）
- 母：岩本加奈子　昭和60年11月25日（満24歳）

(6) 本籍（外国人のときは国籍だけを書いてください）：石川県金沢市○○　235番地
- 筆頭者の氏名：岩本浩二

(7) 同居を始めたとき：平成21年8月（結婚式をあげたとき、または、同居を始めたときのうち早いほうを書いてください）

(8) 子が生まれたときの世帯のおもな仕事と
- □1．農業だけまたは農業とその他の仕事を持っている世帯
- □2．自由業・商工業・サービス業等を個人で経営している世帯
- □3．企業・個人商店等（官公庁は除く）の常用勤労者世帯で勤め先の従業者数が1人から99人までの世帯（日々または1年未満の契約の雇用者は5）
- □4．3にあてはまらない常用勤労者世帯及び会社団体の役員の世帯（日々または1年未満の契約の雇用者は5）
- ☑5．1から4にあてはまらないその他の仕事をしている者のいる世帯
- □6．仕事をしている者のいない世帯

(9) 父母の職業（国勢調査の年… 年…の4月1日から翌年3月31日までに子が生まれたときだけ書いてください）
- 父の職業：
- 母の職業：

その他

届出人

- ☑1．父　□母　□2．法定代理人（　　）　□3．同居者　□4．医師　□5．助産師　□6．その他の立会者
- □7．公設所の長

住所	(4)欄と同じ	番地 番 号
本籍	(6)欄と同じ	番地 番　筆頭者の氏名　(6)欄と同じ
署名	岩本浩二　㊞	昭和58年12月24日生

事件簿番号：

※届書を見やすくするため，ここでは様式中の出生証明書及び記入の注意を省略します。

設問 4　帰化した親子の戸籍　★★★★★

　　20代前半と思われる男性が、戸籍の窓口に訪れた。

男性：「母も私も、以前は韓国国籍だったのですが、去年帰化しました。僕が先に帰化して『川口』の苗字で戸籍を作りました。母も、その後帰化したのですが、僕と母は同じ『川口』という苗字なのに、戸籍が別々になっています。同じ戸籍にしたいのですが、できますか。」

担当者：「(戸籍を確認して) そうですねぇ……お母さまも息子さんも、おひとりで戸籍を編製しているのですね。お父さまは、どうされているのですか。」

男性：「父は2年前に他界しました。母には、子どもは僕一人しかいません。」

担当者の心の声：「(男性は独身だし、確か民法790条で、親子の氏は同じだと規定されているから、母の戸籍に子が入籍できるんだよなぁ。でも、帰化した時の氏は、『それぞれが氏を創設する』っていうことだから、たとえ同じ『川口』の氏でも、民法上は『違う氏』かもしれないし、入籍するためにはどうしたらいいんだろう？？？)」

　　担当者の疑問である氏の考え方、入籍届について説明してください。

(※解答と解説 ➡ 209頁へ)

設問 5　離婚届で復する氏　★★★★

　　離婚届が提出された。届書を持参したのは妻である。
　　離婚届の「婚姻前の氏にもどる者の本籍」欄が空欄である。

担当者W：「この欄をご記入ください。奥様は旧姓にもどられますか？」

女性：「はい。」

担当者W：「婚姻前の戸籍にもどる場合と、婚姻前の氏で新戸籍を作る場合と、どちらかを選べますが……。」

女性：「子どもがいるので、新戸籍を作ります。」

担当者W：「では、(離婚届の(4)欄を指して) ここに、ご希望の新本籍を記入してください。(婚姻事項の従前戸籍を確認して) この『筆頭者の氏名』欄は、婚姻前の氏『田辺』であなたの氏名を書いてください。」

　　担当者は、不受理申出がされていないかなどを確認し、不備がないので受理をした。

　　1か月後のある日、前回の離婚届を提出した女性が再び訪れた。

女性：「この間，離婚届を受けてくれたのは，Wさんですよね。」
担当者W：「はい，そうですが。」
女性：「あの時，あなたが離婚届でもどる氏は『田辺』だと言ったので，私そのとおりに書いたのだけど，私の母は，今，実家の苗字の『長谷川』を名乗っているのよ。私が結婚したときは，母は離婚した父の苗字の『田辺』だったけど，3か月前に，家庭裁判所で許可をもらって，母は実家の苗字に変えたのよ。私が離婚でもどる戸籍は母の戸籍なんだから，『田辺』で戸籍を作ったのは，あなたの間違いじゃないの？」

果たして，この女性が言っていることは正しいのでしょうか。根拠を示して対処してください。

（※解答と解説 ➡ 211頁へ）

設問 6　夫婦の筆頭者が養子になる縁組　★★★★

40代半ばの女性（野山花子さん）が，窓口に養子縁組届を提出した。
妻の氏の婚姻で，妻（野山花子）が筆頭者になっている。

野山花子：「伯母との縁組です。伯母には子どもがいないので，養女になって老後の面倒をみてあげたいと思っています。伯母の姓も名乗りたいと思っています。」
担当者：「そうですか。野山さんは戸籍の筆頭者になっているので，伯母様と縁組すれば，伯母様の子どもになり，氏は『神田』に変わります。でも，ご主人も氏が変わってしまうので，ご主人の同意も必要です。」
野山花子：「あ，主人も来てます。私事で恐縮ですが，私，主人には本当に感謝してるんです。前の夫と死別して落胆している私を支えてくれた恩人なんですよ。」
担当者：「そうですか。いい方と巡り会えたんですね。」
担当者は心が温まる気がした。
担当者の心の声：「（配偶者の同意ももらったし，新戸籍を編製するところも確認したし，これで完璧だな……。）」

ちょっと待って！大事なことを確認していないよ。担当者が確認すべきことは何だったのでしょうか。会話から見えてくるものに注意してください。

（※解答と解説 ➡ 213頁へ）

【妻筆頭者で編製された戸籍】

		全部事項証明
本　　籍	東京都葛飾区○○５６番地	
氏　　名	野山　花子	
戸籍事項 　　戸籍編製	【編製日】平成２４年１２月６日	
戸籍に記録されている者	【名】花子 【生年月日】昭和３３年１１月２日　　【配偶者区分】妻 【父】笠井○○ 【母】笠井○○ 【続柄】長女	
身分事項 　　出　　生 　　婚　　姻	（省　略） 【婚姻日】平成２４年１２月６日 【配偶者氏名】小林太郎 【従前戸籍】宮崎県宮崎市○○２３４番地　野山○○	
戸籍に記録されている者	【名】太郎 【生年月日】昭和３９年１０月２１日　　【配偶者区分】夫 【父】小林○○ 【母】小林○○ 【続柄】長男	
身分事項 　　出　　生 　　婚　　姻	（省　略） 【婚姻日】平成２４年１２月６日 【配偶者氏名】野山花子 【従前戸籍】奈良県大和高田市○○１１６４番地　小林太郎	
	以下余白	

発行番号

設問 7　転籍届の不備の処理　★★★★★

　平成23年１月15日，金沢市役所窓口に転籍届が提出された。
　川口市から金沢市への転籍である。戸籍には，筆頭者の記載と，離婚により除籍された妻，及び母が親権者となっている子２人の記載がある。
　届出人の筆頭者は，戸籍の記載通りに，筆頭者と子２人の記載をした転籍届を提出した。

担当者：「（戸籍を確認して）はい，これで結構です。」
届出人：「もとの本籍地には，届をしなくていいんでしょうか。」
担当者：「もとの本籍地の川口市には，こちらから届書を送りますから川口市への届出は必要ありません。」
届出人：「ありがとうございます。よろしくお願いします。」
担当者：「ご苦労さまでした。」

　後日，転籍届を送付した川口市から連絡があった。

川口市担当者：「あのぅ，送付してもらった転籍届についてですが，１月４日に子どもさん２人が，母の氏を称する届出をして，当市の戸籍では除籍されています。どうしたらいいでしょうか。」
担当者：「えぇ！……どうしたらいいんだろう？？？」

　原籍地の川口市，新本籍地の金沢市の一連の処理を，根拠を示して答えてください。

（※解答と解説 ➡ 215頁へ）

設問 8　嫡出でない子と祖父母の縁組　★★★★★

　次のような養子縁組届が提出されました。嫡出でない子と，母の父母，つまり祖父母との縁組です。担当者は，民法798条ただし書の縁組として，家庭裁判所の許可を得ることなく，この届書を受理し，戸籍に記載しました。
　しかし，この縁組届には大きな間違いがあります。さて，その間違いはどこでしょうか。また，間違いが発覚した後に，どのような対応をすべきかを，できるだけ詳しく解答してください。

（※解答と解説 ➡ 217頁へ）

【提出された養子縁組届】

養子縁組届	受理 平成24年 5月15日 第 653号	発送 平成 年 月 日
平成24年5月15日届出	送付 平成 年 月 日 第 号	長印
京都市左京区 長殿	書類調査 戸籍記載 記載調査 附票 住民票 通知	

養子になる人

（よみかた）	養子 氏　名	養女 氏　名 みながわ　みさき
氏　名		南川　美咲
生年月日	年　月　日	平成23年4月1日
住　所 (住民登録をしているところ)	京都市左京区○○ 95番地 世帯主の氏名 南川太郎	
本　籍 (外国人のときは国籍だけを書いてください)	京都市左京区○○ 95番地 筆頭者の氏名 南川　遙	
父母の氏名 父母との続き柄	父　　　　　　続き柄 母　　　　　　男	父　　　　　　続き柄 母 南川　遙　長女
入籍する戸籍または新しい本籍	☑養親の現在の戸籍に入る　□養親の新しい戸籍に入る　□養子夫婦で新しい戸籍をつくる　□養子の戸籍に変動がない	
	京都市左京区○○ 95番地 筆頭者の氏名 南川太郎	
監護をすべき者の有無	（養子になる人が十五歳未満のときに書いてください） □届出人以外に養子になる人の監護をすべき □父 □母 □養父 □養母がいる ☑上記の者はいない	
届出人署名押印	印	印

届出人
（養子になる人が十五歳未満のときに書いてください）

資　格	親権者（□父　□養父） 未成年後見人 特別代理人	親権者（☑母　□養母）
住　所	番地　番号	京都市左京区○○ 95番地 番号
本　籍	番地　番　筆頭者の氏名	京都市左京区○○ 95番地　筆頭者の氏名 南川　遙
署名押印	印	南川　遙　㊞
生年月日	年　月　日	平成6年10月15日

養親になる人

（よみかた）	養父 氏　名 みながわ　たろう	養母 氏　名 みながわ　はなこ
氏　名	南川　太郎	南川　花子
生年月日	昭和43年3月28日	昭和45年12月5日
住　所 (住民登録をしているところ)	京都市左京区○○ 95番地 世帯主の氏名 南川太郎	
本　籍 (外国人のときは国籍だけを書いてください)	京都市左京区○○ 95番地 筆頭者の氏名 南川太郎	
その他	民法798条ただし書による縁組	
新しい本籍（養親になる人が戸籍の筆頭者およびその配偶者でないときは、ここに新しい本籍を書いてください）	番地　番	
届出人署名押印	養父 南川太郎 ㊞	養母 南川花子 ㊞

※届書を見やすくするため，ここでは様式を上下に分けて掲げ，証人欄及び 記入の注意 を省略しています。

設問 9　親権者指定の届出人　★★★

　　赤ちゃんを抱いた若い女性が窓口に座った。
女性：「この子の親権者を変えたいんですが，どうしたらいいですか。」
担当者：「あのー，失礼ですが，結婚されてますか。」
女性：「いいえ，結婚はしていません。結婚はしていないけど，この子は認知してもらってます。」
担当者：「お母さんはおいくつでしょうか。」
女性：「私は16歳です。認知してくれたこの子の父親は18歳です。」
担当者：「それで，親権者を，その18歳のお父さんに変えるということですか。」
女性：「はい，そうです。認知してくれた相手のお父さんとお母さんが，この子の面倒をみてくれると言っています。私には，この子を育てる自信がないんです……（涙）。」
担当者の心の声：「（あぁ，どうしよう。赤ちゃんは嫡出でない子なので，親権者は母だけど，この子はまだ16歳だから，母の親権者が，赤ちゃんの親権を代行している。おまけに，認知した父も親権に服している18歳だし……。親権者の指定は協議でできるけど，一体誰と誰の協議なのだろう……）」
　　担当者の焦りが伝わってきます。でも根拠を探せば，すぐに分かります。

（※解答と解説 ➡ 219頁へ）

設問 10　養子が離縁後にもどる戸籍　★★★★

　　30代男性Aが来庁した。
A：「父の再婚相手と縁組したんだけど，どうもうまくいかないので縁組を解消したいんです。」
担当者：「縁組をしたのはいつですか。」
A：「僕が独身の頃だから，8年ぐらい前かな。」
担当者：「それで，現在Aさんは婚姻されていますか。」
A：「いいえ，2年前に別れました。今は独身です。独身なので，できれば，父の戸籍にもどりたいのですが……。」
担当者：「養子離縁届を出していただければ，縁組は解消できます。今から書き方の説明をしますね。」

担当者の心の声:「(婚姻して,いったん筆頭者になった人は,もとの戸籍にももどれるんだろうか。もとの戸籍には今回離縁する養母も記載されているし,これって,どう考えてもおかしいよなぁ……。)」

さて,離縁後の養子の戸籍の変動について,担当者の疑問に答えてください。

(※解答と解説 ➡ 221頁へ)

設問 11 失踪届で除籍された者の死亡届 ★★★★

デスクの電話が鳴った。
和歌山市担当者:「はい,和歌山市役所市民課●●です。」
川越市担当者:「こちらは,川越市役所市民課○○と申します。いつもお世話になっております。こちらに死亡届が出されまして,死亡された方の本籍がそちらですので,戸籍の確認をお願いします。」
和歌山市担当者:「はい,どうぞ。」

担当者は,該当の戸籍で事件本人を確認した。

和歌山市担当者:「ええ,ちょっと待ってください。この方『失踪届』で除籍されてますよ。戸籍も消除されています。本当にこの方でよろしいんですよね。」
川越市担当者:「はい,事件本人は増井○○さんです。この方,除籍されてるんですか……。」

死亡届が提出された川越市,記載する和歌山市は,いったいどんな処理,及び記載をすればよいのでしょう。

(※解答と解説 ➡ 223頁へ)

設問 12 嫡出でない子の離縁と,離縁後の親権者の記載 ★★★★

母と子が来庁した。
母:「この子は私の主人と縁組しているんですが,縁組を解消したいんです。」
担当者:「お子さんはおいくつですか?」
母:「16歳です。私は結婚しないでこの子を生んだのですが,経済的に困って,この子が3歳のときに,ある人の養子にしたんです。その養父が私にもよくしてくれたので,1年後に結婚しました。でも,この子が多感な年ごろになってから,主人とうまくいかなくなって……。」

担当者:「養子離縁届を出していただければ，縁組を解消できます。お子さんは16歳ですので，ご自分で意思表示できますから，養子，養父，証人の方2名の署名押印で離縁できます。」

　後日，養子離縁届が提出され，担当者は審査した。

担当者の心の声:「(子どもは16歳だけど，縁組前の戸籍は除籍になってるから，この子が筆頭者になるのかなぁ。でも未成年だから離縁後の親権者は誰だろう？　親権者の職権記載が必要かもしれないし……あーっ頭がパニック！。)」

　さて，子の出生から離縁までの親権者の推移を示して，離縁届が提出された場合の戸籍の変動，及び親権者の記載について，考えてください。

（※解答と解説 ➡ 225頁へ）

設問 13　嫡出でない子の離縁　★★★★

　夫婦が婚姻継続中に，妻の嫡出でない子と離縁する次のような養子離縁届が提出されました。誤った届書であるにもかかわらず，担当者は受理してしまいました。戸籍にはまだ記載されていません。この届書はどこが間違っているのでしょうか。また，誤って受理した届書は，いったいどうすればよいのでしょうか。対処法を考えてください。

（※解答と解説 ➡ 227頁へ）

第三段　対外試合　～窓口実践問題～

【提出された養子離縁届】

受理	平成24年11月15日	発送	平成　年　月　日
第	1520号		
送付	平成　年　月　日		長印
第	号		
書類調査	戸籍記載	記載調査	附票	住民票	通知

養子離縁届

平成24年11月15日届出

大阪府泉佐野市　長殿

養子

	養子氏名	養女氏名
（よみかた）	かわぐち　しょうじ	
氏名	川口　翔二	
生年月日	平成12年9月15日	年　月　日
住所（住民登録をしているところ）	大阪府泉佐野市○○二丁目　8番地19号	
世帯主の氏名	川口武夫	
本籍（外国人のときは国籍だけを書いてください）	大阪府泉佐野市○○　193番地	
筆頭者の氏名	川口武夫	
父母の氏名・父母との続き柄	父　　　　　　　続き柄　長男	父　　　　　　続き柄
	母　川口浩美	母　　　　　　　　　女
離縁の種別	☑協議離縁　□調停　年　月　日成立　□審判　年　月　日確定　□死亡した者との離縁　年　月　日許可の審判確定	□和解　年　月　日成立　□請求の認諾　年　月　日認諾　□判決　年　月　日確定
離縁後の本籍	□もとの戸籍にもどる　☑新しい戸籍をつくる　□養子の戸籍に変動がない	
	大阪府泉佐野市○○二丁目　8番地　筆頭者の氏名　山田翔二	
届出人署名押印	印	印

届出人
（離縁する養子が十五歳未満のときに書いてください）

資格	離縁後の親権者（□父　□養父）　□未成年後見人	離縁後の親権者（☑母　□養母）
住所	番地　番　号	大阪府泉佐野市○○二丁目　8番地19号
本籍	番地　番　筆頭者の氏名	大阪府泉佐野市○○　193番地　筆頭者の氏名　川口武夫
署名押印	印	川口浩美　㊞
生年月日	年　月　日	昭和43年11月10日

養親

	養父氏名	養母氏名
（よみかた）	かわぐち　たけお	かわぐち　ひろみ
氏名	川口　武夫	川口　浩美
生年月日	昭和44年5月10日	昭和43年11月10日
住所（住民登録をしているところ）	大阪府泉佐野市○○二丁目　8番地19号	
世帯主の氏名	川口武夫	
本籍（外国人のときは国籍だけを書いてください）	大阪府泉佐野市○○　193番地	
筆頭者の氏名	川口武夫	
その他		
届出人署名押印	養父　川口武夫　㊞	養母　川口浩美　㊞

※届書を見やすくするため，ここでは様式を上下に分けて掲げ，証人欄及び 記入の注意 を省略しています。

設問 14　この戸籍，間違ってない？　★★★★★

　　　班長大変です！　新任担当者のM君が走ってきた。
担当者M：「婚姻届で戸籍を確認していたら，こんな戸籍だったんです。これ，間違ってないですか？」
　　担当者は妻になる人の戸籍を示して，興奮気味に班長に訴えた。
班長：「大丈夫，間違ってないよ。Mくん，この戸籍がどんな経緯で出来上がったか推理してみて。すごく勉強になるから。ただし，従前戸籍はこちらにないから想像力を働かせてがんばれ！」
担当者Mの心の声：「（班長っていじわるだなぁ……。）」
　　果たしてM君の疑問点とは一体何なのか。そして，この戸籍がたどった経緯とは，一体どのようなものだったのか，推理してみてください。

（※解答と解説 ➡ 229頁へ）

【妻になる人の戸籍】

	全部事項証明
本　　籍	千葉県浦安市○○二丁目5番
氏　　名	山田　花子
戸籍事項 　　戸籍編製	【編製日】平成20年1月25日
戸籍に記録されている者	【名】花子 【生年月日】昭和56年6月6日 【父】山田太郎 【母】山田節子 【続柄】長女
身分事項 　　出　　生 　　養子離縁	（省　略） 【離縁日】平成20年1月25日　　注目！ 【養父氏名】伊東健二 【従前戸籍】大阪府泉佐野市市場南一丁目6番地　伊東健二
戸籍に記録されている者	【名】さくら 【生年月日】平成20年5月2日 【父】伊東健二 【母】山田花子　　注目！ 【続柄】長女
身分事項 　　出　　生	【出生日】平成20年5月2日 【出生地】東京都千代田区 【届出日】平成20年5月14日 【届出人】母 【従前戸籍】千葉県浦安市○○二丁目5番　山田花子
親　　権	【親権者】母
	以下余白

発行番号

設問 15　離縁届の届書の取扱いと戸籍記載　★★★★

　　母の連れ子（嫡出子）と母の再婚相手が縁組していたが，このたび養子離縁届が提出された。子は15歳以上の未成年者で，母が届書を持参している。

担当者K：「それでは戸籍を確認しますので，しばらくお待ちください。」

母：「お願いします。」

　　担当者Kは戸籍を見て焦った。

担当者K：「……ん？子どもの従前戸籍の記載がない。この子は縁組だけど，どこから入籍したんだろう。縁組すると，一般的には父か母の戸籍から入籍するはずなのに……。この子がこの戸籍に入籍した理由が分からない……。」

　　担当者Kはぶつぶつ独り言を言いながら，審査にかなり手間取っている。

母：「早くしてくださいよ！」

担当者K：「少々お待ちを……（汗）」

　　次の戸籍を確認した上で，子の入籍事由を推理し，正しい届書を作成した上で「その他」欄の処理も行ってください。また，離縁成立後の戸籍の記載を考えてください。

（※解答と解説 ➡ 230頁へ）

【現在の養子及び養父の戸籍】

(2の1) | 全部事項証明

本　　籍	鹿児島県鹿児島市○○234番地
氏　　名	山田　太郎
戸籍事項 　　戸籍改製	【改製日】平成18年6月30日 【改製事由】平成6年法務省令第51号附則第2条第1項による改製
戸籍に記録されている者	【名】太郎 【生年月日】昭和56年6月6日　　【配偶者区分】夫 【父】山田孝 【母】山田節子 【続柄】長男
身分事項 　　出　　生 　　婚　　姻 　　養子縁組	（省　略） 【婚姻日】平成16年6月30日 【配偶者氏名】川口良子 【従前戸籍】鹿児島県鹿児島市○○234番地　山田孝 【縁組日】平成21年7月13日 【養子氏名】山田誠
戸籍に記録されている者	【名】良子 【生年月日】昭和52年5月2日　　【配偶者区分】妻 【父】川口次郎 【母】川口かおる 【続柄】長女
身分事項 　　出　　生 　　婚　　姻	（省　略） 【婚姻日】平成16年6月30日 【配偶者氏名】山田太郎 【従前戸籍】和歌山県和歌山市○○二丁目3番地　川口良子
戸籍に記録されている者	【名】誠 【生年月日】平成7年5月2日 【父】○○○○ 【母】山田良子 【続柄】長男 【養父】山田太郎 【続柄】養子
身分事項 　　出　　生 　　養子縁組	【出生日】平成7年5月2日 【出生地】和歌山市 【届出日】平成7年5月7日 【届出人】父 【縁組日】平成21年7月13日

発行番号　　　　　　　　　　　　　　　　　　　　　　　　　　　　以下次頁

（2の2） 全部事項証明

	【養父氏名】山田太郎 【養親の戸籍】鹿児島県鹿児島市○○２３４番地　山田太郎 【代諾者】親権者母
	以下余白

発行番号

設問 16　離婚無効と重婚　★★★★★

　ある日，ひどく憤慨した女性が来庁した。
女性：「離婚したという通知がきたけど，私，離婚届を出した覚えがないのよ。どうなってるの？！」
担当者：「調べてみます。……確かに離婚届は9月12日に受理されていますが……。」
女性：「たぶん，主人が勝手に出したんだわ。主人は浮気をしてて，私と別れたいと言ってたんです。私はもう離婚してもいいと思ってるんだけど，まだ慰謝料や養育費の問題が残ってるから，それが解決するまで離婚しないと言ってたのよ。これって虚偽の届出よねぇ。」
担当者：「はあ，窓口では，署名押印がされていて，届書に形式的に不備がなければ受理せざるを得ないことになっていまして……。でも離婚の意思がないのに，出された届書については，家庭裁判所に『無効の訴え』をすることができます。(汗)」
女性：「じゃあ，裁判所へ行くわ。手続に必要なもの教えて！」
担当者：「まずは，戸籍謄本と離婚届の写しが必要かと……。」
　女性は戸籍謄本を取った。そして，またあわてて届出窓口に走ってきた。
女性：「主人，離婚届を出してすぐに，あの女と結婚してるじゃないの。私との離婚が無効になったら，主人は重婚になるじゃないの。両方まとめて，結婚を無効にすることはできないの？なんとかしてよ‼」
担当者：「……(焦)」
　さて，来庁者の質問に対して根拠を示して説明してください。また，次の戸籍で「離婚無効」が成立した場合の，戸籍訂正の記載について考えてください。

(※解答と解説 ➡ 234頁へ)

【前妻との離婚が成立し，夫が再婚した戸籍】

(2の1) 全部事項証明

本　　籍	東京都中央区○○二丁目２５番
氏　　名	斎藤　克己
戸籍事項 　　戸籍改製	【改製日】平成１８年６月３０日 【改製事由】平成６年法務省令第５１号附則第２条第１項による改製
戸籍に記録されている者	【名】克己 【生年月日】昭和５６年６月６日　【配偶者区分】夫 【父】斎藤次郎 【母】斎藤花子 【続柄】長男
身分事項 　　出　　生 　　婚　　姻 　　離　　婚 　　婚　　姻	（省　略） 【婚姻日】平成１６年７月７日 【配偶者氏名】坂口君子 【従前戸籍】東京都中央区○○二丁目２５番　斎藤次郎 【離婚日】平成２２年９月１２日 【配偶者氏名】斎藤君子 【婚姻日】平成２２年９月１２日 【配偶者氏名】金沢美紀
戸籍に記録されている者 除　籍	【名】君子 【生年月日】昭和５２年５月２日 【父】坂口四郎 【母】坂口薫 【続柄】長女
身分事項 　　出　　生 　　婚　　姻 　　離　　婚	（省　略） 【婚姻日】平成１６年７月７日 【配偶者氏名】斎藤克己 【従前戸籍】石川県金沢市○○５２５番地　坂口四郎 【離婚日】平成２２年９月１２日 【配偶者氏名】斎藤克己 【新本籍】東京都中央区○○２３４番地
戸籍に記録されている者	【名】孝太 【生年月日】平成１７年５月２日 【父】斎藤克己 【母】斎藤君子 【続柄】長男
身分事項 　　出　　生	（省　略）

発行番号　　　　　　　　　　　　　　　　　　　　　　　　　　　以下次頁

(2の2) 全部事項証明

親　権	【親権を定めた日】平成２２年９月１２日 【親権者】母 【届出人】父母
戸籍に記録されている者	【名】美紀 【生年月日】昭和５９年６月２１日　　【配偶者区分】妻 【父】金沢一郎 【母】金沢新子 【続柄】長女
身分事項 　　出　生	（省　略）
婚　姻	【婚姻日】平成２２年９月１２日 【配偶者氏名】斎藤克己 【従前戸籍】東京都葛飾区○○３４番地　金沢一郎
	以下余白

【妻が離婚後に編製した新戸籍】

	全部事項証明
本　　　籍	東京都中央区○○２３４番地
氏　　　名	坂口　君子
戸籍事項 　　戸籍編製	【編製日】平成２２年９月１２日
戸籍に記録されている者	【名】君子 【生年月日】昭和５２年５月２日 【父】坂口四郎 【母】坂口薫 【続柄】長女
身分事項 　　出　　生 　　離　　婚	（省　略） 【離婚日】平成２２年９月１２日 【配偶者氏名】斎藤克己 【従前戸籍】東京都中央区○○二丁目２５番地　斎藤克己 <div align="right">以下余白</div>

発行番号

設問 17　縁組代諾者の失敗　★★★★

　　窓口に7歳ぐらいの子を連れた女性が来庁した。
女性：「あのぅ，この子を私の夫と縁組させたいのですが……。」
担当者Ａ：「はい。養子縁組ですね。失礼ですが，お子さんのお母さまですか？」
女性：「はい。この子の父親とは離婚したのですが，この子の父は先日亡くなりました。私と夫がこの子を引き取って育てたいと思いまして……。」
担当者Ａ：「そうですか。では，縁組届の説明をいたします。（代諾者記載欄を指して）ここは，お子さんがまだ15歳未満ですので，親権者のお母さまが署名押印していただきます。（担当者の心の声……配偶者の嫡出子との縁組だ。この間勉強したばかりだから，カンタン，カンタン。）」
　　養子縁組届の説明をすべて終えて，2人は窓口を去った。
先輩Ｂ：「Ａさん，今の方の戸籍を確認したの？」
担当者Ａ：「いいえ。……（子の戸籍を見て）……ちょ，ちょっと待って！あのお母さん，この子の親権者じゃないよ！亡くなったお父さんが親権者だったんだ。大変です，ハンチョー‼」
　　Ａさんは何を失敗したのでしょうか。また，正しくは，どう説明すればよかったのでしょうか。

（※解答と解説 ➡ 239頁へ）

設問 18　離縁によって，子が入籍する戸籍　★★★★

　　30歳ぐらいの男性が来庁した。
男性：「妻と離婚するんです。離婚届の用紙をください。」
担当者Ｓ：「はい。協議離婚ですか。」
男性：「『きょうぎりこん』って，どういう離婚？」
担当者Ｓ：「裁判などで離婚するのではなく，お話合いで離婚することです。」
男性：「あ，そうそう，それ。それから嫁さんに子どもがいたので，養子縁組もしてるから，その養子縁組もやめる用紙もくれるかなぁ。」
　　担当者は，離婚届と養子離縁届の書き方を，長時間かけて説明した。
　　妻は離婚後，旧姓にもどるということなので，離婚後，母は婚姻前の氏で新戸籍を編製し，母の戸籍から縁組で入籍した子は，離縁により，離婚後の

母の新戸籍に入籍することを必死で説明した。

班長：「ご苦労さん。ところで，戸籍の確認はしたかい？」

担当者Ｓ：「もちろんですよ。子が母の戸籍から入籍していることも，ばっちり確認済みです。」

班長：「ちょっと待って。子の母親には，もうひとり子どもがいるよ。この子は縁組をしていないから，戸籍は除籍になっていないねぇ。……Ｓ君，説明間違ったかも……。」

　さて，担当者Ｓ君の間違いは，何だったのでしょうか。

（※解答と解説 ➡ 241頁へ）

設問 19　離縁後，父の氏を称するためには？　★★★★

窓口に若い男性が来庁した。

男性：「私は亀井繁樹と申します。母の再婚相手と縁組していたのですが，このたび母が離婚しますので，僕も縁組を解消したいのですが……。」

担当者：「今，おいくつですか？」

男性：「先週20歳になりました。」

担当者：「お母さまは，離婚届の用紙をもらっていますか？」

男性：「母は先日，離婚届と離婚後もそのままの姓を名乗る届の用紙をもらい，離婚後も『亀井』の姓を名乗るそうです。でも，僕は『亀井』を名乗りたくないので，旧姓にもどります。」

担当者：「（戸籍を確認して）あなたは，縁組前はお母さまの旧姓である『下村』を名乗っていましたが，元の戸籍は除籍になっていますので，『下村』で新戸籍を編製することになります。」

　担当者の説明は，ここまでは完璧だった。

男性：「あのぅ，僕，『下村』ではなく，父の姓の『河合』を名乗りたいのですが，できるでしょうか。」

担当者：「うーん。（ちょっと考えて）……離縁後に，いったんは『下村』さんを名乗ってから，家庭裁判所で氏変更の許可をもらって入籍届をしてください。」

　惜しい!!　担当者は，何を間違ったのでしょうか。

（※解答と解説 ➡ 243頁へ）

設問 20 「嫡出子否認の裁判」の戸籍訂正申請　★★★★★

　嫡出子否認の裁判の「審判書及び確定証明書」を持参した男性が，Y君の窓口に座った。
男性：「市役所に行って手続するように言われました。」
担当者：「（緊張しながら）はい，戸籍訂正申請ですね。」
　担当者は，戸籍訂正申請書を出して，書き方の説明をした。
　男性はすでに離婚していて，事件本人である子は，「母の氏を称する入籍届」で，母の戸籍に入籍している。
　男性は，戸籍訂正申請書を記載して，担当者に提出した。
担当者：「これで結構です。訂正後の戸籍謄本は，お急ぎで必要ですか？」
男性：「弁護士に渡さないといけないので，できるだけ早くほしいんだけど。」
担当者：「たぶん，4，5日でできると思います。また連絡させていただきます。」
　担当者は，戸籍訂正記載なので，普段の戸籍記載より少し日数を多く言ったつもりだった。しかし……。担当者は，ひとつ大切なことを見落としています。指定した日数で訂正処理ができるとよいのですが……。
　担当者が気付いていないこと，また訂正記載について，次の戸籍訂正申請書と戸籍を確認して，答えてください。

（※解答と解説 ➡ 245頁へ）

【提出された戸籍訂正申請書】

戸 籍 訂 正 申 請

平成 25 年 4 月 15 日 届出

東京都千代田区長 殿

受理	平成25年 4月15日	発送	平成25年 4月23日
第	1085 号		東京都千代田区長
送付	平成25年 4月25日		
第	1122 号		
書類調査	戸籍記載	記載調査	附票	住民票	通知

㈠	事件本人	本　籍	東京都品川区○○一丁目11番地	東京都千代田区○○一丁目34番地
		筆頭者氏名	松 本 一 郎	阪 本 弥 生
㈡		住　所	東京都千代田区○○一丁目34番地	東京都千代田区○○一丁目34番地
		世帯主氏名	阪 本 弥 生	阪 本 弥 生
㈢		氏　名	松 本 明 夫	阪 本 明 夫
		生年月日	平成24年10月21日	平成24年10月21日
㈣	裁判の種類		嫡出子否認の審判	
	裁判確定年月日		平成 25 年 4 月 11 日	
㈤	訂正の趣旨		上記事件本人は嫡出子否認の裁判確定により，阪本弥生の嫡出でない子になるため次の訂正をする。 1．上記戸籍中明夫の父欄を消除し，父母との続柄を「長男」と訂正する。 2．上記戸籍中明夫の身分事項欄の親権事項を消除する。	
㈥	添付書類		審判書謄本及び確定証明書	
㈦	申請人	本　籍	東京都品川区○○一丁目　番 　　　11番地	番 番地
		筆頭者氏名	松 本 一 郎	
		住　所	東京都品川区○○一丁目番　号 　　　11番地	番　号 番地
		署名押印	松 本 一 郎 ㊞	㊞
		生年月日	明治・大正・㊔昭和・平成 52 年 3 月 14 日	明治・大正・昭和・平成 　年　月　日

【離婚及び入籍により妻と子が除籍された戸籍】

（2の1）　全部事項証明

本　　籍	東京都品川区○○一丁目１１番地
氏　　名	松本　一郎
戸籍事項 　　戸籍改製	【改製日】平成１８年６月３０日 【改製事由】平成６年法務省令第５１号附則第２条第１項による改製
戸籍に記録されている者	【名】一郎 【生年月日】昭和５２年３月１４日 【父】松本肇 【母】松本喜久子 【続柄】長男
身分事項 　　出　　生 　　婚　　姻 　　離　　婚	（省　略） （省　略） 【離婚日】平成２４年１２月３日 【配偶者氏名】松本弥生
戸籍に記録されている者 除　　籍	【名】弥生 【生年月日】昭和５２年５月２日 【父】阪本太郎 【母】阪本志摩子 【続柄】長女
身分事項 　　出　　生 　　婚　　姻 　　離　　婚	（省　略） （省　略） 【離婚日】平成２４年１２月３日 【配偶者氏名】松本一郎 【新本籍】東京都千代田区○○一丁目３４番地
戸籍に記録されている者 除　　籍	【名】明夫 【生年月日】平成２４年１０月２１日 【父】松本一郎 【母】松本弥生 【続柄】長男
身分事項 　　出　　生 　　親　　権	【出生日】平成２４年１０月２１日 【出生地】東京都千代田区 【届出日】平成２４年１０月２７日 【届出人】母 【親権を定めた日】平成２４年１２月３日 【親権者】母 【届出人】父母

発行番号　　　　　　　　　　　　　　　　　　　　　　　　　　　　以下次頁

入　籍	【届出日】平成２４年１２月２２日 【除籍事由】母の氏を称する入籍 【届出人】親権者母 【送付を受けた日】平成２４年１２月２４日 【受理者】東京都千代田区長 【入籍戸籍】東京都千代田区○○一丁目３４番地　阪本弥生
	以下余白

発行番号

【離婚，入籍後の妻と子の戸籍】

		全部事項証明
本　　籍	東京都千代田区〇〇一丁目３４番地	
氏　　名	阪本　弥生	
戸籍事項 　　戸籍編製	【編製日】平成２４年１２月６日	
戸籍に記録されている者	【名】弥生 【生年月日】昭和５２年５月２日 【父】阪本太郎 【母】阪本志摩子 【続柄】長女	
身分事項 　　出　　生 　　離　　婚	（省　略） 【離婚日】平成２４年１２月３日 【配偶者氏名】松本一郎 【送付を受けた日】平成２４年１２月６日 【受理者】東京都品川区長 【従前戸籍】東京都品川区〇〇一丁目１１番地　松本一郎	
戸籍に記録されている者	【名】明夫 【生年月日】平成２４年１０月２１日 【父】松本一郎 【母】松本弥生 【続柄】長男	
身分事項 　　出　　生 　　親　　権 　　入　　籍	【出生日】平成２４年１０月２１日 【出生地】東京都千代田区 【届出日】平成２４年１０月２７日 【届出人】母 【親権を定めた日】平成２４年１２月３日 【親権者】母 【届出人】父母 【届出日】平成２４年１２月２２日 【入籍事由】母の氏を称する入籍 【届出人】親権者母 【従前戸籍】東京都品川区〇〇一丁目１１番地　松本一郎	
	以下余白	

発行番号

設問 21　離縁後の法定代理人　★★★★

窓口に男性が座った。
男性：「僕は，別れた女房の子と養子縁組をしていますが，縁組を解消したいんです。」
担当者：「お子さんは，おいくつですか。」
男性：「10歳です。」
担当者：「離婚の際に，親権者はどなたになっていますか。」
男性：「僕が親権者です。女房は離婚届を置いたまま，行方不明になりまして，残された子どもを育てることにしたんですが，先日女房が見つかりまして，今度は子どもを返せと言ってきたんです。勝手なもんですよね。」
担当者：「はぁ……。では，養子離縁届の説明ですが，ちょっと戸籍を確認します。」
　担当者は戸籍を確認した。配偶者の嫡出子との縁組で，縁組の際に，親権者母が代諾者になっている。養子は母の戸籍から縁組で入籍し，子の縁組により，縁組前の母の戸籍は除かれているため，母は離婚により新戸籍を編製している。確かに離婚の際の親権者は養父だ。
担当者：「子どもさんは，あなたとの離縁で，お母さんの戸籍に入籍します。縁組を代諾したのがお母さんなので，離縁の際も，離縁協議者はお母さんです。（離縁協議者の記載欄を指して）ここにお母さんの署名押印をお願いします。離縁すると親権者はお母さんになります。」
　ちょっと待って！　この説明でいいのでしょうか。考えてみてください。

（※解答と解説 ➡ 251頁へ）

設問 22　入籍届と縁組届の完璧な説明　★★★★★

　50歳前後の夫婦からの相談である。
夫：「養女に2歳の子どもがおりまして，その子どもは養女と戸籍が別になっているので，一緒にしてやりたいんですが……。」
担当者：「養女の方は，おいくつですか。」
夫：「18歳です。あの子もかわいそうな子で，結婚すると約束していた人に裏切られて，結婚できずに子どもを産んだのです。小さい頃から，我が子同然にかわいがっていたものですから，昨年養女にしましたが，子どもは別の戸

籍になっているし，苗字も違うので一緒にしてやりたいんです。」
担当者：「（戸籍を確認して）赤ちゃんは2歳ですね。養女さんと縁組する前に生まれたので，戸籍が別になっているんです。家庭裁判所で「子の氏変更の許可」をもらっていただいて，入籍届をしてください。」
妻：「お父さん，この際，この子も養子縁組したらどうでしょうかねぇ。」
夫：「それもそうだなあ。それじゃあ，両方の説明をしてくれますか。」
担当者：「……（焦）」

　担当者は，完璧な説明ができるのでしょうか。入籍届をする場合と縁組届をする場合について解答してください。

（※解答と解説 ➡ 254頁へ）

設問 23　「失踪宣告取消し」をした者の婚姻　★★★★★

　60歳前後の男性が窓口に座った。手には，「失踪宣告取消し」の審判書謄本と確定証明書を持っている。
男性：「これ，お願いします。」
担当者B：「はい，失踪宣告取消届ですね。（届書を出して）これにご記入ください。」
　担当者は戸籍を確認した。男性は25年前に失踪宣告の裁判が確定して，戸籍から消除されている。その当時妻であった者が届出をし，妻であった者は，その後再婚したため，戸籍は除かれている。
男性：「自分の責任なんだが，死亡したことになっていたのは寂しいなぁ。おまけに，女房は他の男と結婚しているし，帰る場所がないんだからなぁ。」
担当者B：「はぁ……」
男性：「女房が再婚していたのは仕方ないとして，死んだことになっていた私は生きていたんだから，戸籍上は女房は戻ってくるんだろう？」
担当者Bの心の声：「（あれ，どうだったかな，前婚は回復したかなぁ……前婚が回復するとなると重婚になっちゃうし，後の婚姻は無効になるのかなぁ？）」
男性：「なあBさん，女房が再婚したことは認めるよ。でもねぇ，離婚したわけじゃないし，亭主が生きていたんだから。結婚は元通りになるんじゃないのかい。」
担当者B：「……（焦）」

　果たして，前婚は回復するのでしょうか。また，失踪宣告取消届による記載はどのようになるのでしょうか。解答してください。

（※解答と解説 ➡ 259頁へ）

第四段

猛 稽 古

〜難問に挑戦！〜
【出題編】

　ここでは，少し手強い問題に挑戦します（中にはサービス問題もあります）。窓口で切羽詰まったときの事例ではありませんが，じっくりと考えて答えを出すことによって，あなたの実力がグンと向上します。

　根拠を挙げ，理論づけをし，結論を導きます。あなたなりの理論を展開してください。

　それぞれの問題の得点は１問20点。各章は100点満点です。

　理論，根拠，答えのすべてが合っていなければ得点できません。

　解説では，パズルの一片をはめ込むように，「疑問→根拠→解決」の順番を繰り返して，答えを導き出しているものがあります。あなたなりの解決法でよいのですが，決して答えを急がず，楽しみながら解いてください。

　パーフェクトに答えられれば，あなたの成長は確かなものです。

　※　この設問で使用する人物名等は，実在のものではありません。

- 第一　出生・認知
- 第二　縁組・離縁
- 第三　婚姻・離婚，入籍

第一　出生・認知

設問 1　母の前夫の嫡出推定と後夫の強制認知

母の前婚解消後300日以内で，後婚成立後200日以内に出生した子について，子と後夫の強制認知の裁判が確定し，母から後夫を父とする嫡出子出生届が提出されました。届書の取扱い及び記載例について，出来る限り詳しく説明してください。

（※解答と解説 ➡ 263頁へ）

設問 2　死亡した子の準正の記載

続き柄を「長女」とする女児の嫡出子出生届を受理し，戸籍に記載した後，婚姻前の母の戸籍に，父が認知し，既に死亡した女児がいることが判明しました。

死亡した女児の「準正」に関する記載及び，受理した出生届の訂正手続について説明してください。

（※解答と解説 ➡ 266頁へ）

設問 3　母に前婚がある場合の子の出生届

A子は，佐々木太郎と平成23年4月7日に婚姻し，同年7月19日に離婚しました。その後，平成24年1月23日に山崎和夫と婚姻し，同年2月28日に男児を出産しました。このたび山崎和夫を父とする嫡出子出生届が提出されましたが，受理できますか。

（※解答と解説 ➡ 267頁へ）

設問 4　父母との親子関係不存在確認の裁判

虚偽の出生届によって，戸籍上の父母とされた者との親子関係不存在確認の裁判が確定し，戸籍から消除された者について，新たに出生届をすべき届出義務者である母（同審判書中に真実の母として，本籍，氏名が明らかにされている者）がすでに死亡しています。

子は，18歳の単身者ですが，どうしたらよいでしょうか（子は真実の母の嫡出でない子です。）。

（※解答と解説 ➡ 268頁へ）

設問 5　出生子が入籍する戸籍

子（嫡出子）の出生後，出生届未済のまま，以下の身分行為によって，父母の戸籍に変動があった場合，その後の出生届で，子が入籍する戸籍はどうなりますか【各5点】。
① 子の出生後に父母が離婚し，母が復籍後に父が縁組したことにより，父母の離婚当時の戸籍が除籍になっている場合
② 子の出生前に父母が離婚し，母が新戸籍を編製した後，父が死亡したことにより，父母の離婚当時の戸籍が除籍になっている場合
③ 子の出生後に父母が管外転籍していた場合
④ 子の出生後に父母が養子となる縁組をし，在籍していた子全員が父母の縁組後の戸籍に入籍したため，縁組前の戸籍が除籍になっている場合

（※解答と解説 ➡ 276頁へ）

第二　縁組・離縁

設問 1　婚姻中に縁組した者の離婚後復籍する戸籍

　木島恵子は，佐藤守と夫の氏を称する婚姻をし，婚姻継続中に夫の同意を得て伯母である島田君江（父母の戸籍にある単身者）と縁組をしました。このたび恵子は離婚し，離婚後は養母と同籍することを希望しています。

　この場合，恵子は養母と同籍できますか。また，同籍できるのであれば，届書の記載，及び戸籍の記載例はどうなりますか。

（※解答と解説 ➡ 278頁へ）

設問 2　連れ子縁組した養子の離縁後称する氏

　真知子は，未成年の子である忠司の親権者を父と定めて前夫（佐藤剛）と離婚後，川端宏と夫の氏の婚姻をしました。その後，忠司は親権者父の代諾で，母の後夫の川端宏の養子となりました。このたび母真知子は，子忠司の親権者を母と定めて離婚し，婚姻前の氏「酒井」で新戸籍を編製しましたが，子の離縁に際して，子を縁組前の戸籍に復籍させること，及び子が縁組前の氏を称することを拒否しています（ただし，忠司は15歳未満，縁組期間は7年未満です。）。

　この場合において，次の設問に答えてください。
(1)　子は離縁後に縁組前の父の氏を称しない方法はありますか。
(2)　子は離縁時15歳未満ですが，離縁協議者はだれですか。
(3)　忠司の出生から離縁までの「親権者」の推移を示してください。

（※解答と解説 ➡ 281頁へ）

設問 3 親権者養母との離縁

15歳未満の養子の親権者を養母と定めて養父母が離婚し，養子は，「養母の氏を称する入籍届」で，離婚後の養母の新戸籍に入籍しました。その後，養母と離縁するにあたって，離縁協議者はだれですか。また，離縁後の養子の戸籍の変動，及び離縁後の法定代理人について説明してください。

（※解答と解説 ➡ 283頁へ）

設問 4 養父の認知で準正した子の離縁後の戸籍

①嫡出でない子の母が夫の氏の婚姻→②母の戸籍に在籍する当該嫡出でない子が，母及び母の夫と共同縁組→③養父の認知により，子は準正嫡出子となりました。この場合において，子が父母である養父母双方と離縁するにあたって，次の場合の離縁協議者と戸籍の変動について説明してください（養子は15歳未満です。）。

(1) 養父母（実父母）婚姻中に，養父母双方と離縁する場合
(2) 養父母（実父母）が，子の親権者を養母と定めて離婚した後，子が養父と離縁し，さらに養母と離縁する場合

（※解答と解説 ➡ 285頁へ）

設問 5 母の離婚と子の離縁

幸子は，前婚の解消後，実方の氏「山田」を称して新戸籍を編製し，家庭裁判所の許可を得て，未成年の子太郎を自分の戸籍に入籍させました。その後，川口貞夫と夫の氏の婚姻をし，太郎は，親権者母の代諾で川口貞夫と縁組をし，太郎は養父と実母の戸籍に入籍しました。幸子は，貞夫と婚姻継続中に，貞夫の父川口寛治と縁組をしました。

このたび幸子は，太郎の親権者を母幸子と定めて離婚し，「川口」の氏で新戸籍を編製しました。

太郎が離縁する場合の離縁協議者，離縁した場合の氏の変動，戸籍の変動，について説明してください（ただし，子の縁組前の戸籍は除かれています）。また，太郎は離縁後，母の戸籍に入籍するためには，どうしたらよいでしょうか。

（※解答と解説 ➡ 287頁へ）

第三　婚姻・離婚，入籍

設問 1　**婚姻届の新本籍の不備**

　徳島市と熊本市に本籍を有するＡ男とＢ子が，東京都品川区に新本籍を編製する旨の婚姻届を，徳島市に提出しました。徳島市は届出を受理し，熊本市と品川区に送付したところ，品川区から新本籍の該当地番がないとの理由で，届書が返戻されました。徳島市と熊本市では，戸籍記載は完了しています。
　受理した婚姻届について，戸籍未記載の品川区，及び戸籍記載が完了している徳島市，熊本市について，どのような処理をするでしょうか。

（※解答と解説 ➡ 289頁へ）

設問 2　**外国の裁判所での離婚の裁判**

　外国の裁判所で成立した，日本人同士の離婚について，その離婚届が提出されました。申立人は夫です。提出された裁判書には，夫婦の未成年の子の親権者に関する記載がありません。離婚届には，未成年の子の親権者は「母」と明記され，届出人署名欄には夫婦双方の署名押印がされています。当該離婚届に記載された親権の記載の取扱いについて説明してください。

（※解答と解説 ➡ 291頁へ）

設問 3　**夫の帰化により夫の氏を称した妻が復する氏**

　山田信子は，外国人と婚姻後，戸籍法107条2項の氏変更届出により，氏を外国人配偶者の氏「金」と変更した後，家庭裁判所の許可を得て戸籍法107条1項の氏変更の届出をし，外国人配偶者の通称名の氏「金田」に変更しました。その後夫が帰化したため，夫の帰化後の戸籍「金田真一戸籍」に入籍しました。このたび，夫婦の未成年の子の親権者を，母信子と定めて離婚します。信子は，離婚後に実方の氏

「山田」を称することを希望しています。また，夫婦の未成年の子については，離婚後の母の戸籍に入籍することを希望しています。離婚及び離婚後に称する氏について，また，その後の子の入籍について説明してください。

（※解答と解説 ➡ 293頁へ）

設問 **4** **離婚・離縁による戸籍の変動後の入籍届**

佳子は，前婚解消後，婚姻前の氏「甲野」で新戸籍を編製し，子である咲子を家庭裁判所の許可を得て，離婚後の新戸籍に入籍させました。その後，佳子は乙原俊二と夫の氏の婚姻をし，子咲子は乙原俊二と縁組したため，佳子の婚姻前の戸籍は除籍となりました。このたび佳子は離婚し，咲子は離縁します。

次のように離婚，離縁した場合において，その後，咲子から母の戸籍に入籍したいと申出があったときの入籍届について説明してください（ただし，咲子は21歳です）。【各5点】

(1) 佳子が離婚により婚姻前の氏「甲野」で新戸籍を編製し，咲子も離縁により縁組前の氏「甲野」で新戸籍を編製した場合

(2) 佳子は戸籍法第77条の2の届出により離婚の際に称していた氏「乙原」で新戸籍を編製し，咲子は縁組前の氏「甲野」で新戸籍を編製した場合

(3) 佳子は離婚により婚姻前の氏「甲野」で新戸籍を編製し，咲子は離縁により離婚後母が編製した戸籍に入籍した後，母佳子は戸籍法77条の2の届出により離婚の際に称していた氏「乙原」で新戸籍を編製した場合

(4) 佳子は婚姻前の氏「甲野」で新戸籍を編製し，咲子は戸籍法第73条の2の届出により離縁の際に称していた氏「乙原」で新戸籍を編製した場合

（※解答と解説 ➡ 295頁へ）

設問 5 　**同籍内で婚姻した夫婦の離婚後の氏**

　義孝は，鎌田道明，静江夫婦との縁組により養父母の戸籍に入籍し，その後，同籍内の養父母の長女和子と夫の氏を称して婚姻し，夫婦の新戸籍を編製しました。その後，夫婦間の未成年の子の親権者を母和子と定めて離婚し，母は「鎌田」の氏で新戸籍を編製しました。
　鎌田義孝の戸籍に在籍する子 2 人を母の戸籍に入籍させるにあたって，家庭裁判所の許可は必要ですか。根拠を示して説明してください。

（※解答と解説 ➡ 297頁へ）

第五段

整理運動

〜深呼吸して，平常心〜

問題集で疲れた頭を，少し休めましょう。
人の人生に戸籍を絡めて，小さなストーリーを作りました。
これは，事実ではありません。でも，こんな情景が，ある日どこかであるかもしれません。

※　この物語で使用する人物名等は，実在のものではありません。

- 第一話　老人とパンジー
- 第二話　純ちゃんの青空
- 第三話　プロポーズ　アゲイン
- 第四話　息子よ
- 第五話　春風に乗って
- 第六話　父の背中

第一話　老人とパンジー

　坂下美恵子さんは，下町の主婦です。ある朝，美恵子さんが花の水やりに玄関先に出たところ，前の道に老人が倒れていました。

　美恵子さんは大慌てで救急車を呼びましたが，時すでに遅く，その老人はすでに亡くなっていました。

　警察が来て，美恵子さんに事情聴取をしましたが，美恵子さんは老人とは面識がありません。でも思い出したことがありました。公園の陽だまりで，一度その老人を見かけたことがあります。汚れたタオルを腰にかけ，汗だらけになりながら，雑草を抜いていました。片隅には小さなパンジー。風に運ばれて，この公園に根を張り，片隅で花を咲かせたパンジーを，背中を丸めて愛しそうに眺める老人の姿を思い出したのです。「公園で見かけましたから，ご近所の方ではないでしょうか」と，美恵子さんは警察官に言いました。「調べてみます。ご協力ありがとうございました」と，警察官は丁寧にお礼を言ってその場を去りました。

　２日後，警察から電話がありました。老人は，美恵子さんの自宅から数分のところにあるアパートの，一人暮らしの老人だということでした。名前は木村泰二さん。いつものように公園に出かける途中で倒れたようで，ポケットには花の肥料が入っていたそうです。

　「これも何かのご縁だわ。親族の方にお悔みを……」と，美恵子さんはそのアパートを訪ねました。訪ねてきた美恵子さんに，アパートの大家さんが言いました。「お骨の引き取り手がなくて困ってるんです。火葬はなんとか済ませたのですが，死亡届をする人がいなくて，役所も困ってるみたいです」。迷惑そうに言った大家さんの部屋には，白い布に包まれた泰二さんの遺骨が置かれていました。美恵子さんは考えました。「私に何かできることはないだろうか。遺骨を引き取ることはできないにしても，死亡届だけでもしてあげられるのではないか……」と。

　美恵子さんは，役所の担当者に会って，事情を話し，死亡届をしたいと申し出ました。しかし，担当者は，「せっかくのお申し出ですが，戸籍法で死亡届ができる資格のある方が決まっておりまして，坂下様は死亡届の届出人にはなれないんです。」と言いました。また，「今，木村様が死亡されていた私道の持ち主の方に『土地の管理人』という資格で死亡届をお願いしています」と聞い

て，美恵子さんは少し安心しました。でも，担当者が美恵子さんに知らせな
　かったことがあります。木村さんには，離婚した妻との間に，唯一の親族であ
　る長女がいましたが，その長女に届出を拒否されたこと。そして，その長女の
　名前が「すみれ」であったことを……。
　　役所からの帰り，美恵子さんはふと足を止めました。
　　公園のパンジーが風に吹かれて，少しさびしそうに見え
　ました。

第一話　老人とパンジー　解説

●死亡届について

　美恵子さんの家の前で，既に亡くなっていた木村泰二さんは，死亡した瞬間を医師等が確認したわけではありません。泰二さんの死亡を確認するものとして，死亡後に診察あるいは解剖を行った医師の「死体検案書」を添付して，死亡届をすることになります。

　死亡届の届出期間と届出人は，戸籍法で次のように定められています。

戸86条1項　死亡の届出は，届出義務者が，死亡の事実を知った日から7日以内（国外で死亡のあったときは，死亡の事実を知った日から3箇月以内）に，これをしなければならない。　　　　　　　　　　（2項・3項省略）

戸87条1項　左の者は，その順序に従って，死亡の届出をしなければならない。但し，順序にかかわらず届出をすることができる。
　　第1　同居の親族
　　第2　その他の同居者
　　第3　家主，地主又は家屋若しくは土地の管理人
　2項　死亡の届出は，同居の親族以外の親族，後見人，保佐人，補助人及び任意後見人も，これをすることができる。

　死亡届は，既に発生した事実を報告する「報告的届出」ですから，届出期間が定められています（戸86条1項）。ここで注意しなければならないのは，条文の中の「死亡の事実を知った日から」というところです。「死亡した日から」とされていないのは，たとえば，本事例でいうと，木村泰二さんが死亡して，死亡届の届出人を調査し，届出人が見つかるまで相当の期間を要したとすれば，死亡した日から，死亡届出に至るまでには，規定の7日間を超えてしまうことがあるからです。市区町村長が正当な届出義務者（本事例の場合「土地管理人」）に連絡をして，当該届出義務

者に死亡の事実を知らせた日が，届出期間の起算日になります。なお，規定の期間に届出をしない届出義務者には，その義務を怠ったのですから，届出義務者が「遅れた日数」や「遅れた理由」を書いた失期通知（戸規65条）を簡易裁判所あてに通知しなければなりません。届出が遅れた場合は過料がかかります（戸135条）。

　死亡届の届出人は「死亡を現認（現実に認識）できる人」という意味で定められています。戸籍法87条１項では，「死亡の届出をしなければならない。」と規定されていますから，「届出義務者」を定めています。同条２項では「これをすることができる。」と規定されていますから"届出義務はありませんが，届出できますよ"という意味で，「届出資格者」を定めています。本事例でいうと，離婚した妻との間に生まれた長女すみれさんは，同居していない親族ですから，戸籍法87条２項の「届出資格者」で，木村泰二さんが亡くなっていた私道の所有者は，死亡したところの「土地の管理人」ですから。戸籍法87条１項第３の「届出義務者」となります。死亡届をしてあげようとした美恵子さんは，戸籍法87条に規定された人ではないので，届出資格がないということです。

　（注）　先にも説明したとおり，「死亡を現認定できる人」として届出義務を負っているのですから，戸籍法87条１項第３で定められた届出義務者は，「死亡したところ（場所）」の所有者，あるいは管理者でなくてはなりません。本事例で説明すると，泰二さんが死亡していた私道の所有者は，「土地の管理人」として届出義務を負いますが，アパートの大家さんは届出資格がないということになります。

　本事例では土地管理人から届出をするようですが，届出をする人がいない，あるいは，届出資格者がいるにもかかわらず，届出をしない場合は，次のような取扱いをします。

【参考】死亡届の届出人がいない場合の取扱い

　最近，独居老人が多くなり，身寄りもなく，独り自宅で死亡していて後日発見されるということも少なくありません。届出をする親族がいない，また親族がいるのに届出をしない，同居者もいない，自宅（持ち家）で亡くなったので家主や病院長も届出できない。こんな場合に，死亡したことを戸籍に反映させるにはどうしたらよいのでしょうか。

　届出資格のない人（たとえば，地区の民生委員や友人等）が，死亡届の届出人の欄に署名押印して死亡届が提出されたとします。もちろん，戸籍法87条に定められた届出人の資格はありませんから，これは「死亡届」としては受理できません。「死亡したので戸籍に記載してください。」と申し出る「死亡記載申出書」として取り扱います。この「死亡記載申出書」を添付書類にして，管轄法務局の長に「戸籍記載許可申請書」を提出し，許可されれば市区町村長の職権で死亡の記載をします。

第二話　純ちゃんの青空

　加藤幸代さんは22歳，結婚して1年目。おなかには赤ちゃんがいます。もうすぐ生まれてくる赤ちゃんの名前を，夫とふたりで一生懸命考えました。いつまでもピュアな心を持ち続けてほしいと願って「純」という名前に決めました。
　11月14日，「純ちゃん」は生まれました。20時間の難産の末，大きな産声をあげて誕生した待望の男の子です。でも，幸代さんは産後に高熱が出て，赤ちゃんの世話ができませんでした。赤ちゃんは病院が預かってくれるということで，幸代さんはずっとベッドで回復を待ちました。
　3日後にやっと熱が下がりました。幸代さんは，赤ちゃんに会いたくて会いたくて，院長先生に頼みました。「お母さんが回復したばかりなので，赤ちゃんは病院でお預かりします。もう少し我慢してください」。幸代さんは我慢することにしました。
　純ちゃんが生まれて5日後のことでした。突然4，5人の人が病室に入ってきました。叔父が幸代さんの手をギュッと握りしめて言いました。「院長先生から大事なお話があるんだ。幸代しっかりするんだよ」。おもむろに院長先生が話し始めました。「お子さんは残念ながら亡くなりました。急性肺炎です。……」。幸代さんは，院長先生が何を言っているのかわかりませんでした。現実を受け止めることができなくて，しばらく茫然としていました。「……本当ですか」。幸代さんは，小さな声で先生に問いかけました。先生がうなずくと，幸代さんは，体の底から絞り出すような泣き声を発して，ベッドに泣き伏したのでした。「出よう。この病院を出よう」。夫が耳元で言いました。幸代さんは夫と叔父に抱えられて，病院の駐車場を引きずられるように歩きました。幸代さんは，あふれ出る涙を押さえることができずに上を向きました。こんなに悲しいのに，なぜか抜けるような青い空が幸代さんの目に飛び込んできました。「純ちゃん，青空だよ。ママと一緒に見るはずだった青空だよ」。幸代さんは，心の中で純ちゃんに話しかけました。
　幸代さんを出迎えた家族は，幸代さん以上にやつれていました。父も母も姉もみんな泣き腫らした目で幸代さんを迎えました。孫や甥(おい)を失った悲しみよりも，子を失った幸代さんの苦しみを思うと，みんな夜も眠れない日が続いていたのです。赤ちゃんは生まれて2日後に亡くなりましたが，幸代さんの体のことを考えて，赤ちゃんが亡くなったことを，幸代さんには秘密にしていました。

幸代さんに嘘をつきながら，悲しみを隠さなければならない家族の苦しみは，はかり知れないものだったでしょう。
　1か月が経ちました。家族の懸命の励ましで，幸代さんは少しずつ立ち直りました。純ちゃんの戸籍には，たった4行の記載があります。生まれたことと，亡くなったこと。その4行の中に，文字にはならない思いが詰まっています。一生懸命名前を考えたこと，産声を聞いてうれし涙を流したこと，亡くなって嘆き悲しんだこと，そして，ママと純ちゃんが一緒に見た青空。そんなすべてが詰まっています。

（※この物語の解説はありません。）

第三話　プロポーズ　アゲイン

　「母さん，今日，由美子にプロポーズするよ」。台所に立つ母の後ろ姿に，正人さんは言いました。正人さんは今年23歳。3歳年上の由美子さんと交際して半年が経ちます。由美子さんの素直な性格と，正人さんの優しい人柄は，誰が見ても良い夫婦になると思いました。正人さんが小さい頃に夫に先立たれ，女手ひとつで正人さんを育てた恵子さんは，息子の決断を応援しました。「がんばれ！」と，母の恵子さんは，息子の肩をポンとたたき，笑顔で見送りました。

　3月29日は，由美子さんの誕生日。その日に正人さんはプロポーズをしたのです。「僕と一生一緒にいてほしい」。月並みな言葉でしたが，心をこめて言いました。でも，由美子さんはなぜか一瞬悲しい顔をしました。そして，正人さんには想像もつかないことを言ったのです。「私には子どもがいます。今2歳で，千春といいます。昔，結婚を決めていた人がいたんだけど，事情があって結婚できませんでした。別れた後，千春がおなかにいると知ったんです。……勇気を出して産みました。がんばって育てています。正人さんにずっと言えないでいました。正人さんが大好きで，このことを言えば，正人さんが離れていくと思って怖かったんです。ごめんなさい……」。初めて知った事実に，正人さんの頭は混乱しました。「僕，ちょっと考えてみるよ」。その日，ふたりはそのまま家に帰りました。

　「それで，正人はどうするの？」事情を聞いた恵子さんは息子に尋ねました。「僕，正直言って自信がない。僕の子どもじゃない子を育てる自信がないんだ」，「じゃあ，由美子さんのこと諦めるの？」，「由美子のことは本当に好きだけど，やっぱり……」。

　悩む正人さんに，恵子さんが言いました。「母さんにとって，正人は命です。同じように由美子さんにとって，千春ちゃんは命でしょう。辛い選択だと知りながら，勇気を出して，命を育てようとした由美子さんは偉いと思う。正人，結婚というのは，相手のすべてを受け入れることなのよ。由美子さんは，ふたつの命を正人に託そうとしてるのよ。母さんは，正人を信じてる」。

　恵子さんは，そう言うと正人さんの肩にそっと触れました。正人さんの苦悩を，母は一番よく知っていました。

　1週間が経ちました。口数が少なくなった正人さんを，恵子さんは見守りました。「母さん，明日，由美子と千春ちゃんに会うよ。ふたりに会って，僕が

本当にふたりにふさわしい人間かどうかを考えてみようと思うんだ」。ふたつの命を受け止める責任の重さを本気で考える正人さんの言葉でした。「そう」と，恵子さんは短く答えて，こみ上げてくる涙を笑顔で隠しました。

　正人さんが由美子さんと千春ちゃんに会って，１年近くが経ちました。最初はママの背中に隠れて，恥ずかしそうにしていた千春ちゃんも，今は正人さんの手につかまり，思い切り甘えるようになりました。「由美子，お誕生日おめでとう。あれから１年が経ったね。僕は由美子と千春を幸せにできないかもしれない」。由美子さんは正人さんが別れ話を切り出したのかと思いました。正人さんは続けました。「でも……こんな僕だけど，３人で一緒に生きてくれないか。これからもずっと……」。二度目のプロポーズでした。由美子さんと千春ちゃんへのプロポーズでした。「うん。ありがとう」。由美子さんは千春ちゃんに目をやりましたが，涙で見えませんでした。

　恵子さんの戸籍から，正人さんは巣立って行きました。まだまだ子どもだと思っていた息子が，「母さん，僕，おやじになるんだ」。と嬉しそうに言ったとき，恵子さんは亡くなった夫を見たような気がしました。

第三話　プロポーズ　アゲイン　解説

　物語に登場する正人さんは，由美子さんと婚姻し，由美子さんの嫡出でない子の千春ちゃんと養子縁組をします。婚姻については，民法750条の「夫婦同氏」の規定によって，婚姻の際に定めた夫又は妻の氏を称し，戸籍法16条１項本文の規定によって，夫婦につき新戸籍を編製します。また，養子縁組については，次の実質的要件が必要です。

　養子縁組の実質的要件は，次の通りです。
　①　お互いに縁組をする意思があること（民802条１号）。
　②　養親となる者は成年（民４条）であること（民792条）。ここでいう成年とは，

婚姻で成年とみなされる（民753条）者も含みます。
③　養子が養親より年上でないこと（民793条）。
④　養子が養親の尊属（親族図で上の位置にある人）でないこと（民793条）。
⑤　養子が養親の嫡出子でないこと……養子が同一の養親と縁組をしていないこと（昭23・1・13民事甲17号通達）。
⑥　後見人が被後見人を養子とするときは，家庭裁判所の許可が必要であること（民794条）。
⑦　配偶者のある者が縁組をするには，その配偶者の同意を得て縁組をすること（民798条）。
⑧　配偶者のある者が未成年者を養子とするときは，配偶者がその意思を表示できない場合を除き，配偶者とともに縁組をすること（民795条）。ただし，配偶者の嫡出子との縁組は夫婦共同で縁組しなくてもよいとされています（同条ただし書き）。
⑨　養子となる者が未成年者であるときは，家庭裁判所の許可があること（民798条本文）。ただし，養親になる者の直系卑属（孫やひ孫）や，養親になる者の配偶者の直系卑属（妻や夫の子など）との縁組は，家庭裁判所の許可は必要ありません（同条ただし書）。
⑩　15歳未満の子が養子になるときは，その法定代理人が代諾すること（民797条）。
⑪　代諾する親権者とは別に「監護者」がいる場合は，その監護者の同意があること（民797条2項）。

　以上の要件のうち，未成年養子についての要件⑧〜⑪について，千春ちゃんとの縁組に当てはめて考えてみましょう。
　⑧については，千春ちゃんは嫡出子ではありませんから，夫婦共同縁組が必要です。千春ちゃんは，実母の由美子さんとも縁組をしなければなりません。
　⑨については，千春ちゃんは由美子さんの直系卑属ですから，家庭裁判所の縁組許可は必要ありません。
　⑩については，嫡出でない子の親権は母が行っています（民819条4項）から，縁組代諾者は「親権者母」である由美子さんです。
　⑪については，親権者とは別に監護者が定められている場合は，その人の同意が必要です（この場合の監護者は，養子となる者の父母に限られます。昭和62・10・1民二5000号通達第1の2・中川淳「改訂親族法逐条解説」275頁）。千春ちゃんは由美子さんの嫡出でない子であり，また，父の認知もありませんので，これも必要ありません。

第四話　息子よ

　家庭裁判所家事部受付に，ひとりの女性が訪れました。長い髪，長身の体に花柄のワンピースが良く似合う20代後半と思われるその女性は，事務官の榎並さんに声をかけました。「すみません。わたし名前を変えたいんです」。榎並さんは，匂い立つような女性の美しさに，受付カウンターに光が差し込んだような気がしました。「はい，あのぅ，この申立書にご記入ください」。榎並さんが手渡した申立書に，女性は綺麗にマニキュアをした指で書き込んでいきます。「えっ？あの……，お名前は『さとうけんたろうさん』……ですか」と，榎並さんは思わず聞いてしまいました。榎並さんが聞き返したくなるほど，「佐藤健太郎」という名は，その人には不似合いでした。申立書の「変更後の名」には「希望（のぞみ）」と書き込みました。「名の変更ということですが，戸籍謄本と，普段このお名前を使っていらっしゃるということがわかるもの，また，この名前に変更しなければならない正当な理由が必要になります」。榎並さんの言葉に，その人は深くうなずきました。

　佐藤健太郎さんは，昭和55年に父忠義，母志津子の長男として，愛知県海部郡で生まれました。女の子が2人生まれたあとの，男の子の誕生とあって，父は大変喜びました。父は家中をブルーに染めて，息子の誕生を誇らしげに知らせて回りました。父の期待を一身に背負って，健太郎さんの人生が始まったのです。

　健太郎さんが，「自分が男性であること」に違和感を感じたのは，中学生の頃でした。多感な時期に，誰にも言えない悩みを抱えて，健太郎さんは，一時は死を考えるほど苦しみました。そして，高校3年生になったある日，健太郎さんは勇気を出して家族に打ち明けたのでした。家族は健太郎さんの悩みを察していました。けれど，父だけは頑として受け入れようとはしませんでした。「出て行ってくれ。二度と顔を見せるな」と，父は後ろを向いて言いました。母や姉は父をなだめようとしましたが，父はそれ以来，口をきかなくなりました。

　高校を卒業して，健太郎さんは家を出ました。父との確執を残したまま，母と姉だけに所在を知らせ，寂しい毎日を送りました。父が癌（がん）だと知らされた時にも，実家に足を踏み入れることはできませんでした。平成13年秋，健太郎さんが21歳の時，父は亡くなりました。母が，健太郎さんに会いに来たのは，そ

れから1週間後のことでした。母は，健太郎さんに，父の遺骨の一部が入った小さな骨壺と一緒に，一通の手紙を渡しました。「父さんの部屋の隅っこに置いてあったの。あなた宛てよ……」。その手紙の宛名には，力強い文字で，「息子へ」と書かれていました。

　「息子よ，元気でいるか。父はお前を本当に誇りに思って育ててきた。お前は父の『希望』だった。父はお前が男らしく逞しく育ってくれるように願って，本当に厳しくした。キャッチボールをした時，球が取れないおまえをひどく叱ったこともあった。運動会で一等賞を取れなかったときも，父はお前に『男だろう！』と，ひどく責めた。許してくれ息子よ。お前の悩みを受け止めてやれず，父は本当に愚かだった……。」

　長い手紙でした。息子に詫びながら，父は父なりの精一杯の愛情を書き綴っていました。そして手紙は，こんな文章で締めくくられていました。「最後に呼ばせてくれ，息子健太郎よ，希望を持って生きよ。決して負けるな。父はずっとおまえの味方だ。」健太郎さんに渡せずに，部屋の隅っこに，隠すように置かれた手紙でした。息子を許すことができない自分と闘いながら，父はどんな思いでこの手紙を書いたのだろうか。「父さん，ごめんなさい」。健太郎さんの涙が，手紙にぽたぽたと落ちました。

　家庭裁判所の裁判官が言いました。「名の変更ということですが，理由をお聞かせください」。「わたしは，これから女として生きていきたいのです。名前を変更した後は，性別変更も申し立てたいと思っています」。「そうですか。このお名前は5年間使用していらっしゃるのですね」。「はい，この名は，亡き父がつけてくれました。『希望』は，父から私への贈り物です」。健太郎さんは，胸を張って言いました。新緑の木々が裁判所を包み，窓辺に爽やかな風が吹いていました。その風が，健太郎さんの白いブラウスのフリルを揺らしました。「お父さん……？」父が何かを語りかけているような，そんな気がしました。

第四話　息子よ　解説

●名の変更について

　戸籍では，「本籍」「氏」「名」「生年月日」で本人を特定します。名は個人を特定

する大切な要素ですが，名乗っている名について，社会生活をする上で変更しなければならない「正当な事由」があれば，家庭裁判所の許可を得て，変更することができます（戸107条の2）。「氏」は，民法790条で原始的に決定しますが，「名」は，命名権のある人が自由に選択できます。自由に選択したものだからといって，みだりに名を変えることは，社会生活の呼称上の安定を考えると好ましくありません。そのため，名を変更する「正当な事由」があるかどうかを，家庭裁判所の判断に委ねるのです。

　名の変更に際しての「正当な事由」として，「昭和23年1月31日民事甲第37号最高裁判所民事部長回答」で以下の事由が具体的に示されました。

1．襲　名
　　営業上，名を襲名しなければならない場合
2．同姓同名
　　同姓同名の人がいて，社会生活に支障がある場合
3．神官，僧侶
　　神社の神主，寺の僧侶をするために必要な場合
4．奇異，難読
　　奇妙な名，読みにくい名で社会生活に支障がある場合
5．帰化した者の名
　　外国人が帰化して日本人になって，日本風な名に変えたい場合

　　※　上記の回答で示されたもののほか，戸籍に記載されている名を，社会生活をしていく上で変更しなければならない「正当な事由」があれば，考慮されます。本事例の健太郎さんの場合，名の変更は，性別変更の申立てをするための前提となるもので，また，過去5年間「希望（のぞみ）」という名を使用している実績もありますから，名の変更に関しては，正当な事由といえるでしょう。

　　※　変更後の名の文字は，原則として，戸籍法50条，戸籍法施行規則60条に則って，常用漢字表及び戸籍法施行規則別表第一，同第二に掲げる「常用平易な文字」とされていますが，「名に付けられる文字の範囲外の文字」が許可の審判で決定した場合には受理しなければなりません（東京高決昭和53・11・2家月31巻8号64頁）。

　届出に際しては，名の変更許可の審判書謄本を添付して，「名の変更届」を市区町村長に提出します（戸107条の2）。

●性同一性障害による性別の取扱いの変更について
　平成15年に「性同一性障害者の性別の取扱いの特例に関する法律」（平成15年法律第111号（平成16・7・16施行，平成23・5・25（法律第53号）一部改正））が制定されました。
　ここで，同法の「性同一性障害の定義」及び「性別の取扱いの審判」の条文を抜粋して掲載します。

> **性同一性障害者の性別の取扱いの特例に関する法律（抄）**
>
> 第１条　（省略）
>
> 第２条（定義）　この法律において「性同一性障害」とは，生物学的には性別が明らかであるにもかかわらず，心理的にはそれとは別の性別（以下「他の性別」という。）であるとの持続的な確信を持ち，かつ，自己を身体的及び社会的に他の性別に適合させようとする意思を有する者であって，そのことについてその診断を的確に行うために必要な知識及び経験を有する二人以上の医師の一般に認められている医学的知見に基づき行う診断が一致しているものをいう。
>
> 第３条（性別の取扱いの変更の審判）　家庭裁判所は，性同一性障害者であって次の各号のいずれにも該当するものについて，その者の請求により，性別の取扱いの変更の審判をすることができる。
> 　一　20歳以上であること。
> 　二　現に婚姻をしていないこと。
> 　三　現に未成年の子がいないこと。
> 　四　生殖腺（せん）がないこと又は生殖腺の機能を永続的に欠く状態にあること。
> 　五　その身体について他の性別に係る身体の性器に係る部分に近似する外観を備えていること。
> 　２　前項の請求をするには，同項の性同一性障害者に係る前条の診断の結果並びに治療の経過及び結果その他の厚生労働省令で定める事項が記載された医師の診断書を提出しなければならない。
>
> 第４条及び第５条並びに附則　（省略）

　この法律が制定されるまでは，戸籍上の性別を変更することは不可能とされてきました。しかし，同法４条では，戸籍法に次の条文を加えることを規定し，性別の取扱い変更の審判を受けた人は，戸籍上も他の性別に変更できることを定めました。

> **戸籍法第20条の４**
> 　性同一性障害者の性別の取扱いの特例に関する法律（平成15年法律第111号）第３条第１項による性別の取扱いの変更の審判があった場合において，当該性別の取扱いの変更の審判を受けた者の戸籍に記載されている者（その戸籍から除かれた者を含む。）が他にあるときは，当該性別の取扱いの変更の審判を受けた者について新戸籍を編製する。

　戸籍の記載については，同籍者がいる場合，あるいは同籍者が既に除籍されていても，同籍者の記載が残っている場合は，当該事件本人について新戸籍を編製し，

「続柄」欄の性別を訂正することになります。この「続柄」欄の取扱いについては，例えば「二男」と記載されていれば，「二女」と変更するにとどめ，変更により，他の兄弟姉妹の続き柄に影響を及ぼすことはありません（平成16・6・23民一1813号通達記3(1)）。

　当該審判を受けた人は，戸籍上の性別を変更する効果とともに，男性に変更した人は女性と，女性に変更した人は男性と婚姻できる効果も発生します。

　では，本事例について，もし健太郎さんが，名の変更が認められた後に，性別の取扱い変更の審判を請求し，当該請求が認められた場合の戸籍について，詳しく勉強しましょう。

　家庭裁判所で，性別変更が認められたときは，家庭裁判所の書記官から，当該審判を受けた人の本籍地の市区町村長に，「戸籍記載の嘱託書」が送付されます。「戸籍記載の嘱託」とは，裁判所で確定した事案について，届出人に届出させるよりも，裁判所から依頼する方が相当であると認めたときに，裁判所から市区町村長に，直接戸籍記載を依頼することをいいます（家審15条の2，家審規21条の2・21条の3）。

　市区町村長は，嘱託書に基づき，戸籍法20条の4による戸籍の取扱いをします。
　戸籍の記載例は，次のとおりです。

性別の取扱い変更の裁判を受けた者の新戸籍（戸籍事項欄）

戸籍編製	【編製日】平成25年8月5日

性別の取扱い変更の裁判を受けた者の新戸籍（身分事項欄）

平成15年法律第111号3条	【平成15年法律第111号3条による裁判発効日】平成25年8月1日 【記録嘱託日】平成25年8月5日 【従前戸籍】神戸市長田区○○一丁目3番　佐藤忠義 【従前の記録】 　【父母との続柄】長男

性別の取扱い変更の裁判を受けた者の従前戸籍（身分事項欄）

平成15年法律第111号3条	【平成15年法律第111号3条による裁判発効日】平成25年8月1日 【記録嘱託日】平成25年8月5日 【新戸籍】神戸市長田区○○一丁目3番

第五話　春風に乗って

　「MEGUMI園」に春が来ました。11人の園児たちには，両親がいません。
　園長の松下君子先生は，この子たち全員の母親になろうと，やさしく，そして，ときには厳しく，子どもたちに接していました。
　そんな春の日，満開の桜の下を一組の夫婦が寄り添うように歩いてきました。夫が，少し戸惑いながら，君子先生に声をかけました。「あの……，私たち里親になりたくて来ました」。
　川上正行，千明夫妻はともに35歳。ふたりには子どもができないと医師から言われていました。妻の千明さんは，どうしても子どもがほしくてたまりません。夫と話し合って，このMEGUMI園に相談することにしました。
　「私たちは，子どもを，養子ではなく，本当の子どもとして育てたいと思っています。そんなことができるのでしょうか」。正行さんは真剣に話しました。君子先生は，きっぱりと言いました。「厳しいことを言うようですが，子どもはペットではありません。今は真剣に考えておられるようですが，血のつながりのない子どもを，実子として愛情をかけて育てることは，並み大抵のことではありません。挫折した方々を何人も見てきました。ご夫婦にはその覚悟がおありでしょうか」。しばらく沈黙が続きました。そして，千明さんが目に涙をためて言いました。「私は夫を心から愛しています。その夫の子どもを産みたいと思うのは，女性なら誰でも望むことでしょう。でも，私にはできないのです。この悲しみを背負って10年間生きてきました。私，考えたんです。たとえ子どもが産めなくても，もし許されるなら，愛する夫とともに，精一杯の愛情を持って命を育みたいと……お願いします先生」。夫婦が背負ってきた10年間の悲しみを，そして，固い決心を，千明さんは心から訴えました。
　君子先生は，しばらく考えて口を開きました。「さきほど，養子ではなく本当の子どもとして育てたいとおっしゃっていましたが，それでしたら，『特別養子縁組』という制度があります。『普通養子縁組』とは違って，戸籍に実親として記載されるものです。ただ，この制度には，ある約束事があります。それは，原則として離縁することはできないことです。そんな固い絆を築く制度ですから，本当に実子として育てられるかが問題になります。半年間，子どもを監護してください。あなた方の真価が問われる半年間です。実の子と同じように，いいえ，その2倍も3倍も愛情を持って育ててください。親としてふさ

わしいと家庭裁判所で認められれば，戸籍に実子として記載されます」。正行さんは，千明さんの手を固くに握りしめました。
　あれから3度目の春が来ました。君子先生は，この季節がくると，桜の花の下を寄り添い歩くあの夫婦の姿を思い出します。川上颯太君6歳。父川上正行，母千明の長男。
　「颯太，元気に育ってね」。あの夫婦の心の声が，春風に乗って聞こえてくるような気がしました。

第五話　春風に乗って　解説

●特別養子縁組について

　昭和62年の民法の一部改正で，画期的な養子縁組制度ができました。実親との関係を断ち切り，縁組した養親と実の親子関係を築く「断絶型養子縁組」である「特別養子縁組」（民817条の2）です。外国では，「断絶型」の養子縁組はめずらしくありませんが，「血統」を重んじる日本では，際立った特徴を持った制度といえます。戸籍の記載については，実の親子関係が分からないような工夫がされています。また，特別養子になる子は6歳未満（民817条の5）と定められていて，幼いころに縁組をし，実の親子関係が築きやすいように配慮されています。特別養子縁組は，原則として離縁は許されません。
　特別養子縁組の効果及び成立要件については，次の通りです。

1　特別養子縁組の効果

　基本的に，普通養子縁組の効果と同じ効果があるとともに，特別養子縁組ならではの効果も加味されています。

普通養子縁組と同じ効果

・養子は，養親の嫡出子となる（民809条）
・養子は，養親の氏を称し（民810条本文），養親の戸籍に入る（戸18条3項）
・養子は，養親の親権に服する（民818条2項）

- 縁組による親族関係の発生（民727条）
- 婚姻障害（民735条・736条・737条）
- 尊属養子の禁止（民793条）
  - ※ 後見人が被後見人を養子にするときの家庭裁判所の許可（民794条），未成年者を養子とするときの家庭裁判所の許可（民798条）は，特別養子縁組には適用されません（民817条の2第2項）。

特別養子縁組ならではの効果

- 特別養子と，実親及びその血族との親族関係は終了する（民817条の9本文）。ただし，配偶者（例えば妻）の実子を特別養子にした場合は，配偶者（妻）との親族関係は終了しない（民817条の9ただし書）。
- 特別養子は，養親の戸籍に入る（戸18条3項）が，養親の戸籍に入籍させる前に，まず養子につき新戸籍を編製し，養親の戸籍に入籍させる（戸20条の3本文）。ただし，縁組成立時に養子が養親の戸籍に既に在籍しているときは，いったん除籍した上，その戸籍の末尾に記載する（戸20条の3ただし書）。

2 特別養子縁組の成立要件

① 養親となる者は，配偶者のある者でなければならない（民817条の3第1項）。

② 養親となる者は，配偶者とともに縁組しなければならない。ただし，配偶者の実子と縁組する場合は，実親である者は縁組しなくてよい（民817条の3第2項）。

③ 養親となる者は25歳以上でなければならない。夫婦が養親となる場合は，一方が25歳以上なら，もう一方は20歳以上でよい（民817条の4）。

④ 家庭裁判所に申立てをするとき，養子は6歳未満でなくてはならない（民817条の5本文）。ただし，養子が6歳になる前から，継続して養親となる者が養子を監護している場合は，申立て時の年齢は8歳未満であればよい（民817条の5ただし書）。

⑤ 実親（普通養子縁組している場合は養親も）の同意が必要（民817条の6本文）である。ただし，同意が得られない状況（行方不明など）あるいは，虐待，悪意の遺棄（困ることを知りながら，置き去りにすること），その他養子となる子の利益を著しく害する事由がある場合には，同意は要しない（民817条の6ただし書）。

⑥ 実親による子の監護が，著しく困難，あるいは著しく不適当なとき，子の利益のために特に必要とされた場合にのみ成立する（民817条の7）。

⑦ 養親となる者は，養子を6か月以上監護し，その状況を考慮されないと認められない（民817条の8第1項）。6か月の起算日は，申立てをした日からである

が，申立て以前から子を監護しているときは，その期間も算入できる（民817条の8第2項）。

3 届出について

審判を請求した養父又は養母（戸68条の2・63条1項）が，審判書謄本及び確定証明書（戸68条の2・63条1項）を添付して，審判確定の日から10日以内に，市区町村長に届出をしなければなりません。

特別養子縁組による続き柄の記載について

特別養子になることによって，養親とは実の親子関係を築くのですから，その養親に，養子より年少の子どもがいた場合は，続き柄に変更があります。

●縁組前の戸籍
養子が除籍されることによる続き柄の変動はありません。

●縁組後の戸籍
養子が入籍することによって，父母を同じくする子で，養子より年少の子がいるときは，必要に応じて続き柄を更正します。また，届書には養子より年長の同性の子がいた場合は，その順番により続き柄を記載することになります（例えば，養子が男の子であれば，養親に年上の男の子が1人いた場合は続き柄は「二男」になります）。

では，この物語について考えてみましょう。

颯太くんが，川上正行，千明夫妻と巡り会ったのは，2歳のときです。夫妻はともに35歳。颯太君を監護すべき実父母はいませんでした。川上夫妻は，颯太君を愛情を持って監護しました。その情熱の甲斐あって，家庭裁判所から特別養子縁組を成立させる審判がされました。颯太君は，川上夫妻の実子として戸籍に記載されました。

戸籍の記載例は，次のとおりです。

養親の戸籍中，特別養子の身分事項欄

民法817条の2　【民法817条の2による裁判確定日】平成26年5月11日
　　　　　　　　【届出日】平成26年5月13日
　　　　　　　　【届出人】父母
　　　　　　　　【従前戸籍】和歌山県橋本市○○一丁目8番　川上颯太

特別養子の新戸籍（戸籍事項欄）

戸籍編製	【編製日】平成２６年５月１６日
戸籍消除	【消除日】平成２６年５月１６日

特別養子の新戸籍（身分事項欄）

特別養子縁組	【特別養子縁組の裁判確定日】平成２６年５月１１日 【養父氏名】川上正行 【養母氏名】川上千明 【届出日】平成２６年５月１３日 【届出人】父母 【送付を受けた日】平成２６年５月１６日 【受理者】大阪府池田市長 【従前戸籍】和歌山県橋本市〇〇一丁目８番　清水亜由美 【入籍戸籍】大阪府池田市〇〇２９６番地　川上正行

特別養子の従前戸籍（身分事項欄）

特別養子縁組	【特別養子縁組の裁判確定日】平成２６年５月１１日 【届出日】平成２６年５月１３日 【届出人】養父母 【送付を受けた日】平成２６年５月１６日 【受理者】大阪府池田市長 【新戸籍】和歌山県橋本市〇〇一丁目８番 【縁組後の氏】川上

　特別養子となった者は，いったん同所同番地に新戸籍を編製した上で，養親の戸籍に入籍します。入籍後の記載には「特別養子縁組」とは記載せずに「民法817条の２」と記載します。これは，特別養子縁組は養親を唯一の父母とするため，縁組をしたこと，あるいは従前の記載が分かりにくいように配慮されたものです。特別養子縁組は，原則として離縁は許されません。しかし，あえて従前戸籍を記載し，戸籍を遡れるようにしているのは，実親子関係を築いたにもかかわらず，離縁しなけらばならない重大な要因が生じたときに，従前戸籍が検索できるようにするため，また，養子が婚姻をする際に，婚姻障害がないかどうかを確認する必要があるためと考えられます。

第六話　父の背中

　森田道子さんは，昭和29年に大阪府で生まれました。両親と祖父母の5人家族でした。祖父母は，細々と雑貨店を営んでいましたが，生活の糧になるような収入にはならず，頼りの父は病弱で，病院の入退院を繰り返していたため，その日の暮らしにも困るような生活でした。

　道子さんの母は，家族の生活のため，毎日リヤカーを引いて家々を回り，廃品を回収する仕事をしていました。母の仕事はきつく，リヤカーを引く手にはマメができ，つぶれて血が出ることもありましたが，仕事の途中でひとつだけ楽しいときがありました。それは，終業のチャイムが鳴って，しばらくたって玄関から出てくる役所の職員を眺めるときです。リヤカーを引く手を止めて，母はまぶしそうに眺めているのでした。

　道子さんが小さいころ，祖母はよく膝枕をして，道子さんの頭をなでながら，決まって「道子は，おばあちゃんの子どもやからね……」。と言いました。祖母が意味もなく言っている言葉だと思いました。小さな道子さんは，やさしい祖母の声を聞きながら，膝の上でうたた寝をすることもありました。

　道子さんは高校生になりました。生活は相変わらず貧しく，父は自分のふがいなさを恥じていました。「お父ちゃんは，世の中に必要のない人間なのかもしれんな」。道子さんを前に，ぽつりと父はつぶやいて涙しました。でも，道子さんは，人間の弱さを知ることで，どんな人にもやさしくできる父が大好きでした。

　ある日，父から言われました。「役所が火事に遭って戸籍が燃えたそうや。戸籍を作るのに，道子はお父ちゃんとお母ちゃんの子どもだと，裁判所に行って言わないといけないんや。行ってくれるか」。道子さんは，父に言われるまま，家庭裁判所に行きました。

　昭和47年10月20日，道子さんは父母に連れられて，「大崎」という漁村に旅行をしました。生まれて初めての家族旅行だったので，道子さんはうれしくてたまりませんでした。父との散歩は楽しくて，はしゃぐ道子さんでしたが，ふと気がつくと，打ち寄せる波を見ながら，父の背中が泣いているように見えました。

　道子さんは高校を卒業して，市役所に就職しました。母の願いが通じたのです。その頃，すでに祖父母は亡くなり，父も重篤な病に冒されていました。母の懸命な看護もむなしく，道子さんが20歳のとき，「世話になったなぁ……」。と母のマメだらけの手を握り締めて，父はこの世を去りました。

30歳になった道子さんは，戸籍の仕事に就きました。戸籍の勉強をしようと思い，自分の生まれた時からの戸籍をとりました。そこで，道子さんは愕然としたのでした。道子さんが生まれた当時の戸籍には，父母欄に祖父母の氏名が記されていて，さらに「昭和45年11月17日森田良五郎及び同人妻ヤスとの親子関係不存在確認の裁判確定……」と記載され，道子さんが，祖父母の戸籍から抹消されていたのです。これはどういうことなのでしょう。道子さんは，母に事情を聞くことにしました。

　決心したように，母は静かに話し始めました。「お父ちゃんと知り合ったころ，お母ちゃんは，ある人と結婚してたんよ。でも，お父ちゃんを好きになって，ふたりで駆け落ちしたの。それで道子が生まれたんやけど，お母ちゃんは，前の旦那さんと籍が抜けていなかったから，みんなで話し合って，道子は，お祖父ちゃん夫婦の子どもにして届を出してしまったんよ。ごめんよ。許してよ。でも，あの時は，道子のためにはこうするしかないと思ったんよ」。母は一気に話して溜息をつきました。

　道子さんは思い出しました。お祖母ちゃんの膝枕で聞いた言葉，家庭裁判所で「あなたのお父さんとお母さんは誰ですか」。と聞かれたこと。すべてが繫がって，道子さんの心に押し寄せてきました。母は続けました。「お父ちゃんは，道子を本当に愛してた。死ぬ２日前に母さんに言ったのよ『おれは世の中に必要とされない人間なのかもしれないけど，道子をこの世に残せたことだけが，おれの誇りや』って……。お母ちゃんは，今でも，お父ちゃんと一緒になれて良かったと思ってる。……苦労したけど幸せやった……」。母は，そこまで言って号泣しました。最愛の人と乗り越えた数々の試練を，母は今まで心に秘めたまま暮らしてきました。そのすべてを一気に吐き出したことで，母はあらためて父への愛しさを感じていました。

　初めて家族旅行をした昭和47年10月20日は，父が新たに道子さんの出生届を提出した日でした。長い年月を経て，本当の親子として名乗りをあげた記念すべき日に，大崎の海岸で父の背中は泣いていました。父はあの時，道子さんと名実ともに親子になれたことが嬉しくてたまらなかったのです。今，父がいれば，その背中に飛びついて「お父ちゃん，ありがとう」と，大声で言いたかった。道子さんは，心からそう思ったのでした。

※　この物語の解説は，「第四段　猛稽古　第一　出生・認知　設問４の解説」268頁を参考にしてください。

解答・解説

第一段　準備運動

小手しらべ100問　解説

1問1点，計100点です。即答できるくらいまで繰り返して，身につけましょう。

/100

◀ ① 通　則 ▶

1　戸籍管掌者（戸籍を司る人）は誰ですか。
　（答）　戸籍管掌者は市区町村長です（戸1条）。

2　戸籍の役割とは何ですか。
　（答）　戸籍は，日本国民の国籍と身分関係を登録し，公証する唯一の公簿です（「全訂　戸籍法」2頁，「レジストラーブックス90　設題解説　戸籍実務の処理　戸籍訂正Ⅹ　総論編」（日本加除出版））。

3　届書の様式は決まっていますか。
　（答）　戸籍法28条で法務大臣が各届書の様式を定めることとし，更に戸籍法施行規則59条では，出生届（附録11号様式），婚姻届（附録12号様式），離婚届（附録13号様式），死亡届（附録14号様式）が定められています。この戸籍法施行規則59条に定められた4つの届書の様式を「法定様式」，その他の届書の様式は，法務省民事局長の通達で定められていますが，これを「標準様式」といいます。

4　戸籍の記載順序は決まっていますか。
　（答）　戸籍の記載順序は，戸籍法14条で次のように定められています。
　　　　第1　夫婦が夫の氏を称する場合は夫，妻の氏を称する場合は妻

第2　配偶者
第3　子（複数のときの順番は出生の先後）

ただし，戸籍編製後に，その戸籍に入るべき原因が生じた者は，戸籍の末尾に記載することになります。

5　「本籍」とは何ですか。
（答）　本籍とは，人の戸籍上の所在場所です（「全訂　戸籍法」47頁，田代有嗣監修　髙妻新著「新版体系・戸籍用語事典」（日本加除出版））。本人を検索するための重要な要素で，本でいうと「目次」のような役割を果たしています。

6　「筆頭者」とは何ですか。
（答）　筆頭者とは，その戸籍の代表者，氏の代表者です（戸9条・14条・16条1項但書・17条等）。本籍の記載と筆頭者の氏名は，その戸籍（本人）を特定するための索引的役割を果たしています（田代有嗣監修　髙妻新著「新版体系・戸籍用語事典」（日本加除出版））。

7　「創設的届出」とはどんな届出ですか。「創設的届出」を5つ掲げてください。
（答）　創設的届出とは，届け出ることによって法的な身分関係の効力が生じる届出をいいます。この届出には，「届出をする意思」が存在しなくてはなりません。創設的届出には，次のような種類があります。

　　任意認知届（胎児認知届を含む。戸60条～62条）・養子縁組届（戸66条・68条）・協議離縁届（戸70条・71条）当事者一方の死亡後の離縁届（戸72条）・縁氏続称の届（戸73条の2）・婚姻届（戸74条）・協議離婚届（戸76条）・婚氏続称の届（戸77条の2）・協議による親権者指定届（戸78条）・親権（管理権）辞任届（戸80条）・親権（管理権）回復届（戸80条）・復氏届（戸95条）・姻族関係終了届（戸96条）・入籍届（戸98条・99条）・分籍届（戸100条）・国籍留保届（戸104条）・国籍選択届（戸104条の2）・氏の変更届（戸107条）・名の変更届（戸107条の2）・転籍届（戸108条・109条）

8　「報告的届出」とはどんな届出ですか。「報告的届出」を5つ掲げてください。
（答）　既に発生した事実を戸籍に登録する届出です。報告的届出には届出すべき期間が定められていて，期間内に届出しなかった場合には，届出義務者に対して過料処分があります（戸135条）。報告的届出には，次のような種類があります。

出生届（戸49条）・裁判による認知届（戸63条）・遺言認知届（戸64条）・認知された胎児の認知届（戸65条）・特別養子縁組届（戸68条の2）・養子縁組取消届（戸69条）・裁判による離縁届，養子縁組取消届（戸73条1項）・婚姻取消届（戸75条）・裁判による離婚届，離婚取消届（戸77条）・裁判による親権指定届・親権者変更届（戸79条）・親権（管理権）喪失届，喪失取消届（戸79条）・未成年者の後見開始届（戸81条・83条）・未成年後見人更迭届（戸82条・83条）・失踪宣告届・失踪宣告取消届（戸94条）推定相続人廃除届・廃除取消届（戸97条）・国籍取得届（戸102条）・帰化届（戸102条の2）・国籍喪失届（戸103条）・外国国籍喪失届（戸106条）・就籍届（戸110条・111条）・本籍分明届（戸26条）

9 「報告的届出」の届出の期間は，いつから計算するのですか。
 （答） 期間を計算する際に，いつから計算するかの始点の日を「起算日」といいます。
  民法の起算日の原則は，民法140条に規定されています。この規定には「初日は算入しない。」と定められていますが，これは原則であって，別に定めがある場合は，その定めが優先します。報告的届出の起算日は戸籍法43条1項で「届出事件発生の日からこれを起算する。」と定められているため，初日は算入することになります。例えば出生届の届出期間の起算日は，子が生まれた日であり，その日から数えて14日以内（国外で出生があったときは，3か月以内）に届出をしなければなりません。また，期間満了日が日曜日，祝日など勤務を要しない休日に当たる場合は，その翌日が満了日となります（民142条）。

10 届書は代筆できますか。
 （答） 戸籍法施行規則62条1項では，代書が可能であるとされています。代書した場合は，その旨を「その他」欄に記載する必要があります（戸規62条2項）。

◀ ② 出 生 ▶

11 届出は郵送でできますか。郵送の届書は，いつが受理日ですか。
 （答） 戸籍法27条では，「届出は，書面又は口頭でこれをすることができる。」と規定しています。この書面の届出方法は，窓口に持参する場合，郵送の

場合のどちらも含まれます。また，郵送による届出は，「受信主義」を採っていますから，届書が市区町村に届いた日が届書受領の日になるため，届書には届いた日時を受付印などで明らかにしなければなりません。届書審査後，受理決定した場合は，受理日時は受領日時まで遡ることになります。なお，特別な場合として，戸籍法47条には，生存中に郵送した届書については，その死亡後であっても受理することとされ，受理は届出人の死亡の時に遡るとされています。

12　出生届の届出地はどこですか。

（答）　戸籍の届出地の原則は，戸籍法25条1項に「届出事件の本人の本籍地又は届出人の所在地」とされています。この「所在地」とは，届出人の住民登録地に限らず，届出人の居所地や一時的な滞在地も含まれます（明治32・11・15民刑1986号回答）。また，出生届は，この原則に加えて，「出生地」でも届出ができます（戸51条1項）。さらに交通機関で出生したときは，母が出産後最初に降りた地で届出ができます（戸51条2項）。

13　出生届の届出期間は何日ですか。

（答）　出生届の届出期間の起算日は，子が生まれた日であり，その日から数えて14日以内（海外で出生した場合は，生まれた日から3か月以内）に届出をしなければなりません（戸49条）。また，期間満了日が日曜日，祝日など勤務を要しない休日にあたる場合は，その翌日が満了日となります（民142条）。

14　出生届の届出期間内に届出をしなければ，どうなりますか。

（答）　届出が遅れた場合は，過料に処されることになります（戸135条）。届出期間を過ぎた届書については，その義務を怠ったのですから，届出義務者が「遅れた日数」や「遅れた理由」を述べ，市区町村長は，それを書いた失期通知（戸規65条）を管轄簡易裁判所あてに通知しなければなりません。また，届出期間が経過しても，届出の義務が免除されるものではありません。

15　「嫡出子」とはどういう意味ですか。

（答）　嫡出子とは，法律上の夫婦間（婚姻届をした夫婦の間）に生まれた子をいいます。一般には民法772条の嫡出推定を受ける子をいいますが，たとえ推定を受けなくても判例で認められている子（婚姻後200日以内に生まれた子で嫡出子として出生届をした子，推定を受けない嫡出子）は生来（生まれながら）

の嫡出子になります（大判昭和15・1・23民集19巻1号54頁）。

16　嫡出子の親権者は誰ですか。

（答）　父母婚姻中の嫡出子の親権は父母が共同で行使します（民818条1項・3項）。ただし，父母の一方が親権を行使できないときは，他の一方が行います（民818条3項ただし書）。

　　　婚姻解消後300日以内に出生した子の親権は母が行いますが（民819条3項），親権を父に変更したいときは，協議（話合い）で親権者指定届をすれば変更できます（民819条3項ただし書，戸78条）。

17　嫡出でない子の親権者は誰ですか。

（答）　嫡出でない子の親権は，母が行います（民819条4項）。また，母が未成年のときは母の親権者が親権を代行します（民833条）。

　　　嫡出でない子を父が認知した後，親権を父に変更したいときは，父母の協議で親権者指定届（民819条4項，戸78条）を父母が共同ですれば，父に変更できます。

18　「嫡出子」と「嫡出でない子」は，相続上の違いがありますか。

（答）　民法900条4号ただし書で，「嫡出でない子の相続分は，嫡出である子の相続分の二分の一」と定められています。

19　「準正」とはどういう意味ですか。

（答）　父母の婚姻外に生まれた嫡出でない子は，「父の認知」と「父母の婚姻」という2つの条件がそろうと嫡出子になります。出生の後に条件がそろって嫡出子になることを「準正」といいます。父母の婚姻後に父の認知で条件がそろった場合を「認知準正（民789条2項）」，父の認知後に父母の婚姻で条件が揃った場合を「婚姻準正（民789条1項）」といいます。

　　　認知で準正した場合は，認知届のその他欄に「この認知により被認知者は嫡出子の身分を取得する。」と記載して，子が「準正」したことを明らかにし，嫡出子としての「続き柄」を訂正をします。

　　　父母の婚姻で準正した場合は，婚姻届のその他欄に「この婚姻により嫡出子の身分を取得する者の氏名，生年月日」を記載し，子が「準正」したことを明らかにした上で，子の戸籍に準正事項を記載し，嫡出子としての「続き柄」に訂正します。

20　父母との続き柄は，どのように決めるのですか。

（答）　嫡出子の続き柄は，父母が同じ子の順番に，長男（長女），二男（二女）……の順とし（昭和23・1・13民事甲17号通達），嫡出でない子の続き柄は，父の認知の有無にかかわらず，母が分娩した嫡出でない子の出生の順により長男（長女），二男（二女）……とするとされています（平成16・11・1民一3008号通達1）。

21　出生子の母は，どのように決まるのですか。

（答）　法律上の母と子の関係は，出産（分娩）の事実があれば認められます（大正5・10・25民805号回答，最判昭和37・4・27民集16巻7号1247頁）。これを事実主義といいます。

22　出生子の父は，どのように決まるのですか。

（答）　前問15の民法772条の推定を受ける嫡出子は出生の時点で父子関係が成立し，また，父母の婚姻後200日以内に出生した子は，法律上の推定こそ受けませんが，母の夫によって懐胎した子であれば生来の当然の嫡出子ですので，法律上の父子関係は出生の時点で成立します（大判昭和15・1・23民集19巻1号54頁）。民法789条の準正嫡出子には，婚姻準正子と認知準正子の2つの態様がありますが，いずれも法律上の父子関係は父の認知によって成立し，その認知の効力は子の出生の時にさかのぼります（民784条）。また，認知準正により嫡出子となるべき者について，父が嫡出子出生の届出をしたときは，その届出に認知の届出の効力が認められますから（戸62条），この場合の父子関係の成立についても同じです。

23　父母が婚姻して生まれた子は，どの戸籍に入るのですか。

（答）　民法772条1項の嫡出推定を受ける嫡出子（父母婚姻中に生まれた子）は民法790条1項に従った戸籍（父母の戸籍に入り父母の氏を名乗ります。）の取扱いをします（戸18条1項）。婚姻後200日以内の子も，生来の嫡出子であれば嫡出子として出生届ができるので，婚姻中の父母の戸籍に入籍します（大判昭和15・1・23民集19巻1号54頁）。

　　また，民法772条2項後段の離婚（婚姻取消し）後300日以内の出生子は，離婚（婚姻取消し）した夫の嫡出推定を受けるので，父母が婚姻していた当時の戸籍に入籍します（民790条1項ただし書）。

24　父母が婚姻しないで生まれた子は，どの戸籍に入るのですか。

（答）　嫡出でない子は母の氏を称し（民790条2項），母の戸籍に入る（戸18条2項）と規定されています。母が，すでに戸籍の筆頭者になっているときは，その戸籍に入ることになります。母が，まだ戸籍の筆頭者になっていないときは，母について新戸籍を編製し，その戸籍に子を入籍させます。このように母が新戸籍を編製するのは，母が在籍している母の親の戸籍に，出生子を入れてしまうと，親，子，孫の三代にわたる戸籍になってしまいますが，このような戸籍（三代戸籍）は禁止されているからです（戸17条）。

25　子の名は，どんな文字でも付けられるのですか。

（答）　子の名には常用平易な文字を用いなければならないとされ（戸50条1項），常用平易な文字の範囲は，法務省令でこれを定めるとされています（戸50条2項）。常用平易な文字の範囲について定める法務省令とは，戸籍法施行規則のことです。同規則60条では，常用漢字表に載っている文字と，規則別表第二に載っている漢字，ひらがな，カタカナ以外の文字は子の名につけられないと規定されています。

26　出生届の届出人は誰ですか。

（答）　嫡出子出生届の届出義務者は父又は母（戸52条1項前段），子の出生前に父母が離婚しているときの届出義務者は母（戸52条1項後段），嫡出でない子の届出義務者は母（戸52条2項），父未定の子の届出義務者は母（戸54条1項），これらの届出義務者が届出できないときの届出義務者は，同居者や出産に立ち会った者（医師，助産師など）（戸52条3項）です。以上の者が届出をしないときは，その者以外の法定代理人も届出をすることができます（戸52条4項）。

◀ ③　認　知　▶

27　認知届には，どんな種類がありますか。

（答）　認知には，任意認知（民779条，戸60条），死後認知（民783条2項），遺言認知（民781条2項，戸64条），強制（裁判）認知（民787条，戸63条）の種類があります。また，任意認知には未成年の子の認知，成年の子の認知（民782条），胎児認知（民783条1項，戸61条）の種類があります。

28 認知届（出生後の認知）は，どこに届出すればいいですか。
（答）　届出地の原則である，戸籍法25条1項に規定された，事件本人（認知をする父及び認知される子）の本籍地又は届出人（認知をする人）の所在地です。

29 「胎児認知届」とは，どんな届出ですか。
（答）　母の胎内にいる出生前の子を，母の承認を得て認知する認知届です（民783条1項）。

30 「胎児認知届」は，どこに届出すればいいですか。
（答）　胎児認知の届出地は，母の本籍地のみと定められています（戸61条）。

31 未成年の子を認知する場合と，成年の子を認知する場合は，何か違いがありますか。
（答）　子が認知されることは，未成年の子にとっては，一般的に福祉にかなうことなので，子が「嫡出でない子であり，誰にも認知されていないこと」以外に要件はありませんが，成年の子の認知に関しては，前記の要件に加えて，子の承諾が必要とされています（民782条）。

32 認知届は，子の方から「不受理申出」ができますか。
（答）　不受理申出を定めた戸籍法27条の2の主旨から考えると，認知は父からの一方的行為（民781条）ですから，不受理申出ができるのは父に限られ，子からの不受理申出はできません。

◀ ④ 縁　組 ▶

33 縁組をすると，親族法上どんな効果がありますか。
（答）　縁組をすることによって，血縁の親子関係のない者同士に，法律上の親子関係が生じ，養子は養親の嫡出子の身分を取得します（民809条）。

34 縁組をする子が10歳でも，子本人が届出できますか。
（答）　養子が15歳未満の場合，養子側の届出人は，その時点の養子の法定代理人（親権者や未成年後見人，民818条，民819条，民838条〜民840条）が代諾者となりますから，15歳未満の子は届出人になることはできません（民797条1項，戸68条）。また，縁組について利益相反が生じる場合（例えば，嫡出でない子

を，その実父母が養子とすることができますが，この実親子間の縁組で，養親となる実父・母が同時に子の親権者であるとき）は，養子側について，家庭裁判所で第三者である特別代理人を選任して，その選任された特別代理人が縁組代諾者になります（民826条1項，昭和23・11・30民事甲3186号回答）。

35 同い年の人を養子にすることはできますか。

（答） 民法793条では，養子が養親の尊属でないこと，養子が養親より年上でないこととされていますが，年の差についての規定はありません。したがって，両者の間に一定の年齢差があることは要件とされていませんから同じ年月日に出生した者であっても，縁組が可能ということです。

36 年下の叔父を養子にすることはできますか。

（答） 民法793条では，養子が養親の尊属（親族図で上の位置にある人）でないこととされていますから，叔父を養子にすることはできません。

37 兄弟で養子縁組はできますか。

（答） 民法793条の要件から考えると，養子が養親より年下であり，また，弟妹は尊属ではありませんから，兄が弟を養子とする縁組は，できることになります。

38 自分の実の子を養子にできますか。

（答） 養子が養親の嫡出子でないこと，養子が同一の養親と縁組をしていないこと（昭和23・1・13民事甲17号通達）とされていますから，たとえ自分の実の子であっても，嫡出でない子の場合は縁組ができるということになります。

39 未成年の子を養子にすると，養子の親権者はだれになりますか。

（答） 未成年の子が縁組すると，親権者は養親になります（民818条2項）。

40 縁組をすると氏は変わりますか。

（答） 養子は養親の氏を称します（民810条本文）。ただし，婚姻の際に定めた氏を称している間は，養親の氏は称しません（民810条ただし書）。

41 縁組をすると戸籍は変動しますか。

（答）　戸籍法18条3項で，「養子は，養親の戸籍に入る。」と定められています。さらに戸籍法20条では「前2条の規定によって他の戸籍に入るべき者に配偶者があるときは……その夫婦について新戸籍を編製する。」と定められています。

　したがって，民法810条本文で，養親の氏を称する者が，単身者の場合は養親の戸籍に入籍し（ただし，同籍内で縁組した場合は戸籍は変動しません。），婚姻して筆頭者である者の場合は，夫婦で新戸籍を編製することになります。また，民法810条ただし書に該当する筆頭者の配偶者については，縁組しても養親の氏を称しないので，戸籍の変動はありません。

42 養子縁組の効力発生のときはいつですか。

（答）　民法809条では，「養子は，縁組の日から，養親の嫡出子の身分を取得する。」とされています。「縁組のときから」ではなく「縁組の日から」と規定されていますから，縁組は養子縁組届を出して届書が受理されたときが効力発生のときではなく，受理された日の午前零時まで，効力は遡ります。

43 夫婦の筆頭者が養子となる縁組をすると，配偶者が筆頭者に伴って戸籍が変動するのはなぜですか。

（答）　筆頭者に伴って配偶者が入籍することを「随従入籍」といいますが，これは，戸籍法20条に「夫婦について新戸籍を編製する。」と定められているからです（平成2・10・5民二4400号通達）。

44 養子縁組届の届出地はどこですか。

（答）　届出地の原則である，戸籍法25条1項に規定された，事件本人の本籍地又は届出人の所在地です。

45 特別養子縁組と普通養子縁組は，どこが違うのですか。

（答）　普通養子縁組は，縁組後も実親との関係は続きますが，特別養子縁組は，実親とその血族との親族関係が終了し，養親が唯一の親になるという「断絶型養子縁組」です（民817条の9本文）。ただし，配偶者の実子を特別養子とした場合は，その配偶者との親族関係は終了しません（民817条の9ただし書）。また，普通養子縁組は，届け出ることによって効力が生じる創設的

届出（民799条・739条，戸66条・68条）ですが，特別養子縁組は，家庭裁判所の審判によって成立する縁組ですから，報告的届出です（民817条の2，戸68条の2・63条1項）。

46 「証人」とは何ですか。
（答）　証人とは，その届出の当事者の意思が真実であることを担保する人です（昭和37・1・20高松高判下級民集13巻1号45頁）。養子縁組，協議離縁，婚姻，協議離婚の創設的届出においてのみ必要な役割です（民739条2項・764条・799条・812条，戸33条）。

◀ ⑤　離　縁 ▶

47　死亡した人と離縁できますか。
（答）　死亡した養子，あるいは養親と離縁するには，家庭裁判所の許可が必要です（民811条6項）。

48　離縁をしたら，元の氏にもどれますか。
（答）　原則として，離縁をすれば，民法上の氏は縁組前の氏にもどります（民816条1項本文）。ただし，養親夫婦と縁組をしていて，その一方とだけ離縁したときは，他の一方との縁組が続いているため，氏の変動はありません（民816条1項ただし書）。また，民法810条ただし書に該当する筆頭者の配偶者は，縁組の際に氏の変動がなかったため，離縁による氏の変動はありません。

49　離縁をしても，元の氏にもどらない方法はありますか。
（答）　離縁により民法上縁組前の氏にもどる者については，縁組期間が7年以上あれば届出することにより，呼称上は縁組前の氏にはもどらず，離縁の際に称していた氏を称し続けることができます（民816条2項，戸73条の2）。

50　離縁をする子が3歳でも，子本人が届出人になれますか。
（答）　養子が15歳未満の場合，養子側の届出人は，離縁後に法定代理人（親権者や未成年後見人，民818条・819条・838条～840条）となるべき者が協議者となりますから，15歳未満の子は届出人になることはできません（民811条2項～5項）。また，離縁について利益相反が生じる場合（例えば，昭和37・6・

22京都府連戸協決，昭和39・10・22群馬県戸協決）は，養子側について，家庭裁判所で第三者である特別代理人を選任して，その選任された特別代理人が離縁協議者になります（民826条1項）。

51 離縁をしたいのに，相手が離縁してくれないときはどうしたらいいですか。

（答）　養子あるいは養親側から，家庭裁判所に離縁の訴えを提起することができます（民814条）。なお，離縁の訴えを提起する場合は，まず調停の申立てをしなければなりません（家審17条・18条）。

52 養子離縁届には届出期間がありますか。

（答）　協議離縁（戸70条・71条），死後離縁（戸72条）は届出によって効力が生じる創設的届出なので，届出期間はありませんが，裁判離縁は，その訴えを起こした者が，調停の成立，審判又は判決等の確定した日から10日以内に届出をしなければなりません（戸73条・63条）。

53 養子離縁届の届出地はどこですか。

（答）　届出地の原則である，戸籍法25条1項に規定された，事件本人の本籍地又は届出人の所在地です。

◀ ⑥　婚　姻 ▶

54 婚姻しても，夫婦で別々の氏を名乗ることができますか。

（答）　民法750条で，夫婦は婚姻の際に定めた夫又は妻の氏を名乗ると定められていますから，夫婦で別氏を名乗ることはできません。

55 婚姻したら，どんな効果がありますか。

（答）　夫婦同氏（民750条），同居・協力・扶助の義務（民752条），姻族関係の発生（民725条），相続権（民890条），成年擬制（民753条），婚姻障害（民735条・736条），準正（民789条）等の効果が生じます。

56 「成年擬制」とは何ですか。

（答）　民法753条では，「未成年者が婚姻をしたときは，これによって成年に達したものとみなす。」とされています。これを成年擬制といいます。

57 「婚姻障害」とは何ですか。

（答）　民法735条，736条では，直系姻族間及び養親子間の婚姻が禁止されています。これを，婚姻障害といいます。

　　いったん直系姻族あるいは養親子関係になった者同士は，離婚，離縁により姻族関係，養親子関係が終了しても，婚姻することはできません。

58 「待婚期間」とは何ですか。どうして「待婚期間」があるのですか。

（答）　女性は前婚の解消又は取消しの日から6か月経過後でないと，再婚できません（民733条1項）。これを再婚禁止期間，あるいは待婚期間といいます。これは，一定の期間を経ないで再婚した女性の出産する子が，前婚，後婚のどちらの夫の子なのかが分からなくなってしまうことを防ぐためです。

　　その理由から設けられた期間ですから，前婚解消時に既に懐胎していて出産した場合は，たとえ待婚期間中であっても，その出産の日から婚姻することができるとされています（民733条2項）。

59 「婚姻適齢」とは何ですか。

（答）　民法731条に「男は，18歳に，女は，16歳にならなければ，婚姻をすることができない。」と規定されています。これが婚姻適齢です。

60 未成年の婚姻は「父母の同意」が必要ですが，父母は離婚していて母が親権者の場合でも，父の同意も必要ですか。

（答）　未成年の子の婚姻には，父母の同意が必要とされています（民737条）。この同意権は親権の作用とは違います（昭和24・11・11民事甲2641号回答）から，たとえ父母の離婚により，一方の単独親権になっていたとしても，父母双方の同意が必要です。養子縁組をしている場合は養親の同意を得ればよく，実父母の同意は必要としません（上記回答）。

　　ただし，父母（養父母）の一方が同意をしないときは，他の一方の同意のみで足り，行方不明や死亡により，同意の意思表示ができない場合も，その者についての同意は必要ありません（民737条2項）。

61 長年同棲しているので，裁判で婚姻することができますか。

（答）　民法739条1項に「婚姻は……届け出ることによって，その効力を生ずる。」（創設的届出）とされていますから，裁判によって婚姻することはできません。

62 婚姻届の届出地はどこですか。

（答）　届出地の原則である，戸籍法25条1項に規定された，事件本人の本籍地又は届出人の所在地です。

63 婚姻届などで，届出をする市区町村に本籍がない場合，戸籍謄本を添付しなければ受理されませんか。

（答）　戸籍謄本の添付が法的に義務付けられているのは，戸籍法108条2項の管外転籍届と，同法100条2項の管外分籍届のみです。その他の届については戸籍法施行規則63条に「市町村長は……戸籍の謄本又は抄本その他の書類の提出を求めることができる。」と規定されていますが，法定添付書類として定められているものではありません。したがって，戸籍謄本の添付のない婚姻届であっても，それが原因で不受理の対象とはならないということです。

◀ ⑦ 離 婚 ▶

64 未成年で婚姻して，未成年で離婚したら，また未成年者に戻るのですか。

（答）　成年擬制を規定した民法753条には，婚姻後に離婚した場合の特別な定めはありません。一度成年擬制した者は，未成年の時に離婚しても，成年擬制の効果は消えません。ただし，婚姻適齢に達しない婚姻について，当事者が適齢に達しないうちに離婚し，あるいは不適齢を理由に取り消された場合は，成年擬制は消滅します（昭和30・5・28民事二発201号回答，昭和31・2・18民事二発60号回答一）。

65 離婚したくないのですが，離婚届が出されても受理されない方法はありますか。

（答）　戸籍法27条の2第3項から5項に規定された，不受理申出の制度があります。

66 長年別居中ですが，夫が離婚してくれません。どうしたらいいですか。

（答）　妻から離婚の訴えを提起することができます（民770条）。なお，離婚の訴えを提起する場合は，まず調停の申立てをしなければなりません（家審17条・18条）。

67 離婚は決まりましたが，子どもの親権で話合いがつきません。とりあえず離婚だけできますか。

（答）　離婚するときに夫婦間に未成年の子がある場合は，子の親権者を父母のどちらにするかを定めなければなりません（民819条1項・2項）。協議で親権者を定められない場合は，協議離婚の届出はできませんから，まず，これを定めるために，家庭裁判所に協議に代わる審判（調停）を申し立て（民819条5項，家審9条1項乙類7号・17条・18条），その審判の確定をまって離婚の届出をすることになります（昭和25・1・30民事甲230号回答）。

68　裁判離婚の届出期間は何日ですか。

（答）　裁判離婚は，その訴えを起こした者が，調停の成立，審判又は判決等の確定した日から10日以内に届出をしなければなりません（戸77条・63条）。

69　離婚届の届出地はどこですか。

（答）　届出地の原則である戸籍法25条1項の規定により，事件本人の本籍地又は届出人の所在地で届出をすることができます。

◀ ⑧　**親権・未成年後見** ▶

70　離婚のときに親権者を父親にしましたが，母親に変更したいときは，父母の署名押印があれば変更できますか。

（答）　父母あるいは養父母が離婚し，単独親権になっていたものを，他の一方に変更する場合は，子の親族の請求により家庭裁判所の調停又は審判によってのみ認められ，親権者指定のように父母の協議で変更することは認められていません（民819条6項，戸79条・63条）。

71　認知した父が，子どもの親権者になりたいと言っていますが，父母の署名押印があればできますか。

（答）　嫡出でない子は，原則として母の親権に服することになっていますから（民819条4項），認知した父が親権者になるには，認知後に父母の協議により父を親権者と定め（民819条4項），父母双方から親権者指定の届出をすることになります（戸78条）。父母の協議が調わないとき，又は一方が所在不明等のため協議ができないときは，父又は母は協議に代わる審判（調停）を申し立て，裁判（審判，調停等）で成立することになります（民819条3項・

4項・5項)。

72 「親権」と「未成年後見」は，どこが違うのですか。

（答）　未成年後見は，民法838条に規定されているように，未成年者に対し親権を行う者がないとき，あるいは親権者が管理権を有しないときに初めて開始し，その後見人によって未成年者の保護が図られることになります。ただ，後見人の未成年者に対する後見事務の執行にあたっては，父母の子に対するような自然の愛情を期待することができないので，その職務の執行については，裁判所又は未成年後見監督人の監督下におかれています。

　　未成年後見人は，「親の立場」ではありませんが，法的な権利義務（監護教育の権利義務・居所指定権・懲戒権・職業許可権）は基本的に親権と同じです。

73 未成年後見人が選任されるのは，どういう場合ですか。

（答）　親権を行う者がいない場合（親権者の死亡や失踪など），あるいは，親権を行う者がいても，その親権者が管理権を喪失した場合（民835条）に未成年後見人が選任されます（民838条）。

74 未成年後見人になるには，どんな手続が必要ですか。

（答）　未成年後見人の選任には2種類あります。遺言による未成年後見人の指定（民839条，戸83条1項）と，家庭裁判所での未成年後見人の選任（民840条，戸83条2項）です。前者を指定後見人，後者を選定後見人といいます。

　　指定後見人の場合は，遺言書の謄本を添付し，市区町村役場に後見開始届をします。選定後見人の場合は，家庭裁判所で未成年後見人に選任された旨の審判書を添付し，市区町村役場に後見開始届を提出します（戸81条）。

75 未成年後見人になったら，いつまでに届出をすればいいのですか。

（答）　未成年後見人が就職した日から，10日以内に届出をしなければなりません（戸81条）。

◀ ⑨　死亡・失踪 ▶

76 死亡届の届出期間は，何日ですか。

（答）　戸籍法86条1項で「死亡の事実を知った日から7日以内（国外で死亡があったときは，その事実を知った日から3か月以内）」と定められています。

77　死亡届の届出人は，誰でもなれますか。

（答）　戸籍法87条で，届出義務者，届出資格者が定められています。

　　　1項では，第1　同居の親族，第2　その他の同居者，第3　家主・地主・家屋又は土地の管理人と規定されていて，ここまでが届出義務者です。

　　　2項では，届出資格者として，同居していない親族や後見人，保佐人，補助人，任意後見人も届出できるとされています。

78　死亡届の届出地は，どこですか。

（答）　届出地の原則である戸籍法25条1項の規定により，事件本人の本籍地又は届出人の所在地のほかに，死亡地でも届出ができます（戸88条1項）。

79　自分から数えて，どこまでが「親族」となりますか。

（答）　親族の範囲は，民法725条で，六親等内の血族，配偶者，三親等内の姻族とされています（「戸籍実務六法」所載の「親族・親等図表」参照）。

80　死亡届の届出人がいない場合は，どうしたらいいですか。

（答）　届出資格のない人（たとえば地区の民生委員や友人等）が，死亡届の届出人の欄に署名押印して死亡届が提出されたとします。もちろん戸籍法87条に定められた届出人の資格はありませんから，これは「死亡届」として受理できません。

　　　提出された死亡届書類は，「死亡記載申出書」として取り扱います（昭和25・6・20民事甲1722号）。この「死亡記載申出書」と関連戸籍を添付して，管轄法務局の長に「戸籍記載許可申請書」を提出し（標準準則22条），許可されれば市区町村長の職権で死亡の記載ができます（戸24条2項）。

81　行方不明になって，長年生死が分からない人がいて困っています。どうしたらいいですか。

（答）　家庭裁判所に，利害関係人から不在者につき失踪宣告（民30条）の請求をします。失踪の宣告の審判が確定したときは，失踪者は行方不明になった日の7年後の応当日に死亡したものとみなされ，審判の申立人は審判確定後の日から10日以内に失踪宣告の届出をしなければなりません（戸94条，63条）。この届出により，戸籍に「死亡とみなされる（民31条）」旨記載されます（民30条1項：普通失踪）。また，危難（戦争や災害）に遭って行方不明になった場合は，危難が去ったとき（民30条2項：危難失踪）に，戸籍に「死

亡とみなされる（民31条）」と記載されます。

82 行方不明の人が「死亡とみなされる」のは，行方不明になってから何年後ですか。

（答）　前問と重複しますが，行方不明になってから7年後（民30条1項：普通失踪）に，「死亡とみなされる（民31条）」と戸籍に記載されます。また，危難（戦争や，災害）に遭って行方不明になった場合は，危難が去ったとき（民30条2項：危難失踪）に，「死亡とみなされる（民31条）」と戸籍に記載されます。

　　期間は，失踪したときの翌日から起算します（民140条・141条・142条）。例えば普通失踪の場合，審判書に平成10年3月1日から所在不明と書いてあれば，平成10年3月2日から計算して7年目の平成17年3月2日の応答日の前日の満了日である平成17年3月1日が「死亡とみなされる日」になります。

83 戸籍に「死亡とみなされる」と記載された人が，生きていた場合はどうしたらいいですか。

（答）　家庭裁判所に，本人又は利害関係人から，「失踪宣告取消し」の申立てをしなければなりません（民32条）。

84 夫が死亡とみなされたので再婚しました。前夫が生きていた場合，前夫との婚姻が復活して重婚になりますか。

（答）　失踪者が生存していることが判明し，宣告が取り消されると，原則としてすべての法律関係は復活します。しかし，民法32条1項後段では，「失踪の宣告後その取消し前に善意でした行為の効力に影響を及ぼさない。」とされていますから，失踪宣告後の身分行為についても，悪意でしたものでない限り有効であるということになります。

　　したがって，失踪宣告で死亡とみなされた者との婚姻は，復活することはありません（昭和6・10・19民事805号回答，昭和25・2・21民事甲520号回答）。

◀ ⑩　**復氏・姻族関係の終了** ▶

85 配偶者が死亡したので，実方の氏にもどしたいのですが，どうしたらいいですか。

（答）　婚姻の際に氏を改めた者が，配偶者の死亡によって婚姻が解消した場合は，復氏届（民751条・戸95条）をすることによって，いつでも，婚姻前の氏にもどることができます。

86　婚姻の際に氏を改めた生存配偶者が，氏を実方の氏にもどしたら，死亡した配偶者の親族との姻族関係もなくなりますか。
　（答）　復氏届（民751条，戸95条）は，単に氏を実方の氏にもどすだけの効果しかありませんから，死亡した配偶者の血族との姻族関係は終了しません。その姻族関係も終了したい場合は，生存配偶者だけの自由な意思で，別に姻族関係終了の届出をする必要があります（民728条2項，戸96条）。

◀ ⑪　入　籍 ▶

87　入籍届には，どんな種類がありますか。
　（答）　民法791条に定められた次のような入籍届があります（戸98条）。
　　父（養父）又は母（養母）の氏を称する入籍届（民791条1項・3項），父母（養父母）の氏を称する入籍届（民791条2項・3項），従前の氏を称する入籍届（民791条4項）。また，民法上の氏が同じ場合で，父又は母あるいは父母と別戸籍となっていて同籍したいときは，父母（父又は母）と同籍する入籍届があります。この同籍する入籍届については，法令上明文の規定はありませんが，戸籍法98条の規定の趣旨に準拠して，各先例で認められているものです。

88　「氏が同じ」，「氏が違う」というのは，「呼び名が同じかどうか」ということですか。
　（答）　民法791条にある「氏を異にする」というのは，呼び名が違うということではなく，民法上の氏が異なることをいいます。

89　「子の氏変更」の家庭裁判所の許可を得ましたが，届出期間はありますか。
　（答）　入籍届は，家庭裁判所の許可を得てする届出であっても，報告的届出ではありません。届け出ることによって効力が生じる創設的届出なので，届出期間はありません（戸98条）。

90　入籍届の届出地は，どこですか。
　（答）　届出地の原則である戸籍法25条1項の規定により，事件本人の本籍地または届出人の所在地で届出をすることができます。

◀ ⑫　分　籍 ▶

91　筆頭者が死亡した場合，その配偶者は分籍できますか。
　（答）　筆頭者や配偶者は，その者を中心に戸籍が編製されているので，分籍はできません（昭和38・5・9民事甲1327号）。

92　管外分籍届で，戸籍謄本の添付がありません。受理できますか。
　（答）　管外分籍届における戸籍謄本の添付は，戸籍法100条2項に定められた法定添付書類ですので，戸籍謄本の添付のない管外分籍届は受理できません。

◀ ⑬　氏・名の変更 ▶

93　離婚して，「離婚の際に称していた氏を称する届出」（戸77条の2）をしました。改めて実方の氏にもどしたいのですが，どうしたらいいですか。
　（答）　いったん戸籍法77条の2の届出により離婚の際に称していた氏を称した者が，実方の氏にもどすためには，戸籍法107条1項の氏変更の届出になりますから，家庭裁判所で氏変更の許可を得て，審判書謄本と確定証明書を添付の上，市区町村役場に氏変更届を提出することになります。

94　外国人配偶者の称している氏「サザーランド」を名乗りたいのですが，どうしたらいいですか。
　（答）　外国人と婚姻をした者が，外国人配偶者の称している氏を名乗る場合は，婚姻後6か月以内であれば，戸籍法107条2項の規定により，家庭裁判所の許可を得ることなく，届出のみで外国人配偶者の氏を名乗ることができます。

95　外国人配偶者の通称名の氏「浜田」を名乗りたいのですが，どうしたらいいですか。
　（答）　戸籍法107条2項に定められた「外国人配偶者の氏」は，当該外国人の本名の氏であって，通称名ではありません。したがって，外国人配偶者の

通称名を名乗りたい場合は，戸籍法107条1項の家庭裁判所の許可を得てする氏変更になります（東京高決平成9・3・28家月49巻10号89頁）。

96 外国人配偶者の本名の氏「朴」を名乗っていましたが，離婚したので元の氏にもどしたいのですが，どうしたらいいですか。
（答）　外国人と婚姻した者が，外国人配偶者の本名の氏を名乗り，その後離婚した場合は，離婚後3か月以内であれば，戸籍法107条3項の規定により，家庭裁判所の許可を得ることなく，届出のみで元の氏にもどすことができます。

97 名前を「和子」から「和代」に変えたいのですが，どうしたらいいですか。
（答）　戸籍法107条の2に定める名の変更になります。家庭裁判所の許可が必要です。

◀ ⑭ 転　籍 ▶

98 転籍届は，だれが届出をするのですか。
（答）　その戸籍の代表者である筆頭者と配偶者です。また，配偶者がいない場合は筆頭者のみ，筆頭者が死亡により除籍されている場合は，生存配偶者のみが届出をすることになります（戸108条1項）。
　なお，ここでいう配偶者とは，その戸籍に在籍する配偶者ですから，外国人である配偶者からの転籍届は認められません（仙台家審昭和47・1・20家月24巻10号117頁）。

99 新本籍は，どこに設定してもいいのですか。
（答）　新本籍は日本の領土内であり，新本籍設定の時点で存在する地番号又は街区符号であれば設定できますが（戸規3条），干拓地などで，まだいずれの市町村に属するか定まっていない場所には，本籍を定めることはできません（昭和25・12・27民事甲3352号回答）。

100 管外転籍届で，戸籍謄本の添付がありません。受理できますか。
（答）　管外転籍届における戸籍謄本の添付は，戸籍法108条2項に定められた法定添付書類ですので，戸籍謄本の添付のない管外転籍届は受理できません。

第二段　基礎稽古

氏の仕組み（メカニズム）「力試し問題」　解説編

〜学習のツボ〜

　マッサージは，ツボを押さえないと効き目はありません。
　では，戸籍実務の「ツボ」とは，いったい何でしょうか。
　それは，「根拠」です。
　戸籍実務には，必ず根拠（わけ）があります。戸籍審査や窓口での相談には，ただなんとなく「こういうふうになっているから……」と考えるのではなく，的確に根拠を押さえることを忘れないようにしましょう。
　「体で覚える」のではなく，「理屈で覚える」。理屈で覚えれば，覚えた根拠が，さらに違う事例にも応用できます。学習の幅が大いに広がります。
　さあ，自己採点してみましょう。正解した問題の★の数が，あなたの得点です。ただし，答えが合っていても，根拠が間違っていたり根拠が分からなかった場合は，正解ではありません。

　　　　　　　　　　　　　　　　　　　　　　／100

～生来の氏～

全問正解20点

出生子は誰の氏を名乗って，どの戸籍に入籍しますか？

(1) 結婚して10か月後に子どもが生まれました。　　★
　（答）　夫の嫡出推定を受ける生来の嫡出子（民772条1項）ですから，父母の氏を称し（民790条1項），父母の戸籍に入籍します（戸18条1項）。

(2) 夫と離婚して11か月後に子どもが生まれました。　　★
　（答）　民法772条の範囲に入らない「嫡出でない子」ですから，母の氏を称し（民790条2項），母の戸籍に入籍します（戸18条2項）。また，母が離婚後，母の父又は母の戸籍に復籍している場合は，母は戸籍筆頭者ではないので，「三代戸籍の禁止（戸17条）」の規定に基づき，母につき新戸籍を編製して，子を入籍させます。

(3) 未婚で子どもが生まれました。母は父母の戸籍に入っています。　　★
　（答）　民法772条の範囲に入らない「嫡出でない子」ですから，母の氏を称し（民790条2項），母の戸籍に入籍します（戸18条2項）。さらに，母は戸籍筆頭者ではないので，「三代戸籍の禁止（戸17条）」の規定に基づき，母につき新戸籍を編製して子を入籍させます。

(4) 結婚して2か月後に子どもが生まれました。夫の子どもとして出生届をします。母に前婚はありません。　　★
　（答）　民法772条2項の規定によると，夫の嫡出推定は受けませんが，判例（大判昭和15・1・23民集19巻1号54頁）で認められた嫡出子として，父母の氏を称し（民790条1項），父母の戸籍に入籍します（戸18条1項）。

(5) 婚姻する前に子どもが生まれましたが，まだ出生届をしていません。夫の子なので，夫が出生届をします。母に前婚はありません。　　★★★
　（答）　出生の時点では，父母は婚姻していないので，本来なら出生子は嫡出推定（民772条）を受けない「嫡出でない子」です。しかし，父母婚姻後，父が出生届をすることによって，その出生届には「認知の届出の効力（戸62条）」が生じます。父母が婚姻し，その後に父が，認知の届出の効力を有

する出生届をすることによって，父母の婚姻と父の認知の2つの条件がそろって，子は準正嫡出子（民789条2項）になりますから，子は父母の氏を称し（民790条1項），婚姻中の父母の戸籍にダイレクトに入籍します（戸18条1項）。

(6) 夫と離婚して6か月後に子どもが生まれました。　　　　　　　　　★
　（答）　民法772条2項の規定によって，子は離婚した夫の嫡出推定を受けますから，離婚の際（婚姻中）の父母の氏を称し（民790条1項ただし書），その戸籍に入籍します（戸18条1項）。

(7) 前の夫と離婚して6か月後に再婚しました。再婚して2か月後に子どもが生まれました。　　　　　　　　　★★★
　（答）　民法772条2項の規定によって，子は前夫の嫡出推定を受けます。また，同法の規定によって，後夫の嫡出推定は受けません。
　　　したがって，子は，前婚の父母の氏を称し（民790条1項ただし書），前夫と母が婚姻中であった戸籍に入籍します（戸18条1項）。

(8) 夫と離婚して5か月後に子どもが生まれました。夫の子ではないので，裁判所で親子関係不存在確認の裁判をして，その審判書と確定証明書を添付して出生届をしました。　　　　　　　　　★★★★
　（答）　民法772条2項の規定によって，子は離婚した夫の嫡出推定を受けますから，本来なら，子は離婚の際（婚姻中）の父母の氏を称し（民790条1項ただし書），父母が婚姻中であった戸籍に入籍します（戸18条1項）。しかし，前夫との父子関係を裁判によって否定することにより，前夫の嫡出推定は排除されます。子は，同裁判によって「嫡出でない子」になりますから，母の氏を称し（民790条2項），離婚後の母の戸籍に入籍します（戸18条2項）。
　　　また，母が離婚後，母の父又は母の戸籍に復籍している場合は，戸籍筆頭者ではないので，「三代戸籍の禁止（戸17条）」の規定に基づき，母につき新戸籍を編製して子を入籍させます。

(9) 前夫と離婚して6か月後に再婚しました。再婚して2か月後に子どもが生まれましたが，その子は後夫の子なので，裁判所で前夫との親子関係不存在確認の裁判をして，その審判書と確定証明書を添付の上，出生届をしました。

★★★★★

(答) 民法772条2項の規定によって，子は前夫の嫡出推定を受けます。また，同法の規定によって，後夫の嫡出推定は受けません。本来なら，子は，前婚の父母の離婚の際における氏を称し（民790条1項ただし書），前夫と母が婚姻中であった戸籍に入籍します（戸18条1項）が，前夫との父子関係が否定されることによって，前夫の嫡出推定は排除されます。また，子が出生した時点で，真実の父である後夫と母は婚姻していますから，たとえ婚姻後200日以内に出生したとしても，後夫との嫡出子として出生届をすれば，判例（大判昭和15・1・23民集19巻1号54頁）で認められた嫡出子として，後婚の父母の氏を称し（民790条1項，昭和40・9・22民事甲2834号回答），後婚の父母の戸籍に入籍します（戸18条1項）。

〜養子縁組〜　　全問正解20点

養子は，民法上どの氏を称して，戸籍はどのようになりますか？

(1) 単身者が，夫婦の養子になりました。　★

（答）　養子は，養親（養父母）の氏を称し（民810条本文），養父母の戸籍に入籍します（戸18条3項）。

(2) 単身者が，叔母（戸籍筆頭者又は配偶者でない者）の養子になりました。　★★

（答）　養子は，養親（養母）の氏を称し（民810条1項本文），養母の戸籍に入籍します（戸18条3項）が，養母である叔母は，父母の戸籍に入っているため，「三代戸籍の禁止」（戸17条）の規定により，養母につき新戸籍を編製し，養子をその戸籍に入籍させます。

(3) 父の戸籍に在籍する子が，父の戸籍に入籍した父の後妻と縁組をしました。　★★

（答）　養子は，養親（養母）の氏を称し（民810条本文），養母の戸籍に入籍します（戸18条3項）が，養母（後妻）と養子は，同じ戸籍にあるため，養子の戸籍は変動しません。また，同籍内で縁組した養子が，養母との縁組後に称する氏は，実親（父）と養親（養母）が婚姻中である場合は，「父と養母の氏」を称することになります（昭和26・9・4民事甲1787号通達）。

(4) 夫婦の筆頭者が，伯父と縁組をしました。　★

（答）　養子は，養親（養父）の氏を称します（民810条本文）が，戸籍は夫婦単位で編製される（戸18条3項・20条）ため，筆頭者の養子が養父の氏で新戸籍を編製し，その配偶者は筆頭者の新戸籍に随従入籍します。

(5) 夫婦の筆頭者が，父の後妻と縁組をしました。　★★

（答）　養子は，養親（養母）の氏を称します（民810条本文）が，戸籍は夫婦単位で編製される（戸18条3項・20条）ため，筆頭者である養子が養母の氏で新戸籍を編製し，その配偶者は筆頭者の新戸籍に随従入籍します。この場合も，設問(3)で述べたように，養子が縁組後に称する氏は，実親（父）と養親（養母）が婚姻中である場合は，「父と養母の氏」を称することになります（昭

和26・9・4民事甲1787号通達)。

⑹　夫婦の筆頭者の配偶者が，祖母と縁組をしました。　　　　　　　　　★
　（答）　民法810条ただし書の規定により，「婚氏」を名乗っている間は，「縁氏」より「婚氏」が優先するため，縁組をしても，氏及び戸籍の変動はありません。

⑺　未成年の嫡出でない子の母が，夫の氏を称する婚姻をしました。子は，母及び母の夫と養子縁組をしました。　　　　　　　　　　　　　　　　★★
　（答）　未成年の嫡出でない子は，民法795条の規定により，夫婦共同縁組をしなくてはなりません。実母とも縁組をすることになり嫡出子の身分を取得します。子は，縁組により，養親（養父母）の氏を称し（民810条本文），養父母の戸籍に入籍する（戸18条3項）ことになります。母は，子と縁組することによって，「実母」から「養母」となりますが，「生来の氏」より「縁氏」が優先するという考えから，称する氏の名称は「養父母の氏」であるということに着目してください。

⑻　父母の戸籍にある山田太郎は，中国国籍の「黄雲崔」と縁組をしました。その後，養父である「黄」の氏を名乗るため，家庭裁判所の許可を得て，戸籍法107条4項の氏変更の届出をしました。　　　　　　　　　　　★★★★
　（答）　外国人には，日本の氏の概念がありませんから，外国人と縁組をしても，民法上の氏の変動はありません。養子の身分事項欄に縁組事項が記載されるだけです。その後，家庭裁判所の許可を得て，戸籍法107条4項（外国人の父又は母の氏を称する氏変更）の届出をすると，外国人養父「黄」の氏で新戸籍を編製することになります（戸20条の2第2項）。
　　　これは，呼称上の氏（ゆで卵の殻）の変更ですから，この氏変更により，外国人養父の氏を名乗っていても，民法上の氏（ゆで卵の中身）は依然として「生来の氏」のままであることに着目してください。

⑼　夫と死別した妻（死亡した筆頭者の配偶者）が，復氏することなく妻の氏で再婚しました。妻筆頭者の新戸籍が編製されています。このたび，妻（筆頭者）は，叔母と縁組をします。　　　　　　　　　　　　　　　★★★★★
　（答）　まず，現在の戸籍の状態を考えてみましょう。夫の氏で婚姻し，夫が筆頭者である戸籍に入籍していた配偶者が，夫が死亡した後，妻の氏の再婚

をした場合，後夫は妻の，死亡した夫が筆頭者である戸籍（妻が在籍する現在の戸籍）に入籍するのではなく，婚姻の際に定めた氏（民750条）の者が筆頭者になりますから，新たに妻が筆頭者となる夫婦の戸籍が編製されることになります（戸16条１項）。妻は死別した夫の氏（婚氏）を称したまま，後夫と婚姻したことになります。筆頭者である妻が縁組をすると，本来なら，夫婦の筆頭者が縁組をするのですから，養子である妻は，養親（養母）の氏を称し（民810条本文），養子とその配偶者の戸籍が，新たに編製される（戸20条）ように思われますが，民法810条ただし書の規定により，「婚氏」を称している間は，「縁氏」を称しないため，前夫死亡後に，復氏することなく，引き続き前夫の氏「婚氏」を称している妻（筆頭者）は，縁組をしても氏及び戸籍の変動はありません。

～養子離縁（縁組取消し）～　全問正解20点

養子は，離縁（縁組取消し）すれば，どの氏を名乗って，戸籍はどのようになりますか？（離縁後の民法上の氏を，しっかり押さえること）

(1) 単身者が叔母と養子縁組していましたが，その叔母と離縁します。　★

（答）　養子は，離縁により，縁組前の氏に復し（民816条1項），縁組前の戸籍に入籍します（戸19条1項本文）。縁組前の戸籍が除かれているとき，又は新戸籍編製を希望したときは，縁組前の氏で新戸籍を編製します（戸19条1項ただし書）。7年以上の縁組期間があれば，離縁の際に称していた氏で新戸籍を編製することもできます（民816条2項，戸73条の2）。

(2) 養子が夫婦と縁組をしていましたが，養子と養父母双方との「縁組取消しの裁判」が確定し，養父母から届出がありました。裁判の申立人は，養父母です。　★★★

（答）　協議離縁の場合は，養子，養父双方が届出人になるため，離縁よって，縁組前の氏に復する養子は，戸籍法19条1項の規定により，縁組前の戸籍に復籍するか（戸19条1項本文），縁組前の氏で新戸籍を編製するか（戸19条1項但書），また，7年以上の縁組期間があれば，離縁の際に称していた氏で新戸籍を編製するか（民816条2項，戸73条の2）を，意思表示により，選択することができます。しかし，裁判による離縁や「縁組取消し」の場合は，その申立てをした者が，裁判確定後，10日以内に届出をすると定められているため（戸73条1項・63条2項），届出人は，裁判を提起した養子又は養親となり，必ずしも，戸籍の変動の意思表示をするべき養子が届出人になるわけではありません。本例の場合も，申立てをした養父母が届出人であるため，戸籍の変動についての意思表示をすべき養子は届出人ではありません。この場合は，戸籍法30条3項の規定により，「縁組取消し」により養子は縁組前の氏に戻り，縁組前の戸籍に復籍します。もとの戸籍が除籍されている場合は，もとの戸籍と同所同番地に新戸籍を編製する取扱いになります。

(3) 夫婦が夫婦の養子になっていましたが，夫（筆頭者）が養親双方と離縁します。　★★

(答)　夫婦の筆頭者は「婚氏の基盤」ですから，その筆頭者が縁組や離縁をすると，必ず夫婦につき新戸籍が編製されます（例外：養子縁組問題(9)・筆頭者が「死亡した者の婚氏」を名乗っている場合は，戸籍の変動はありません。）。本事例の場合も，筆頭者である養子は，離縁により縁組前の氏を称します（民816条1項）が，戸籍は夫婦単位で編製される（戸20条）ため，筆頭者である養子が縁組前の氏で新戸籍を編製したときは，その配偶者は筆頭者の新戸籍に随従入籍します。また，7年以上の縁組期間があれば，離縁の際に称していた氏で新戸籍を編製することもできます（民816条2項，戸73条の2）。筆頭者の配偶者は，離縁していないので縁組は継続中ですが，筆頭者が民法上縁組前の氏に復したので，その配偶者がたとえ縁組継続中であっても，「婚氏」が優先するため，「縁氏」は称さない（民810条ただし書）ということに着目してください。

(4)　夫婦の筆頭者が夫婦の養子になりましたが，養母とだけ離縁します。　★
　　　(答)　民法816条1項ただし書の規定により，養親夫婦の一方との離縁の場合は，氏及び戸籍の変動はありません。

(5)　夫婦の筆頭者の配偶者が伯父夫婦と縁組をしましたが，養父母双方と離縁します。　★
　　　(答)　筆頭者の配偶者は，現在「婚氏」（民750条）を称しています。縁組をした時が，その婚姻の前であれば，民法810条本文の規定によって，養親の氏を称して，養親の戸籍に入籍（戸18条3項）した後に，婚姻により「婚氏」を称したことになります（民750条）。また，縁組が婚姻の後であれば，民法810条ただし書の規定により，筆頭者の配偶者は「縁氏」より「婚氏」が優先しますから，氏及び戸籍は変動していません。いずれにしても，筆頭者の配偶者は，現在，最強の氏である「婚氏」を称しているため，縁組や離縁をしても，民法上の氏の変動や戸籍の変動はありません。

(6)　未成年の嫡出でない子の母が，夫の氏を称する婚姻をし，子は，母及び母の夫と養子縁組しましたが，養母（母）が離婚した後，子は養父（母の夫）と離縁します。　★★★★
　　　(答)　未成年の嫡出でない子は，民法795条の規定により，夫婦共同縁組をしなくてはなりません（養子縁組問題(7)参照）。実母とも縁組をすることになります。その母が離婚した後，子が養父と離縁しても，養母（実母）との縁

組は継続しています。では，養父との離縁後，養子が称している氏はだれの氏でしょうか。それは「婚姻中であった当時の養母の氏」です。たとえ養父と離縁しても，養子は，養母が婚姻中であった当時の氏を称するため，戸籍の変動はないということになります（民816条1項ただし書）。

⑺　「山田」の氏の単身者が，①川口②西川③木村の順で縁組をしました。西川と離縁します。　　　　　　　　　　　　　　　　　　　　　　　　★

　（答）　転縁組をした者は，最終の養親と離縁した時だけ，氏の変動があります。本例の場合は，②の「西川」との離縁ですから，氏及び戸籍の変動はありません。

⑻　設問⑺の例で，木村と離縁します。　　　　　　　　　　　　　　★★

　（答）　転縁組をした者は，最終の養親と離縁した時だけ，氏の変動があります。本例の場合は，最終の養親との離縁ですから，縁組前の氏「西川」を称し（民816条1項本文），縁組前の戸籍に入籍します（戸19条1項本文）。縁組前の戸籍が除かれているとき，又は新戸籍の編製を希望したときは，縁組前の氏で新戸籍を編製します（戸19条1項但書）。7年以上の縁組期間があれば，離縁の際に称していた氏「木村」で新戸籍を編製することもできます（民816条2項，戸73条の2）。

⑼　設問⑺の例で，木村及び川口と離縁しますが，川口とは7年以上縁組が継続していたため，養子は離縁後に，川口の氏を名乗りたいと言っています。それはできるでしょうか。　　　　　　　　　　　　　　　　　★★★★★

　（答）　最終の養親「木村」との離縁が含まれていますから，養子は縁組前の氏を称し（民816条1項本文），縁組前の戸籍に入籍します（戸19条1項本文）。縁組前の戸籍が除かれているとき，又は新戸籍の編製を希望したときは，縁組前の氏で新戸籍を編製します（戸19条1項ただし書）。7年以上の縁組期間があれば，離縁の際に称していた氏で新戸籍を編製することもできます（民816条2項，戸73条の2）。

　　本例の場合は，「川口」との縁組が7年以上継続しているので，「川口」を名乗りたいとの希望です。では，離縁届の順番で「離縁の際に称していた氏を称する届（戸73条の2）」について考えてみましょう。

●①川口との離縁②木村との離縁の順番で離縁する。

　①の川口との離縁は，最終の養親との離縁ではありませんから，養子の

戸籍に変動はありません。②の「木村」との離縁は，最終の養親との離縁ですから，民法上の氏は，縁組前の氏の「西川」になります。たとえ，戸籍法73条の2の届出をしても，離縁の際に称していた氏は「木村」ですから，呼称上は「木村」にしかなりません。称する氏は，「西川」又は「木村」ということになります。

●①木村との離縁②川口との離縁の順番で離縁する。

①の木村との離縁は，最終の養親との離縁ですから，民法上の氏は，縁組前の氏「西川」になります。たとえ，戸籍法73条の2の届出をしても，離縁の際に称していた氏は「木村」ですから，呼称上も「木村」にしかなりません。その後②の川口と離縁したとしても，「川口」との離縁は最終の養親との離縁ではありませんから，養子の戸籍に変動はありません。やはり，称する氏は「西川」又は「木村」ということになります。

したがって，本例の場合は，養子は，離縁後に「川口」を名乗ることはできません。離縁後も「川口」を称したいときは，西川，木村と離縁した上で，最後に川口と離縁しない限り，離縁後に「川口」を名乗ることはできません。

～婚姻・離婚（婚姻取消し）～

全問正解20点

次の場合，Aは，民法上だれの氏を称し，戸籍はどのようになりますか。

(1) 山田太郎とAは，夫の氏「山田」を称して婚姻します。山田太郎は筆頭者です。　★

（答）　民法750条の規定により，Aは，婚姻の際に定めた夫の氏「山田」を称し，山田太郎筆頭の戸籍に入籍します（戸16条1項但書・16条2項）。

(2) 夫と死別した妻A（筆頭者の配偶者だった者）は，復氏することなく，妻の氏の再婚をします。　★★

（答）　夫の氏で婚姻し，夫が筆頭者である戸籍に入籍していた配偶者が，夫が死亡した後，復氏することなく妻の氏を称した再婚をした場合，後夫は，死亡した夫が筆頭者である戸籍（妻が在籍する現在の戸籍）に入籍するのではありません。婚姻の際に定めた氏（民750条）の者が筆頭者になりますから，新たに妻筆頭者の夫婦の戸籍が編製されることになります（戸16条1項）。Aは，死別した夫の氏（婚氏）を称したまま，後夫と婚姻したことになります。

(3) Aは，韓国国籍の者と婚姻します。Aは現在，父母の戸籍に入っています。　★★

（答）　外国人には「日本の氏」の概念がありませんから，外国人との婚姻には民法上の氏の変動は伴いませんが，婚姻することによって，日本人Aにつき新戸籍が編製されます（戸16条3項本文）。

(4) 夫と死別した妻A（筆頭者の配偶者だった者）は，復氏することなく，夫の氏の再婚をし，再婚相手と離婚します。　★★★

（答）　婚姻の際に氏を改めた者は，離婚により，民法上婚姻前の氏に復し（民767条1項），婚姻前の戸籍に入籍します（戸19条1項本文）。婚姻前の戸籍が除かれているとき，又は新戸籍編製を希望したときは，婚姻前の氏で新戸籍を編製します（戸19条1項但書）。離婚後も，離婚の際に称していた氏を称したい場合は，離婚時に称していた氏で新戸籍を編製することもできます（民767条2項，戸77条の2）。本例の場合，Aの婚姻前の氏は，死別した前夫の氏ですが，転婚者が離婚した場合は，直前の死別した配偶者の氏も

名乗れるし，その前の実方の氏も名乗れるとされています（昭和23・1・13民事甲17号通達）。これは，離婚した後に死別した夫の氏を名乗らずに，実方の氏を名乗る意思表示は，「離婚届」の中に「復氏届」の効果が含まれているとみる考えからです。したがって，Aは離婚により，民法上婚姻前の氏または実方の氏を称して復籍あるいは新戸籍編製をすることもできますし，又は戸籍法77条の2の届出によって，離婚の際に称していた氏で新戸籍を編製することもできます。

(5) 夫山田太郎の氏を称して婚姻したAは，離婚と戸籍法77条の2の届出をして，離婚の際に称していた氏「山田」で，新戸籍を編製しました。その後，Aは再び同一人と夫の氏の婚姻をしました。再度Aは離婚します。　★★★

（答）　離婚により復する氏は，原則として婚姻の従前の氏です。本例の場合は，一度目の離婚の際に，戸籍法77条の2の届出によって，離婚の際に称していた氏を称し，再び離婚した同一人と婚姻しています。婚姻の従前の氏は，戸籍法77条の2で名乗った氏が記載されています。したがって，Aは今回の離婚により，婚姻前の氏「山田」を称し（民767条1項），婚姻前の戸籍に入籍します（戸19条1項本文）。婚姻前の戸籍が除かれているとき，又は新戸籍編製を希望したときは，婚姻前の氏で新戸籍を編製します（戸19条1項但書）。ただし，婚姻前の氏が「山田」，離婚の際に称していた氏も「山田」ですから，戸籍法77条の2の届出はできません。

(6) 日本人と婚姻している中国人Aが，帰化しましたが，Aは帰化の際に氏を創らずに，日本人の夫の氏を称して，夫の戸籍に入籍しました。この度，夫と離婚しますが，夫と同じ氏で新戸籍を編製することを希望しています。★★★

（答）　外国人が日本国籍を取得したときは，日本の氏を創設します（昭和25・6・1民事甲1566号通達）が，本例のように，帰化時に既に日本人と婚姻していて，夫婦の協議により，その日本人配偶者の氏を名乗る場合は，帰化者本人は「氏」の設定をすることをせず，筆頭者である日本人の戸籍に入って，その氏を名乗ります。そんな状態で離婚した場合には，帰化したときに氏を設定していないため，離婚の際に，初めて「自分の氏」を設定するのです（昭和23・10・16民事甲2648号回答）。自分の希望の氏を設定できますが，離婚した筆頭者と同じ氏を設定するとしても，戸籍法77条の2の届出は必要ありません。したがって，Aは離婚の際に氏を創設し，離婚届に新本籍と創設した氏（夫と同じ氏）の氏名を記載すれば，夫と同じ氏で，自己の新戸籍が編製されます。

(7) 夫の氏を称して婚姻したＡ（筆頭者の配偶者）は，婚姻中に母方の祖母と養子縁組をしました。その後，Ａは夫と離婚します。　★★★

（答）　離婚により復する氏は，原則として婚姻前の氏ですが，婚姻後，縁組をしている場合は，実方の氏（生来の氏）より，養親の氏（縁氏：転縁組している場合は最終の養親の氏）が優先するため，縁組をした養親の氏に復します。したがって，本例の場合，Ａは，離婚により民法上婚姻前の氏（優先する養親の氏・祖母の氏）を称し（民767条１項），婚姻前の戸籍（養親の戸籍）に入籍します（戸19条１項本文）。婚姻前の戸籍（養親の戸籍）が除かれているとき，又は新戸籍編製を希望したときは，婚姻前の氏（養親の氏）で新戸籍を編製します（戸19条１項但書）。離婚後も，離婚の際に称していた氏を称したい場合は，離婚時に称していた氏で新戸籍を編製することもできます（民767条２項，戸77条の２）。

(8) 妻の氏で婚姻した夫婦の離婚調停が成立しました。申立人は妻です。届出期間内に，妻は離婚届を提出しました。離婚届の「婚姻前の氏にもどる者の本籍」欄には，夫Ａが新戸籍を編製するとして，新本籍と筆頭者が記載されています。　★★★

（答）　協議離婚の場合は，夫と妻双方が届出人になるため，離婚よって，婚姻前の氏に復する者は，戸籍法19条１項の規定により，婚姻前の戸籍に復籍するか（戸19条１項本文），婚姻前の氏で新戸籍を編製するか（戸19条１項但書），又は離婚の際に称していた氏で新戸籍を編製するか（民767条２項，戸77条の２）を，意思表示により選択することができます。しかし，裁判による離婚の場合は，その申立てをした者が，裁判確定後，10日以内に届出をすると定められているため，届出人は，裁判を提起した夫又は妻となり，必ずしも，戸籍の変動の意思表示をするべき者が届出人になるわけではありません。本例の場合も，申立てをした妻（筆頭者）が届出人であるため，戸籍の変動についての意思表示をすべき夫Ａは届出人ではありません。この場合は，戸籍法30条３項の規定により，離婚によって，夫Ａは婚姻前の氏に戻り，婚姻前の戸籍に復籍します。もとの戸籍が除籍されている場合は，もとの戸籍と同所同番地に新戸籍を編製する取扱いになります。たとえ，「婚姻前の氏にもどる者の本籍」欄に，新戸籍の表示がされていても，応じることはできません。ただし，「その他」欄に，夫Ａが署名押印をして，新本籍の申出をした場合は，Ａの意思表示によって新戸籍を編製することができます（昭和53・7・22民二4184号通達）。

〜氏の異同〜

全問正解20点

次の者の民法上の氏は同じですか，違いますか。

(1) 嫡出でない子と，その子を認知した父の氏は？　★

（答）　嫡出でない子は母の氏を称し（民790条2項），母の戸籍に入籍します（戸18条2項）。たとえ，父が認知しても，子の氏は変わりません。したがって，嫡出でない子と認知した父の氏は，民法上違う氏です。

(2) 父母の戸籍に入籍している子2名（兄と妹）の氏は？　★★

（答）　民法では，親子の氏（民790条1項・2項・810条）と夫婦の氏（民750条）は同じであると規定されていますが，兄弟姉妹の氏が同じであるとする規定はありません。したがって，兄と妹の氏は，民法上違う氏と考えるほかありません。

(3) 未婚の中田A子は，子が生まれたため，父母である中田夫妻の戸籍から出て，母につき新戸籍を編製し，子を入籍させました。祖父母である中田夫妻と，生まれた子の氏は？　★★

（答）　民法では，親子の氏（民790条1項・2項・810条）と夫婦の氏（民750条）は同じであると規定されていますが，祖父母と孫の氏が同じであるとする規定はありません。したがって，中田夫婦と孫の氏は，民法上違う氏と考えるほかありません。

(4) 父母婚姻中の戸籍に入籍している子の母が，夫（子の父）と離婚して，戸籍法77条の2の届出で，離婚の際に称していた氏「山田」で新戸籍を編製しました。子と母の氏は？　★★

（答）　離婚することによって，婚姻の際に氏を改めた者は，民法上婚姻前の氏に戻ります（民767条・771条）。たとえ戸籍法77条の2の届出で，離婚の際に称していた氏を呼称上名乗っていても，民法上の氏（ゆで卵の中身）は婚姻前に戻っています。本例の場合も，母は，民法上婚姻前の氏に戻っているということです。したがって，父母婚姻中の戸籍（父筆頭者の戸籍）に在籍している子と，離婚によって新戸籍を編製した母は，呼称上同じ「山田」を称していても，民法上の氏は違います。

(5) 「山田」を称する母と子の戸籍があります。このたび，母が再婚し「川口」になりましたが，離婚して，離婚の際に称していた「川口」の氏で新戸籍を編製しました。もとの「山田」の戸籍に在籍している子と，離婚後の「川口」の氏の母は？　★★★

(答)　離婚することによって，婚姻の際に氏を改めた者は，民法上婚姻前の氏に戻ります（民767条・771条）。たとえ戸籍法77条の2の届出で，離婚の際に称していた氏を呼称上名乗っていても，民法上の氏（ゆで卵の中身）は婚姻前に戻っています。本例の場合も，母は，民法上婚姻前の氏に戻っているということです。

一方，子は，母の婚姻前の戸籍に在籍していますから，婚姻前の戸籍に在籍している子と，婚姻前の氏に戻った母は，呼称上の氏は，それぞれ「山田」と「川口」ですが，民法上は同じ氏だということになります。

(6) 父母の氏「山田」を称する子の母が死亡し，父は再婚したので，後妻が，その戸籍に入籍しました。後妻と子は，同籍内で養子縁組をしました。子の父と，その戸籍に在籍し，養子となった子の氏は？　★★★

(答)　民法810条本文では「養子は，養親の氏を称する。」と規定されています。同籍内で縁組をした場合，戸籍の変動がないので，養親の氏を称しているという実感がありません。しかし，縁組により入籍すべき養親の戸籍（戸18条3項）が，たまたま縁組前の戸籍と同一戸籍だったので戸籍の変動がなかっただけで，民法上の氏は養親（後妻）の氏に変わっています。また，同籍内で縁組をした養子が，養母との縁組後に称する氏は，実親（父）と養親（養母）が婚姻中の場合は，「父と養母の氏」を称することになりますから（昭和26・9・4民事甲1787号通達），父と子は民法上同じ氏だということになります。

(7) 山田太郎が，海野C男D子夫婦（C男筆頭者）と縁組をしました。養子の太郎は，海野C男と離縁しました。太郎は海野D子との縁組が継続しているため，戸籍に変動はありません。戸籍筆頭者の海野C男と，太郎の氏は？　★★★

(答)　民法810条本文では「養子は，養親の氏を称する。」と規定されています。本例の場合は，太郎は，海野C男と離縁したので，縁組継続中の養母の海野D子とは民法上の氏が同じですが，離縁した海野C男とは，たとえ，太郎が海野C男筆頭の戸籍に在籍していたとしても，民法上の氏は違うということになります。

(8) 韓国国籍の「朴正夫」と婚姻した陸田Ｂ子は，戸籍法107条２項の氏変更の届出で，外国人配偶者の氏「朴」を名乗りました。その後２人の子どもが生まれました。このたび，Ｂ子は夫と離婚し，戸籍法107条３項の氏変更の届出をして，「陸田」の氏で新戸籍を編製しました。前の「朴Ｂ子筆頭の戸籍」に在籍している子と，「陸田Ｂ子」となった母の氏は？　　　★★★★

(答)　外国人には「日本の氏」の概念がありませんから，外国人との婚姻には民法上の氏の変動は伴いませんが，婚姻することによって，日本人（陸田Ｂ子）につき新戸籍が編製されます（戸16条３項本文）。また，戸籍法107条２項の規定によって，民法上の氏（ゆで卵の中身）が変わらなくても，呼称上，外個人配偶者の称する氏（ゆで卵の殻）「朴」に変更することができます。

　その後，離婚したときは，戸籍法107条３項の規定により，呼称上の氏（ゆで卵の殻）を，元の氏に戻すことができます。これら氏の変更は，すべて呼称上の氏の変更であって，婚姻，離婚を経ても，民法上の氏は一貫して変わっていません。したがって，戸籍法107条３項の氏変更前の「朴Ｂ子筆頭の戸籍」に在籍している子と，同法の氏変更後，「陸田Ｂ子」となった母の氏は，民法上同じということになります。

文字の仕組み（メカニズム）「力試し問題」 解説編

いずれも実務でよく出会う文字です。しっかり確認しましょう！

/100

文字の仕組み（メカニズム）「力試し問題」1　解説

	文字	解説	更・訂
1	邉→辺	通達別表の文字から常用漢字表の通用字体。	更正
2	カナヘ→カナエ	旧仮名使いから新仮名遣い。	更正
3	眞→真	規則別表二の二から常用漢字の通用字体。	更正
4	閒→間	康熙字典体から常用漢字の通用字体。	更正
5	禄→禄	同じ規則別表二の一なので変更できない。	×
6	伴→伴	康熙字典体から常用漢字の通用字体。	更正
7	辻→辻	規則別表二の一から通達別表の文字には変更できない。	×
8	罔→岡	誤字から常用漢字の通用字体。	訂正
9	淵→渕	規則別表二の一から通達別表の文字には変更できない。	×
10	齋→斎	辞書で正字とされている文字から常用漢字の通用字体。	更正
11	藪→薮	辞書で正字とされている文字から通達別表の文字には変更できない。	×

	文　字	解　説	更・訂
12	桒→桑	通達別表の文字から常用漢字の通用字体。	更正
13	鈴→鈴	常用漢字の通用字体のデザイン上の差の文字なので変更できない。	×
14	渚→渚	同じ規則別表二の二なので変更できない。	×
15	静→靜	俗字から辞書で正字とされている文字。なお，「静」への更正もできる。	訂正
16	逢→逢	規則別表二の一から通達別表の文字には変更できない。	×
17	西→西	常用漢字の通用字体から俗字へは変更できないが，もともと「西」であり，昭和58年3月22日から平成6年11月30日までの間に市区町村長限りで「西」に変更されていた場合は「更正」できる。	条件付き更正
18	滿→満	辞書で正字とされている文字から常用漢字の通用字体。	更正
19	冨→富	規則別表二の二から常用漢字の通用字体。	更正
20	耒→来	俗字から常用漢字の通用字体。	訂正
21	西→西	俗字から常用漢字の通用字体。	訂正
22	曾→曽	規則別表二の二から常用漢字の通用字体。	更正
23	祐→祐	同じ規則別表二の一なので変更できない。	×
24	巳→己	巳と己とは字種を異にする別字であるので，変更はできない。	×
25	邊→邉	辞書で正字とされている文字から通達別表の文字には変更できない。	×
26	漣→漣	規則別表二の一から通達別表の文字には変更できない。	×
27	壽→寿	規則別表二の二から常用漢字表の通用字体。	更正
28	靜→静	辞書で正字とされている文字から常用漢字の通用字体。	更正
29	祇→祇	規則別表二の一から通達別表の文字には変更できない。	×

	文　字	解　説	更・訂
30	淺→浅	辞書で正字とされている文字から常用漢字の通用字体。	更正
31	巳→己	巳と己とは字種を異にする別字であるので，変更はできない。	×
32	栁→柳	通達別表の文字から常用漢字の通用字体。	更正
33	髙→高	通達別表の文字から常用漢字の通用字体。	更正
34	檜→桧	同じ規則別表二の一なので変更できない。	×
35	禱→祷	同じ規則別表二の一なので変更できない。	×
36	彌→弥	規則別表二の二から常用漢字の通用字体。	更正
37	𠮷→吉	俗字から常用漢字の通用字体。	訂正
38	凜→凛	同じ規則別表二の一なので変更できない。	×
39	禮→礼	規則別表二の二から常用漢字の通用字体。	更正
40	塚→塚	辞書で正字とされている文字から常用漢字の通用字体。	更正

文字の仕組み「力試し問題」2　解説

設問 1

「鶴田」(父) と「鶴田」(子)

（戸籍の動き）
父の戸籍　　昭和48年4月1日転籍により編製　平成16年5月1日コンピュータ改製
子の戸籍　　平成3年11月22日婚姻により新戸籍編製　平成16年5月1日コンピュータ改製

●父の戸籍の文字について
　父の戸籍は，昭和48年4月1日に新たに編製されました。戸籍の文字について，その当時は，記載されている文字をそのまま記載する取扱いでしたので，戸籍には「鶴田」と記載されました。その後変動することなく，平成16年5月1日にコンピュータ改製されました。コンピュータ改製当時の文字の取扱いは，平成6年7005号通達による，変更後の平成2年5200号通達で運用されていましたから，コンピュータ改製後も，その時点で使用できる俗字の「鶴」で編製されました。

●子の戸籍の文字について
　子の戸籍は，平成3年11月22日，婚姻により新戸籍が編製されました。このときの戸籍の文字の取扱いは，平成2年5200号通達が発せられ，戸籍の変動の際には，「誤字」も「俗字」も対応する正字に置き換えて記載する取扱いでしたから，子は俗字の「鶴」に対応する正字の「鶴」で記載されたのです。その後，同じくコンピュータ改製をしたのですが，父と子の氏の文字は，編製された当時の文字に関する取扱いが違っていたために，親子で文字が違うという結果になりました。

●窓口の対応
　文字の歴史の経緯を分かりやすく説明した上で，次のような対応をしましょう。
　もし，子が父と同じ「鶴田」に変更したい場合は，平成2年5200号通達で，俗字を正字に変えられてしまっていたものを，俗字が使用できるようになった平成6年7005号通達（変更後の5200号通達）に合わせて，元の「俗字」に戻す更正申出ができますから，子夫婦から申出書を提出してもらいます。
　また，父が正字の「鶴」に変更したい場合は，俗字から正字への訂正申出ができ

ますから，父夫婦から申出書を提出してもらいます。

　以上のことを十分説明し，どうするかは相談者に選んでもらいましょう。

設問 2

「吉田」と「吉田」

（戸籍の動き）
昭和45年6月23日　　○○町に新戸籍編製　　氏は「吉田」
昭和60年3月23日　　転籍により△△市に新戸籍編製　　氏は「吉田」
平成18年10月14日　　△△市がコンピュータ改製　　氏は「吉田」

　相談者は，昭和45年6月23日に○○町に新戸籍を編製しましたが，その当時の文字の取扱いは，記載されている文字をそのまま記載する取扱いですから，戸籍には「吉田」と記載されました。その後△△市への転籍で再び新戸籍が編製されたのですが，昭和58年3月22日から「吉」と「吉」はデザイン上の差であるとされたために，デザイン上「吉」を使用していた△△市では，氏の文字を「吉田」と記載しました。その後，相談者については戸籍の変動がなかったために，コンピュータ改製後も「吉田」と記載されています。

　デザイン上の文字は，「同じ文字」と認識されていますから，互いに更正や訂正の対象にはなりません。しかし，「吉」については，平成6年7005号通達による変更後の5200号通達では，「吉」はデザイン上の文字から「俗字」に変更されました。デザイン上の差とされていた当時に「吉」と変更された場合には，「吉」が俗字とされ，また俗字が使用できるようになった変更後の5200号通達に合わせる「更正申出」が可能です。

　「吉」から「吉」に変更したい場合は，筆頭者と配偶者の署名押印のある申出書を提出してもらうことになります。

　　※　設問の場合は，相談者は，「吉田」と記載されている氏の文字を「吉田」に変更することだと考えられますが，「吉」が本来の正字ですから，窓口では「吉田」と記載された経緯を十分説明したうえで，必要な資料を渡しながら，通帳の文字を「吉田」に変更してもらえるように促すことも必要でしょう。

設問 3

「河邊」と「河邊」

（戸籍の動き）
昭和32年9月2日婚姻により新戸籍編製　　氏は「河邊」
婚姻前の従前戸籍　　氏は「河邊」

　相談者は，昭和32年9月2日に新戸籍を編製していますが，その当時の文字の取扱いは，記載されている文字をそのまま記載する取扱いですから，「河邊」を「河邊」と記載した市区町村に取扱いの誤りがあります。このような場合は，市区町村長限りの職権訂正ができますが，昭和32年から長年にわたって「河邊」を使用している相談者にとって，「河邊」に変更することで支障がある場合が考えられます。今後の社会生活に支障がなく，元の「河邊」に訂正したいとの申出があれば，その旨の申出書をもらった上で，職権訂正書を作成し，申出書と婚姻前の戸籍を添付して，市区町村限りの職権訂正をすることになります。ただし，訂正をするということは，当該戸籍から婚姻等により戸籍が変動した者全員に影響が及ぶため，その氏を名乗っていて別戸籍になっている者全員からも，申出書をもらう必要があります。

設問 4

「凜」と「凛」

（法令と子の名の動き）
平成16年7月7日誕生　→「凜」ちゃん
平成16年9月27日民一2665号通達　子の名に使える漢字が大幅追加
平成16年10月○日誕生　→「凛」ちゃん

　平成16年9月27日民一2665号通達で，戸籍法施行規則60条2号別表二の改正に伴う，平成2年5200号通達の一部改正がありました。この改正により子の名に付けられる文字が大幅に増えたという経緯があります。相談者の子が生まれたのは，平成

16年7月7日です。出生届の14日の届出期間を考えると，出生届は法改正前に提出されたと考えられます。「凛」の文字は，残念ながら法改正前は子の名に付けられる文字ではありませんでした。3か月後に生まれたご近所の子どもは，「凛」の文字が子の名に付けられるようになった法改正後の取扱いが適用されたのです。

　さらに，法改正後「凛」と「凜」は，同じ規則別表第二の一になりましたから，互いに更正できる文字ではありません。

　相談者には気の毒ですが，その経緯を話した上で，変更するには，家庭裁判所で「名の変更許可」を得て，名の変更届（戸107条の2）を提出する必要があることを説明しなければなりません。名の変更には名を変更する「正当な事由」が必要です。子が普段「凛」の文字を使用していること，法改正の狭間で希望の名が付けられなかったことは，正当な事由として考慮されることと思われます。

戸籍訂正の仕組み（メカニズム）「力試し問題」　解説編

　ここまで「戸籍訂正」について，あるいは「取消し」「追完」について，詳しく勉強してきました。訂正の種類を知ることで，戸籍訂正の概要が見えてきます。また，戸籍訂正と取消し，追完との関係を知ることで，窓口の相談者に対して適切なアドバイスをすることができます。

　では，勉強した力をチェックしてみましょう。

／100

■訂正の種類【各3点】

No.	事　　例	訂正の種類
1	15歳以上の子の養子縁組について，子の親権者が代諾をした。	戸114条
2	出生届の誤記により，生年月日が間違って記載されている。	戸113条
3	婚姻届の送付漏れにより，事件本人について複本籍が生じている（届書廃棄済）。	戸24条2項
4	妻の意思がない離婚届が受理されて，戸籍に記載されている。	戸116条
5	父母離婚後，家庭裁判所の許可を得ないで入籍届をした。	戸114条
6	婚姻届が受理されたが，受理の時点で夫が死亡していた。	戸114条
7	出生届に記載した出生子の名が，誤記されている（届書廃棄済）。	戸24条2項
8	転籍届を原籍地と新本籍地の両方に届出した。	戸規43条
9	離縁協議者が，離縁後法定代理人となるべき者ではなかった。	戸114条
10	届書が正当であるにもかかわらず，従前戸籍の筆頭者の氏を誤記した（届書保存中）。	市区町村長限りの職権訂正
11	婚姻届で，妻の氏を称するつもりが，誤って「夫の氏」欄にチェックをして届出をした。	戸113条
12	未成年養子との離縁で，夫婦共同離縁をすべきところ，誤って夫婦の一方と離縁する届出をした。	戸114条
13	妻から離婚の不受理申出をしていたにもかかわらず，夫が提出した離婚届が誤って受理された。	戸24条2項
14	認知した父は，真実の父ではなかった。	戸116条
15	離婚した同一人との婚姻で，夫婦間の未成年の子について，婚姻届に「共同親権に服する旨」の記載を遺漏した。	戸113条
16	離婚届に，夫婦間の未成年の子の親権者指定の記載があるにもかかわらず，親権事項を遺漏した（届書保存中）。	市区町村長限りの職権訂正
17	婚姻届に新本籍の地番号を「24番地1」と記載したが，「24番地」で編製した（届書保存中）。	市区町村長限りの職権訂正
18	一方の意思がない養子縁組。	戸116条
19	管外転籍した後に，他市町村にされた転籍前の本籍が記載された養子縁組届による記載。	戸規41条
20	嫡出子と父との親子関係がなかった。	戸116条

■窓口相談【各10点】

設問 1

●代諾権のない者がした15歳未満の養子についての縁組届に基づく戸籍記載の訂正について

　代諾権のない者がした縁組届は当然に無効であり，戸籍記載上明らかなので，戸籍法114条（創設的届出の無効）の戸籍訂正手続によります。この記載は法律上許されない無効原因のある届出ですから，発見した市区町村長は，届出人に「届出が無効である旨の通知」を送ります（戸24条1項，戸規47条・附録18号様式）。この通知により，届出人に家庭裁判所での戸籍訂正の手続が必要である旨を知らせるのですが，その通知ができないとき（届出事件本人が収監されている場合等），又は通知しても訂正手続をしないときは，無効であることが戸籍記載上明らかなので，管轄法務局の長の許可を得て，市区町村長の職権で戸籍訂正記載をします（戸24条2項）。

　　※　この事例の場合，正しい代諾者が追認（追完届（戸45条））をすることで，届出を当初から有効にすることができます（昭和25・9・12民事甲2467号通達）。

設問 2

●災害により（滅失）再製された戸籍に対する訂正申請への対応

　市区町村長の過誤による戸籍訂正は，職権訂正することができますが，訂正をする場合には，市区町村の過誤によるものであると証明するものが必要です。本事例の場合は，災害により戸籍が再製されていることから，申出人が言うように，当初の戸籍に記載されていたものを，市区町村が誤って記載したのかもしれませんが，受附帳も廃棄されていて，市区町村の過誤であると認定するものがありません。このような場合は，利害関係人が家庭裁判所に申立てをし，主張する生年月日であることを証明するもの（へその緒の箱書や，出生時の証言などを書いた申述書など）の提示をしたうえで戸籍訂正許可の審判を得る必要があります（戸113条）。審判確定後1か月以内に（戸115条），審判書謄本と確定証明書を添付し，申し立てた者が，戸籍訂正申請書を，事件本人の本籍地あるいは申請人の所在地の市区町村長に提出することになります（戸25条）。

設問 3

●検察庁からの通知を受けた虚偽の届出について

　本事例の検察庁からの通知は，戸籍法24条3項に該当する通知です。通知を受けた市区町村長は，届出人又は届出事件本人に「あなたの戸籍の認知の記載は無効なので，所定の手続をしなさい。」という趣旨の文書で通知します（戸24条1項，戸規47条・附録18号様式）。しかし，その通知ができないとき（届出事件本人が収監されている場合等），又は通知しても訂正手続をしないときは，違法であることが検察庁からの通知によって明らかなので，管轄法務局の長の許可を得て，市区町村長の職権で戸籍訂正記載をします（戸24条2項）。

設問 4

●婚姻届と本人の意思の確認について

　創設的届出においては，届出をする意思が最も重要な要件です。また，その意思は届出をする時点で存在していなければなりません。届出をする時点で意思が存在しなかった場合は，たとえ戸籍に記載されたとしても，その届出は当然無効であり，戸籍訂正が必要です。意思の存否は戸籍記載上明らかではなく，また，親族法上大きな影響を及ぼす戸籍訂正ですから，戸籍法116条の確定判決による戸籍訂正をすることになります。

　では，婚姻届出当時に成年被後見人であった事件本人の届出を受理した市区町村に過誤があるのでしょうか。創設的届出については，届出人が，たとえ成年被後見人であったとしても，届出があった場合は成年後見人の同意を必要とせず（民738条），意思が存在するものとして受理する取扱いになっていますから，意思の存否を確認できる立場になかった市区町村には過誤がなかったことになります。

　したがって，この場合の戸籍訂正手続は，利害関係人が家庭裁判所に申立てをし，戸籍法116条の確定判決による戸籍訂正手続をし，確定後に審判書謄本（判決の謄本）と確定証明書を添付し，事件本人の本籍地又は申請人の所在地に戸籍訂正申請書を提出することになります（戸25条）。

第三段　対外試合

～窓口実践問題～　解説編

　ここでは，窓口で様々なケースに対応できるように，設問に関係する広い範囲の解説を行っています。解説のすべてに正解する必要はありません。最後には結論を導き出していますから，採点の際には，設問の主旨についての根拠，及び考え方が合っていれば正解とします。

　また，窓口対応で最も大切な，相手の話を聞き取る訓練として，「会話から見えてくるもの」，「会話と戸籍から見えてくるもの」を著者なりの観点で掲載しています。会話の中に潜む「先入観」や「思い込み」を払拭して，確実に状況把握をしてください。

　設問の中に，「推理する力」を磨く問題が含まれています。これは，推理して検証することを繰り返していると，「戸籍を見る力」が，飛躍的にアップするからです。「戸籍記載を見れば，身分行為の流れが手に取るように分かる」。そうなれば，一人前です。

　では，採点してみましょう。不正解した問題については，解説を読んでから，翌日に再びチャレンジしてください。解説を読んだときに混乱していた頭の中が，ひと晩寝ると整理されています。人間の頭脳はよくできているんですね。

／100

設問 1　祖父母と孫の縁組　解説　★★★★★

会話から見えてくるもの
・来庁者の希望は，直系卑属（孫）を養子とすることである。
・養子となる者は，15歳未満の未成年である。
・子の父母は，子の親権者を父と定めて離婚している。
・子の単独親権者であった父は，死亡している。
・親権者死亡後，未成年後見人の選任をしていない。
・来庁者は，未成年後見人とは何か，また誰が未成年後見人になるのかを質問している。

来庁者の疑問に答えながら，縁組を成立させるためにはどうしたらよいかを考えていきましょう。

1　未成年後見人の役割とは何か

未成年者が成人するまでの間，身上監護，財産管理の面で，必ず親権者（民818条・819条）が必要です。しかし，何らかの理由で親権者がいなくなった場合，その親権者に代わる者が必要になります。それが，「未成年後見人」です（民838条～840条）。未成年後見人は，「親の立場」ではありませんが，基本的に親権と同様の権利義務を有します。たとえ戸籍に「未成年後見人の記載」がなくても，親権者がいなくなったときに，既に後見は始まっています。未成年者は，切れ間なく保護されなくてはいけないからです。しかし，遺言又は家庭裁判所での未成年後見人の審判の謄本を添付して戸籍の届出をしないと，法的な代理行為はできません。

2　未成年後見人の選任の手続はどうしたらよいか

この事例の場合の手続は，親権者の死亡による「選定後見人選任手続」（民840条）ということになりますから，家庭裁判所に未成年後見人選任の申立てをして，選任後は未成年後見人選任の審判書謄本（戸83条2項）を添付して，就職の日から10日以内に，未成年後見開始届をする必要があります（戸81条）。

3　縁組代諾者はだれか

15歳未満の子を養子とする場合の縁組代諾者について考えてみましょう。

15歳未満の子を養子とするときは，その法定代理人が代諾すること（民797条）と定められています。縁組代諾者は，その時点の養子の法定代理人（親権者や未成年後見人：民818条・819条・838条～840条）です。

　それぞれの法定された代諾者は，次の通りです。実例を挙げて検討してみましょう。

●ケース１（民818条の親権者が代諾者）
　①　父母の親権に服している子が，母方の祖父母と縁組をします。縁組代諾者は「親権者父母」です。
　②　母の親権に服している子が，さらに別の者（女性）と縁組をします。縁組代諾者は「親権者母」です。

●ケース２（民819条の親権者が代諾者）
　①　子の親権者を母と定めて，父母が離婚し，子は祖父母と縁組します。縁組代諾者は「親権者母」です。
　②　子の父は死亡し，現在母が単独で親権を行っている場合に，子が叔父夫婦と家庭裁判所の許可を得て縁組します。縁組代諾者は「親権者母」です。
　③　嫡出でない子の親権者が，父母の協議で父になっている場合に，子が祖父母と縁組します。縁組代諾者は「親権者父」です。

●ケース３（民838条～民840条の未成年後見人が代諾者）
　子の親権者を母と定めて父母が離婚しましたが，単独親権者であった母が死亡し，親権を行う者がないため，祖父が未成年後見人に選任されている場合に，子が家庭裁判所の許可を得て，叔母と縁組をします。縁組代諾者は「未成年後見人」です。

●ケース４（民826条１項の特別代理人が代諾者）
　縁組に利益相反が生じる場合は，家庭裁判所で特別代理人を選任し，特別代理人が縁組代諾者になります。

　本事例の場合は，単独親権者であった父が死亡しているため，**ケース３**の未成年後見人が代諾者になるケースですが，次のような場合も考えられます。

　家庭裁判所では，請求により「子の福祉」に配慮して未成年後見人を選任します。本事例の場合には，現在，祖父母が子を監護していますから，祖父又は祖母が未成年後見人に選任される場合が考えられます。もし，祖父又は祖母が未成年後見人になった場合，養子縁組をするにあたって，養父母が祖父母であり，代諾者も未成年後見人に選任された祖父あるいは祖母ということになり，同一人であるため「利益相反」が生じます。この場合は，前記**ケース４**のように家庭裁判所で特別代理人を

選任し，特別代理人が縁組代諾者になります（民826条1項）。また，後見人が被後見人を養子とする場合は，あわせて家庭裁判所の許可も必要になります（民794条）。

※ 未成年後見人として，祖父母ではない人が選任された場合は，**ケース3**の未成年後見人が代諾者となり，民法795条ただし書（直系卑属との縁組）による縁組として，家庭裁判所の許可は必要ありません。

4 結 論

本事例の場合は，子の親権者であった父が死亡しているため，未成年後見人を選任し，その未成年後見人が縁組代諾者となりますが（民838条），未成年後見人に祖父又は祖母が選任された場合は，「利益相反」が生じるため，特別代理人を選任し，その者が縁組代諾者となります（民826条）。

また，未成年後見人に祖父又は祖母が選任された場合には，民法794条の規定に基づき，縁組には家庭裁判所の許可が必要になります。

その他の未成年養子の要件は，次の通りです。

〇夫婦が共同で縁組する（民795条）。

〇代諾者とは別に監護者がいる場合に，その監護者の同意が必要（民797条2項）。

窓口では，これらのことを十分説明した上で，相談者に判断を委ねることになります。

設問 2　養女の嫡出でない子との縁組　解説　★★★★

> **会話から見えてくるもの**
> ・来庁者の希望は，養女の子を養子とすることである。
> ・子は嫡出でない子であり，母（養女）の親権に服している。
> ・母（養女）が縁組したのは2年前である。
> ・養子となる子は4歳である。
> ・来庁者と担当者は，養女の子は孫であると考えている。

ここで，縁組成立の実質的要件を考えてみましょう。

①　お互いに縁組をする意思があること（民802条1号）。

②　養親となる者は成年（民4条）であること（民792条）。ここでいう成年は，婚姻で成年とみなされる者も含む（民753条）。

③　養子が養親より年上でないこと（民793条）。

④　養子が養親の尊属（親族図で上の位置にある人）でないこと（民793条）。

⑤　養子が養親の嫡出子でないこと……養子が同一の養親と縁組をしていないこと（昭和23・1・13民事甲17号通達）。

⑥　後見人が被後見人を養子とするときは，家庭裁判所の許可が必要であること（民794条）。

⑦　配偶者のある者が縁組をするには，その配偶者の同意を得て縁組をすること（民796条）。

⑧　配偶者のある者が未成年を養子とするときは，配偶者がその意思を表示できない場合を除き，配偶者とともに縁組をすること（民795条本文）。ただし，配偶者の嫡出子との縁組は，夫婦共同で縁組しなくてもよい（民795条ただし書）。

⑨　養子となる者が未成年であるときは，家庭裁判所の許可があること（民798条本文）。ただし，養親になる者の直系卑属（孫やひ孫）や，養親になる者の配偶者の直系卑属（妻や夫の子など）との縁組は，家庭裁判所の許可は必要ない（民798条ただし書）。

⑩　15歳未満の子が養子になるときは，その法定代理人が代諾すること（民797条1項）。

⑪　代諾する親権者とは別に「監護者」がいる場合は，その監護者の同意があること（民797条2項）。

本事例の相談者の場合を考えてみましょう。

この縁組については，15歳未満の子と，その子の母の養母との縁組ですが，子は未成年であるため，養母に配偶者がいる場合には，配偶者とともに共同縁組をする必要があります（前記要件⑧，民795条）。さらに，養子になる子は15歳未満ですから，法定代理人である親権者母が，縁組の代諾者となります（前記要件⑩，民797条）。

それでは，未成年養子の要件である前記⑨の家庭裁判所の許可の要否について考えてみましょう。要件の「民法798条ただし書」には，養親になる者の直系卑属（孫や，ひ孫）を養子とする場合には，家庭裁判所の許可は不要だとされています。相談者も「私の孫だ」と言っていますが，法的には，果たして孫に当たるのでしょうか。

それはNOです。民法809条では「養子は，縁組の日から，養親の嫡出子の身分を取得する。」とされています。養女となったAさんは，2年前にBさんと縁組しています。その縁組前に生まれた4歳の子は，法的には，Bさんの孫ではありません。本事例の場合は，家庭裁判所の許可を得て縁組をすることになります。

根拠条文をしっかり読み解くことは，戸籍実務をする上で不可欠です。担当者は，養子縁組をすることにより，養子と養親の間には親子関係ができる効果があること（民809条）を知っていましたが，条文の読み取りが不十分だったために，本事例のような落とし穴に落ちてしまうことになりました。

なお，家庭裁判所の許可を得ないで縁組をした場合は，民法798条の要件を欠いた届出として，縁組の取消し原因になります（民807条）。

また，本事例の養子縁組が家庭裁判所の許可を得て成立した場合は，養子は養親の氏を称し（民810条），養親の戸籍に入籍し（戸18条3項），子の親権者は，実母から養親に移り（民818条2項），子と実母は縁組上での兄弟姉妹になります。

設問 3　出生子が入る戸籍と名乗る氏　解説　★★★★

> **会話から見えてくるもの**
> ・出生子は，届出人父の初めての子どもである。
> ・出生子は，平成22年9月1日に生まれた嫡出子である。
> ・子の父は，平成22年9月3日に縁組し，戸籍が変動している。

　出生による氏の取得は，次のように定められています。

出生子	氏の確定	戸籍の確定	戸籍のかたち
民772条1項の嫡出子	民772条1項 民790条1項本文	戸18条1項	父母の氏を称し，父母の戸籍に入籍。
民772条2項の離婚（婚姻取消し）後300日以内の嫡出子	民772条2項 民790条1項ただし書	戸18条1項	父母の氏を称し，父母離婚の際（婚姻中であった当時）の戸籍に入籍。
婚姻後200日以内の出生子で，嫡出子として出生届をした子	大判昭和15・1・23民集19巻1号54頁	戸18条1項	民法772条の嫡出推定は受けないが，判例の認めるところに従い，父母の氏を称し，父母の戸籍に入籍。
父母婚姻前に出生し，戸62条「認知の届出の効力を有する出生届」をした子	民789条2項 民790条1項	戸62条 戸18条1項	出生時は嫡出でない子であるが，父母の婚姻後，「認知の効力を有する出生届（父又は父母が届出）」をすると，父母の氏を称し，父母の戸籍に入籍。
嫡出でない子	民790条2項	戸18条2項 戸17条	母の氏を称し，母の戸籍に入籍。母が戸籍の筆頭者でないときは，母は新戸籍を編製し，子を入籍させる。

　この定めに従って，父母あるいは母の戸籍に子を記載するのですが，子が入籍すべき戸籍は，「子が出生した日」を基点にします。
　本事例を考えてみましょう。
　父母は婚姻中で，婚姻年月日も問題ないようですから，民法772条1項の嫡出子として，父母の氏を称し，父母の戸籍に入籍します。ところが，子が出生した日は，

平成22年9月1日です。その日には父母は縁組前の「田中」の氏を称していました。その後、父が縁組をしたことにより、父母は「岩本」の氏で新戸籍を編製し、「田中」の氏の父母の戸籍は除籍になりました（注意：夫婦の初めての子どもだということで、縁組前の戸籍は除籍になっていると推測できますが、縁組前の戸籍が除かれているかの確認が必要です。ここでは、除籍になっていると仮定して解説します。）。子が入籍すべき戸籍は、出生の日を基点にすると、父母の縁組前の「田中」の戸籍ですから、除籍を回復し、末尾に子を記載することになります（昭和23・4・20民事甲208号回答）。その後、現在の父母の戸籍に入籍させるには、別途、入籍届（民791条2項・父母の氏を称する入籍届）が必要です。

　その後の対処法について考えてみましょう。

　いったん誤って受理した届書については、軽微なものについては符せん処理を行うこともできますが、本事例については、戸籍記載をする上での重大な不備がありますから、「追完届」が必要です。しかし、もし届出をした父が、他の手続のため、まだ庁内にいるようなら追いかけましょう。不備を補正してもらい（届書の子の氏を訂正し、父が縁組をする前の父母の戸籍の表示を第(六)欄に記載してもらう）、その後の入籍届についても説明しましょう。

　また、窓口で補正ができた場合は、出生届の「その他」欄には、次の記載が必要です。

> 平成22年9月4日父は岩本〇〇の養子となる縁組届出。
> 父母の現在戸籍の表示
> 石川県金沢市〇〇235番地　岩本浩二
> 　父の縁組前の戸籍（上記(六)欄）が、出生後届出前に除かれているため、同戸籍を回復した上、その末尾に出生子を入籍させる。

　窓口の状況によって、臨機応変に対応することも大切ですが、いったん受理した届出の重大な誤りの補完については、「追完届」によるのが原則です。すぐに不備の補正ができなかった場合は、別途「追完届」を提出してもらい、基本の届書（出生届）と合わせて正しい届書とした上で、戸籍記載をすることになります。その場合の追完届は、次のようになります。

　この「追完届」が完了するまで、戸籍の記載はできません。

【届書の不備をその場で補完できなかった場合の追完届】

追 完 届

金沢 市区町村 長 殿

平成22年9月16日届出

受付	平成 22 年 9 月 16 日	戸籍	
	第 1180 号	調査	

(一)	追完を要する届出事件	種類	出生届	届出の年月日	平成22年9月14日	基本届出事件の受付年月日及び受付番号	平成22年9月14日 第 1156 号
(二)		届出人	岩本 浩二				
(三)		事件本人 本籍	石川県金沢市〇〇235番地			記載 記載調査 送付	
		筆頭者氏名	岩本 浩二			住民票	
(四)		住所及び世帯主氏名	石川県金沢市〇〇二丁目5番3号			記載 通知	
(五)		氏名	岩本 あずさ			付票 記載 通知	
		生年月日	平成22年9月1日				
(六)	追完の事由		事件本人は父母の縁組前に出生したにもかかわらず，父母の縁組後の戸籍に入籍する出生届出をしたのは誤りであるので追完届をする。				
(七)	追完する事項		出生届の出生子の氏を「田中」と訂正し，第(六)欄に「石川県金沢市〇〇235番地筆頭者田中浩二と訂正した上，「その他」欄に次の記載をする。 「平成22年9月4日父は岩本〇〇の養子となる縁組届出。 父母の現在戸籍の表示 石川県金沢市〇〇235番地　岩本浩二 　父の縁組前の戸籍（上記(六)欄）が，出生後届出前に除かれているため，同戸籍を回復した上，その末尾に出生子を入籍させる。」				
(八)	添付書類						
(九)	届出人	本籍	(三)欄と同じ				
		筆頭者氏名	(三)欄と同じ				
		住所	(四)欄と同じ				
		届出人の資格及び署名押印	父　岩本 浩二　㊞岩本				
		生年月日	昭和58年12月24日				

（注意）
一　事件本人又は届出人が二人以上であるときは，必要に応じ該当欄を区切って記載すること。
二　(六)欄は，追完をするにいたった錯誤，遺漏の事情を簡明に記載すること。
三　(七)欄は，追完すべき箇所及び事項を簡明に記載すること。

設問 **4**　帰化した親子の戸籍　**解説**　★★★★★

> **会話から見えてくるもの**
> ・母と子が韓国国籍であったが、子が帰化し、その後母が帰化している。
> ・母と子は別戸籍であるが、同じ「川口」の氏を名乗っている。
> ・母は、帰化する前に夫（子の父）と死別している。
> ・子は単身者で、母と同籍することを希望している。

●帰化した親・子の氏と戸籍についての先例

　日本人として生まれた者が、出生によって称する氏は、担当者が考えたように、民法790条で定められています。嫡出子（民772条、大判昭和15・1・23民集19巻1号54頁）は、父母の氏を称し（民790条1項）、嫡出でない子は、母の氏を称します（民790条2項）。

　ところが設問の場合は、母子ともに生まれた時は韓国国籍であったため、日本人の「生来の氏の取得」とは違い、それぞれが日本への帰化によって初めて「日本の氏」を取得しました。外国人が帰化した場合は、帰化者本人が氏を創設します（昭和25・6・1民事甲1566号通達）。もし、母が先に帰化し、受け皿としての母の戸籍があったのなら、その後の子の帰化の際には、「母と同籍する希望」があれば、母子が同籍できたのですが、子が先に帰化して自己の氏を創設したために、母子は別戸籍になっています。

　民法では親子は同じ氏であると規定されていますが、帰化の届出の際に、たとえ同じ呼称の氏であるとしても、それぞれが「創設した氏」である場合は、果たして民法上の氏が同じなのかどうか、担当者が疑問に思うのは当然です。

　それでは、帰化した親子の氏と戸籍についての先例を見ていきましょう。

1　親と子がともに帰化の届出をする場合の氏と戸籍

　帰化した子が、届出に際して、特に異なる氏を選定しない限り、親の氏を称し、親の戸籍に入籍します（親が日本人の場合や親が先に帰化している場合も含まれます）。ただし、帰化した子に配偶者又は子がいるとき、あるいは帰化した子が、親と異なる氏を定めたときは、子につき新戸籍が編製されます（昭和25・6・1民事甲1566号通達第二の三）。

2　子が先に帰化した後の入籍について

① 子が先に帰化し、その後、父・母が帰化して、それぞれが新戸籍を編製した場合は、子が本籍を異にしていても、同じ氏であれば入籍の届出により父・母の戸籍に入籍できるとされています（昭和40・4・10民事甲782号回答）。

② 外国人が日本人を養子とした後に帰化したときは、養子に配偶者又は子がいる場合、あるいは分籍をした場合を除き、入籍の届出により養親の戸籍に入籍

できるとされています（昭和40・4・10民事甲781号回答）。
③ 昭和62年の民法一部改正により，これまで民法上の氏を異にする親子については，すべて家庭裁判所の許可が必要であったという取扱いが変更され，改正後の民法791条2項に，「子は，父母の婚姻中に限り，家庭裁判所の許可を得ないで，……父母の氏を称することができる。」とされました。また，この民法改正に伴い発せられた昭和62年10月1日民二5000号通達第5の1(1)では，民法791条2項及び戸籍法98条1項による入籍届の対象となる例のひとつとして，「父又は母の帰化」が挙げられています。

---

①〜③の先例の主旨

①②について

民法790条に定められた氏の取得は，日本人として生まれた子が「生来の氏」として取得するもので，帰化の際に創設した氏とは異なるものであると考えられます。帰化した親子の氏について，民法及び戸籍法には定めはありません。しかし，この先例の取扱いは，同一氏の親子が，同一戸籍に入る民法790条の原則に沿おうとする考え方から生まれたもので，民法，戸籍法に定めのない，法の隙間を埋めようとする，特別な取り扱いとしての入籍届出制度というべきものです（青木義人・大森政輔「全訂　戸籍法」417頁）。

したがって，先例の主旨から考えると，「帰化の届出の際に，親と子が同じ氏を創設した場合」であれば，たとえ本籍が違う場合でも，親子は民法上同じ氏であるといえます。

③について

①②の先例の主旨とは違い，③の先例は，民法791条に定められた「子が父・母と氏を異にする場合」の入籍届についての取り扱いを示しています。ここでは，あくまでも「帰化の届出の際に，親と子が異なる氏を創設した場合」の取り扱いを示したもので，同じ氏を創設した場合の取扱いではありません。

● **父（母）又は父母と同籍する入籍届について**

「同籍する入籍届」は，民法及び戸籍法には定めはありませんが，先例で特別に定められている家庭裁判所の許可を必要としない入籍届です。この「同籍する入籍届」は，親と子が，民法上同じ氏であるということが要件になっています。通常の入籍届は民法791条で定められ，戸籍法98条の手続によります。この民法791条の条文を読むと，「子が父又は母と氏を異にする場合には……」とありますから，民法上同じ氏の親子の場合は，民法791条で定められた入籍届ではなく，特別に先例で定めた入籍届になるということです。

● **結　論**

では，設問に戻りましょう。先に帰化した子と，後に帰化した母は，民法上の氏は同じなのでしょうか。

先に帰化した子と，後で帰化した母は，同じ「川口」の氏を創設しました。それぞれ帰化の際に自己の氏を創設していますが，前記で説明した2の①の先例の主旨から，母と子は民法上同じ氏であると考えられますから，家庭裁判所の許可を得ることなく「母と同籍する入籍届」で，母の戸籍に入籍できることになります。

設問 5　離婚届で復する氏　解説　★★★★

会話から見えてくるもの

・婚姻事項の従前の氏が「田辺」であるため，離婚後の新戸籍は「田辺」で編製した。
・婚姻事項の従前戸籍の筆頭者である母は，子が婚姻で除籍された後に，氏変更をして，現在の氏は「長谷川」である。
・窓口の女性は，離婚届提出の際に，離婚後の復する氏を「田辺」と指示した担当者が，誤った指示をしたと主張している。

離婚による氏の変動と戸籍の変動について考えてみましょう。

婚姻の際に氏を改めた者は，離婚により婚姻前の氏に復する（民767条）。また，離婚によって婚姻前の氏に復するときは，婚姻前の戸籍に入る（戸19条1項本文）。ただし，その婚姻前の戸籍が除かれているとき，又はその者が新戸籍編製の申出をしたときは新戸籍を編製する（戸19条1項但書）とされています。

窓口で離婚届を審査する際には，戸籍法77条の2の届出（離婚の際に称していた氏を称する届）を提出するとき以外は，婚姻事項の従前の戸籍筆頭者を見て，復籍する場合は復籍する戸籍を確認しますが，新戸籍を編製する場合には復する氏を確認するだけで，もとの戸籍が除かれているかどうかは確認しません。本事例の場合は，復する氏の筆頭者（復籍する戸籍）が，「氏変更」により，称している氏が変わっていました。もし，事件本人の女性が，「もとの戸籍にもどります」と言っていたら，従前戸籍である氏変更後「長谷川」の氏の母筆頭者の戸籍に復籍していたでしょう。しかし，女性は新戸籍を編製するとしたため，担当者は従前の戸籍を確認することなく，婚姻事項の従前の氏を確認して，離婚届に記載するように指示しました。復籍する場合は「長谷川」になるのに，新戸籍を編製した場合には「田辺」になるという矛盾を，女性は言いたかったのでしょう。

ここで，母がした「氏変更」について考えてみましょう。女性の母（従前戸籍の筆頭者）は，夫と離婚後，戸籍法77条の2の届出により，離婚の際に称していた氏（田辺）を称していました。いったん離婚の際に称していた氏を名乗った者は，その後，実方の氏にもどしたい場合は，家庭裁判所で氏変更の許可を得て「氏の変更届」（戸107条1項）を提出する必要があります。戸籍法107条1項の氏変更は，氏を変更しなければならない「やむを得ない事由」があるときに，家庭裁判所が許可するも

のです。この氏変更は，呼称上の氏の変更ではありますが，他の呼称上の氏変更（戸77条の2・73条の2・107条2項～4項）とは違い，「氏変更の効果は，同籍者にも及ぶ」という特徴を持っています。したがって，「田辺」の氏から婚姻により除籍された事件本人の女性にも氏変更の効果は及んでいると考えられますから，離婚後称すべき氏は「氏変更後の筆頭者の氏（長谷川）」です。つまり，「田辺」で編製した新戸籍は，間違いであったということです。

　では，この誤りを是正するためには，どうしたらよいのでしょうか。前掲の第二段第三章　戸籍訂正の仕組み　第二　職権訂正「責任の所在について」(63頁)を読んでください。戸籍は届書に基づいて記載されますが，その届書に誤りがあった場合は，届出人の責任となりますから，市区町村長が職権で訂正をすることはできません。利害関係人が家庭裁判所に申立てをし，戸籍訂正許可の審判（戸113条）を得た上で，戸籍訂正申請をすることになります。

　窓口では，離婚届出の際には，前述のように，離婚後に新戸籍を編製する場合は，婚姻事項の従前の戸籍筆頭者の氏を確認し，従前戸籍が現在どうなっているかを確認することはありません。窓口で女性が，「母が氏変更して長谷川になっている」と言っていれば，誤った取扱いは避けられたのでしょう。

設問 **6** 夫婦の筆頭者が養子になる縁組 [解説]　★★★★

会話と戸籍から見えてくるもの
・野山花子さんは，妻の氏を称する婚姻をして筆頭者になっている。
・野山花子さんは，前夫の死亡後に後夫と再婚している。
・野山花子さんの婚姻事項の従前戸籍の筆頭者は，実方の父母ではない者の氏名が記されている。
・養子縁組後には，養母の氏を名乗ることを希望している。

　設問の会話と，「会話と戸籍から見えてくるもの」を確認しましょう。来庁者野山花子さんの現在の戸籍は，妻の氏を称する婚姻で，花子さんが筆頭者です。また，花子さんは前夫と死別したあと，後夫と再婚したと考えられます。
　次に現在の戸籍で，妻の婚姻事項を確認しましょう。婚姻事項の従前戸籍の筆頭者は，実方の父母ではない者の氏名が記されています。また，花子さんは養子縁組をしているわけではありません。これは，花子さんが，前夫と夫の氏を称して婚姻し，前夫（筆頭者）と死別した後，復氏（民751条）しないまま後夫と婚姻したと推測できます。担当者は，妻の婚姻前の戸籍を確認する必要がありました。
　さて，花子さんの婚姻前の戸籍を確認した結果，前夫と死別した後，復氏しないまま後夫と再婚したことが確認できた場合について，根拠を踏まえて，詳しく分析していきましょう。
　夫の氏で婚姻し，夫が筆頭者である戸籍に入籍していた配偶者が，夫が死亡した後，復氏しないまま妻の氏を称する再婚をした場合，妻の氏を称する後夫は，死亡した前夫が筆頭者である戸籍（妻が在籍する現在の戸籍）に入籍するのではなく，妻を筆頭者とする新戸籍を編製します。これは，戸籍法に，婚姻の際に定めた氏（民750条）の者が筆頭者でない場合は，夫婦につき新戸籍を編製する，と定められているからです（戸16条1項）。ここで注目すべきは，妻は死別した夫の氏（婚氏：民750条）を称したまま，後夫と婚姻したということです。筆頭者である妻が縁組をすると，本来なら，夫婦の筆頭者が縁組をするのですから，養子になる妻は，養親（養母）の氏を称し（民810条本文），養子とその配偶者の戸籍が，新たに編製される（戸20条）ように思われますが，民法810条ただし書の規定により，「婚氏」を称している間は，「縁氏」を称しないため，前夫死亡後に復氏することなく，引き続き前夫の氏「婚氏」を称している妻（筆頭者）は，縁組をしても氏及び戸籍の変動はあり

ません。
　では，来庁者野山花子さんの希望をかなえるには，どうしたらよいのでしょうか。
　野山花子さんの希望は，「伯母と親子になること」と「伯母の姓を名乗ること」の２点です。このたびの養子縁組届では，花子さんの希望である「伯母と親子になること」（民809条）はできますが，婚氏を名乗っている間は，氏も戸籍も変動しないので（民810条ただし書），伯母の氏を名乗ることはできません。伯母の氏を名乗るためには，別途，復氏届（戸95条）が必要です。

設問 7 転籍届の不備の処理 〔解説〕 ★★★★★

会話から見えてくるもの
- 管外転籍で、添付の戸籍には、筆頭者と在籍者である子2人の記載があり、転籍届にも、その旨の記載がある。
- 転籍届は、平成23年1月15日に提出された。
- 転籍届で在籍者とされる子2人が、同年1月4日付で、母の氏を称する入籍届により除籍されているため、当該子について、複本籍が生じている。

　管外転籍には、戸籍謄本の添付が義務付けられています（戸108条2項）。これは、新戸籍を編製するにあたって、確実性を担保するものであると考えられますが、戸籍は身分行為によって変動しますから、本事例のように、戸籍謄本取得から転籍届出までの間に、添付した戸籍に変動が生じて、戸籍に錯誤が生じる場合があります。
　では、この錯誤を是正するための根拠を考えてみましょう。
　戸籍法施行規則41条に、このような本籍地変更後に届書類を受理した場合の取扱いが明記されています。この取扱いに従って、原籍地の川口市、及び新本籍地の金沢市の具体的な対応を示します。

●原籍地の川口市の取扱い
　送付された転籍届には、1月4日の入籍届によって、既に除籍されている子2人の記載がされていますから、この錯誤のある届書に基づいて、転籍による除籍の記載をすることはできません。届書の誤りについては、戸籍記載前であれば、原則としては届出人が追完届を提出するべきですが、戸籍法施行規則41条の主旨を踏まえて、戸籍記載の迅速かつ正確を期する観点から、追完届を待たずに職権で処理をすることになります。その方法は、戸籍事務取扱準則制定標準34条に定められた「付録第25号書式」の符せん処理によることになります。符せん処理の具体的な内容は、次のとおりです。

> 　　同籍者として記載のある長男「○○」及び長女「○○」は，平成23年1月4日に届出された母の氏を称する入籍届により除籍されているため，余事記載であるが，追完の届出をさせることなく，戸籍法施行規則第41条第1項の規定により処理をする。
>
> 　　　　　　　　　　　　　　川口市長　○○○○　[職印]
>
> [契印]

　原籍地である川口市は，上記の符せん処理をすることで，送付された届書の不備は補完されますから，転籍による除籍記載をすることができますが，もうひとつ忘れてはいけないことがあります。それは，新本籍地の金沢市への「通知」です。原籍地は届書に錯誤があることを発見しました。そして，その届書に基づいて，錯誤のある新戸籍が編製されていることを知っています。戸籍法24条3項では「裁判所その他の官庁，……その記載に錯誤若しくは遺漏があることを知ったときは，遅滞なく届出事件の本人の本籍地の市町村長にその旨を通知をしなければならない。」とされています。錯誤を発見した原籍地の川口市は，この規定に基づいて，新本籍地の金沢市に「貴市から送付された転籍届により，貴市が編製した戸籍に錯誤があると思われるので，戸籍法24条3項の規定に基づき通知します。」といった内容の通知文を送ります。通知文の様式は定められていませんので，本籍，筆頭者などの必要事項を明記して送付することになります。

● 新本籍地の金沢市の取扱い

　原籍地の川口市からの電話で，受理した当該転籍届には誤りがあることが判明しました。ところが，その誤って受理した届書に基づき，錯誤のある新戸籍が編製されています。いったん戸籍に記載されたものについては，戸籍訂正をするしかありません。この場合の戸籍訂正については，昭和42年5月19日付け民事甲1177号通達では，「従前の本籍地の市（区）町村長から戸籍法第24条第3項に規定する通知を受けたとき，又は事件本人から……訂正の申出があったときは，市区町村長限りの職権で……訂正をしてさしつかえない。」とされています。したがって，川口市から送付された通知文と正しい戸籍謄本（子が除籍済みの戸籍謄本）を添付し，職権訂正書を作成して，戸籍訂正を行うことになります。

　子2名の身分事項欄に，次の記載をして除籍します（親権事項の次に記載）。

消　　除　　　　【消除日】平成23年1月22日
　　　　　　　　【消除事項】戸籍の記録全部

【消除事由】母の氏を称する入籍届が転籍届受理前にされているため

設問 8　嫡出でない子と祖父母の縁組　解説　★★★★★

> 次のような養子縁組届が提出されました。嫡出でない子と，母の父母，つまり祖父母との縁組です。担当者は，民法798条ただし書の縁組として，家庭裁判所の許可を得ることなく，この届書を受理し，戸籍に記載しました。
> しかし，この縁組届には大きな間違いがあります。さて，その間違いはどこでしょうか。また，間違いが判明した後に，どのような対応をすべきかを，できるだけ詳しく解答してください。

15歳未満の養子縁組届については，養子の代諾者として，その時点の養子の法定代理人（親権者や未成年後見人：民818条・819条・838条～840条）が届出をします（民797条）。届出人は代諾者（戸68条）と養親です。また，法定代理人が父や母である場合に，別に「監護者」がいる場合は，その監護者の同意も必要です（民797条2項）。さらに，養親と代諾者が同一人である場合で，利益相反が生じる場合は，特別代理人を選任する必要があります（民826条1項）。

では，本事例の届書を見てみましょう。

子は，嫡出でない子です。嫡出でない子は，母が親権を行いますが，その母が未成年の場合，母が成人するまでは「母の親権者」が親権を代行します（民833条）。本事例の場合は母が未成年ですから，子の親権は祖父母が代行しています。縁組代諾者は，縁組の時点の法定代理人ですから，この場合は祖父母が子の法定代理人です。しかし，祖父母が代諾者となると，養父母と代諾者の親権代行者（祖父母）が同一人となり，利益相反が生じます（民826条1項）。家庭裁判所で特別代理人を選任し，養子の縁組代諾者となります（注意：母が一度でも婚姻し，成年擬制（民753条）している場合は，親権者は母となるため利益相反は生じず，この届書は有効です。）。

本事例の縁組届は，縁組の代諾権のない者がした届出ですから，もし，誤って受理されて，戸籍に記載された場合は，民法797条1項の要件を欠く届出として当然に無効です。この場合は，戸籍記載上，無効が明らかなので，届出人が家庭裁判所に戸籍法114条（創設的届出の無効）の申立てをして，戸籍訂正許可の審判の後，審判書及び確定証明書を添付して，申立人から戸籍訂正申請書を提出することになり

ます。

　なお、無効が発覚したときには、市区町村長から戸籍訂正の申立てをすべき者(本事例の場合は養父母)に対して、戸籍法24条1項の通知(違法・錯誤・遺漏の通知)を送りますが、通知をしても戸籍訂正の手続をしない場合は、「無効であること」が、戸籍を見て明らかなので、管轄法務局の長の許可を得て、市区町村長の職権で戸籍訂正することになります(戸24条2項)。

　ただし、本事例の「届出の無効」に関しては、「届出の追完」が可能です(昭和25・9・12民事甲2467号通達)。後日、家庭裁判所で特別代理人を選任して、「追完届」を提出して、追完事項を戸籍に記載することによって、無効原因は解消され、正当な届出となります(昭和33・4・23民事二発204号回答)。

設問 9　親権者指定の届出人　解説　★★★

会話から見えてくるもの

- 相談者の子は、嫡出でない子で、父に認知されている。
- 子の母は16歳、認知している父は18歳である。
- 現在、子の親権は母の親権者が代行している。また、認知した父も未成年であるため、父母の親権に服している。
- 相談者は、子の親権者を母から父に変更することを希望している。

子の親権について、担当者の考えを確認していきましょう。

子は嫡出でない子ですから、民法で、親権者は母である、と法定されています（民819条4項）。一方、嫡出でない子の母が未成年者である場合は、母の親権者が親権を代行しています（民833条）。いずれも法定されているため、戸籍には親権者の記載はありません。

現在の親権者については、担当者の判断は間違っていません。

では、この相談事例では、担当者は、「親権者指定届」だと考えていますが、それは正しいかどうか、窓口に提出される親権に関する届出についての代表的な届書である「親権者指定届」と「親権者変更届」を確認していきましょう。

親権者指定届（民819条3項・4項・5項）

「親権者指定」とは、まだ親権を決めていない場合や、出生時に法律で定められる親権者を、父母の協議によって親権者を定める場合に届出するものです。既に父母の協議によって親権者を定めている場合に、これを他方に定めるには、「親権者変更」になりますが、親権者の変更については、家庭裁判所の許可を得てすることになります。

親権者指定は、協議（親権届に父母の署名押印すること）で行いますが、協議で決まらない場合は、裁判（調停、審判等）で定めることになります（民819条6項）。

親権者指定には、次の場合があります。

(1) 嫡出でない子は、母が親権者になっていますが、父が認知して、父を親権者にする場合（民819条4項・5項）。

(2) 離婚後300日以内の出生子は、母が親権者になっていますが、父を親権者にする場合（民819条3項・5項）。

(3) 父母の代諾で縁組した養子が離縁する時点で，父母が離婚しているときに，離縁した養子が未成年である場合（父母が協議して，どちらが離縁後の親権者になるか定める。この場合は，親権者指定の届出をする（民811条3項）。）。

親権者変更届（民819条6項）

親権者変更は，裁判（調停，審判等）によって，親権者を他の一方に変更することです。

父母あるいは養父母が離婚し，単独親権になっている場合に，子の利益のために必要があると認められるときは，子の親族の請求によって，家庭裁判所が，親権者を他の一方に変更することになります。

以上のように，本事例の場合は，「親権者指定届」の(1)に当てはまりますから，担当者の考え方は間違っていません。

それでは，担当者が悩んでいる「親権者指定届」をするにあたって，届出人は誰になるのかということですが，民法819条4項の条文を読んでみましょう。「父が認知した子に対する親権は，父母の協議で父を親権者と定めたときに限り，父が行う。」と規定されています。たとえ父母が未成年であっても，同項の規定によって，父母が「親権者指定届」を届け出ることによって，父が親権者となるということです。

悩んだときは，根拠となる条文を何度も読みましょう。必ず，答えが見えてくるはずです。

設問 10 養子が離縁後にもどる戸籍 解説 ★★★★

会話から見えてくるもの

- 男性Aは，単身者のとき父の後妻と縁組し，その後，自己の氏を称して婚姻している。
- Aは，その後離婚し，現在は単身者である。
- Aは離縁後，元の父筆頭者の戸籍に復籍することを希望している。

● 「分籍の効果」について

　婚姻によって氏を改めなかった者（夫の氏婚姻の夫，または妻の氏婚姻の妻）は，婚姻前の戸籍から分籍（戸100条）した効果があるとみなされます。この場合は，たとえ離婚して単身者となっても，「同籍する入籍届」などで，婚姻前の父または母の戸籍に戻ることはできません。これは，分籍の意思表示をしたにもかかわらず，元の戸籍にもどれるようにすれば，何度も分籍，入籍を繰り返す事態も考えられ，戸籍実務上好ましくないと考えられるからです。

　さて，本事例について考えてみましょう。父の後妻と養子縁組をした相談者は，縁組当時は単身者でしたから，民法810条によって，養親の氏を称し，養親の戸籍に入籍します（戸18条3項）。縁組前の父の氏から縁組後の養母の氏に変動しますが，入籍する戸籍は，たまたま養子と養母は同じ戸籍であったために，同籍内の縁組として，戸籍の変動はありませんでした。

　ここで注意することがあります。民法810条本文の規定では，「養子は，養親の氏を称する。」とされていますが，実親と養親が婚姻中であれば「実親と養親の氏を称している。」とする先例があります（昭和26・9・4民事甲1787号通達）。同籍内で縁組した相談者は，父及び養母（父の後妻）の氏を称して，父筆頭の戸籍に入籍していたことになります。その後，相談者は自己の氏を称して婚姻しました。ここで先ほどの「分籍の効果」を考えてみましょう。父及び養母の氏を称していたAは，父筆頭の戸籍から自己の氏を称して婚姻したのですから，父の戸籍から分籍した効果があるということになります。

●離縁による氏と戸籍の変動

　離縁により，養子は縁組前の氏に復します（民816条1項本文）。ただし，夫婦と養子縁組した養子は，一方の養親と離縁しても氏の変動はありません（民816条1項ただし書）。また，7年以上縁組を継続していれば，離縁の際に称していた氏を引き続

き称することができます（民816条2項，戸73条の2）。戸籍の変動については，戸籍法19条1項で，「縁組前の氏に復するときは，縁組前の戸籍に入る。但し，その戸籍が既に除かれているとき，又はその者が新戸籍編製の申出をしたときは，新戸籍を編製する。」と定められています。

●相談者Aは父の戸籍に復籍できるか

　Aは，単身者のときに，同籍内で父の後妻と縁組し，その後，自己の氏を称して婚姻し，その後離婚し，単身者になりました。Aは縁組前の，もとの戸籍にもどりたいと希望していますが，果たしてもどれるのでしょうか。

　相談者Aは，婚姻の際に氏を改めなかったので，前述の父の戸籍からの「分籍の効果」がはたらき，たとえ養母と離縁したとしても，もとの戸籍（父筆頭の戸籍）にもどることはできません。養母との離縁により養子Aは縁組前の氏（父の氏）を称し（民816条1項本文），新戸籍を編製します。縁組前の氏（父の氏）と離縁時称していた氏（父及び養母の氏）は，呼称上同じなので，戸籍法73条の2の届出はできません。

設問 11　失踪届で除籍された者の死亡届　[解説]　★★★★

会話から見えてくるもの
・死亡届の事件本人は，失踪届によって，既に除籍されている。
・事件本人が在籍していた戸籍は，既に除かれている。

　失踪宣告（民30条）の裁判は，利害関係人からの請求により，家事審判法９条１項甲類４号の手続で行われます。審判が確定すれば，官報等に公示され，申立人は，審判書謄本及び確定証明書を添付して，市区町村長に，失踪届をしなければなりません（戸94条）。

　失踪届がされると，失踪者は「死亡したものとみなされる」ために，戸籍に失踪事項を記載し，除籍されることになります。普通失踪（民30条１項）は，失踪したとき（生死の情報が途絶えたとき）の翌日から起算して７年後，危難失踪（民30条２項）は，危難が去った時に，死亡したものとみなされます（民31条）。

　失踪宣告は，生死の情報が途絶えて長年にわたっている，あるいは災害や事故に遭って，死亡している可能性が非常に高い場合に行う裁判手続ですが，死亡を現認したわけではありませんから，失踪届によって死亡したとみなされた者が生きていたり，また，違う日時に死亡していたりする場合があります。このような場合は，本来なら，家庭裁判所で「失踪宣告取消し」の手続を行う必要があります。生存していた場合は，その後の社会生活のために，まず，本人又は利害関係人が「失踪宣告取消し」の手続を行う必要がありますが（民32条１項），違う日時に死亡していた場合は，失踪宣告を取り消す必然性がないために，「失踪宣告取消し」の手続をせずに，死亡届がされる場合があります。このように，「失踪宣告取消し」の手続をせずに死亡届が提出された場合であっても，その死亡届は受理して，戸籍に死亡の記載をするのが相当とされています（昭和29・２・23民事甲291号通達）。なお，失踪事項の記載は，別途，失踪宣告取消しの審判が確定し，その届出（戸94条）により削除することになります。

　本事例では，事件本人が在籍していた戸籍が除かれているため，その戸籍をいったん回復し，事件本人の身分事項欄の失踪宣告事項の次に，死亡事項を記載し，同日付で消除することになります。

　また，死亡届を受理した非本籍地（川越市）では，「その他」欄に次の処理が必要です。

> 　事件本人は，○年○月○日失踪宣告により除籍され，その後戸籍が除かれているため，(7)欄に記載した戸籍を回復し，死亡の記載をする。

　戸籍には，失踪宣告による「死亡とみなされる」という記載と，死亡事項の記載が併記された奇妙な戸籍記載にはなりますが，失踪宣告による記載は，「失踪宣告取消し」の手続をしない限り，消除することはできません。
　なお，戸籍記載例は次の通りです。

【事件本人の戸籍の戸籍事項欄】

戸籍回復	【回復日】平成23年4月22日
	【回復事由】戸籍消除の記載錯誤
戸籍消除	【消除日】平成23年4月22日

【事件本人の身分事項欄】（死亡の記載：失踪事項の次に）

死　　亡	【死亡日】平成23年4月19日
	【死亡時分】午後3時10分
	【死亡地】埼玉県川越市
	【届出日】平成23年4月20日
	【届出人】家屋管理人　清水太郎
	【送付を受けた日】平成23年4月22日
	【受理者】埼玉県川越市長

設問 12　嫡出でない子の離縁と，離縁後の親権者の記載　解説　★★★★

会話と戸籍から見えてくるもの

- 離縁する子は，嫡出でない子で，現在16歳である。
- 子が親権者母の代諾で養父と縁組した後，養父と実母が婚姻しているため，嫡出でない子ではあるが，実母とは縁組していない。
- 養父と実母は，婚姻継続中である。
- 養子の縁組前の戸籍は，除籍になっている。

まず，戸籍の変動について考えてみましょう。

養子は離縁により，縁組前の氏を称し（民816条1項），縁組前の戸籍に入籍します（戸19条1項本文）。縁組前の戸籍が除かれているとき，又は新戸籍編製を希望したときは，縁組前の氏で新戸籍を編製します（戸19条1項但書）。7年以上の縁組期間があれば，離縁の際に称していた氏で新戸籍を編製することもできます（民816条2項，戸73条の2）。離縁による戸籍は，以上のように変動します。

本事例の場合は，縁組前の戸籍が除籍になっているため，養子は，離縁により縁組前の氏で新戸籍を編製するか，又は縁組期間が7年以上経過しているので，離縁の際に称していた氏で新戸籍を編製することもできます。

次に，離縁後の親権事項の記載について考えてみましょう。

未成年の子にとって，「親権」は最も大切なものです。親権者の表示に関しては，①戸籍に親権者の表示をしないもの，②各届書に記載して親権者を明示するもの，③「親権届」を提出して親権者を明示するもの，の3種類があります。親権者の表示があるなしに関わらず，私たちは常に親権者の把握が必要ですが，戸籍実務においては，法定されているもの，つまり戸籍を見て当然に分かるものは，親権者の記載はしません。

親権事項の記載がされない例としては，次のようなものがあります。

1　父母共同親権（民818条1項・3項）

　婚姻した父母の間に生まれた嫡出子は，当然に，父母が共同で親権を行うので，親権者の表示はしません。

2　養父母共同親権又は養父（養母）の親権（民818条2項）

　養子縁組をすると，当然に，親権者は養父母あるいは養父（養母）になるので，親権者の表示はしません。

3　養父（養母）と実母（実父）の共同親権（民818条3項）

　　前夫（前妻）との間に子がある母（父）が再婚し，その再婚相手と子が養子縁組をして，子が夫婦の戸籍に入籍した場合，当然に，養父（養母）と実母（実父）の共同親権になりますから（昭和23・4・21民事甲967号回答），親権者の表示はしません。

　（注）　戸籍に記載が不要なのは，養子の戸籍に変動があった場合だけですので，注意してください。

4　共同親権に服していたが，実父母又は養父母の一方が死亡した場合（民818条3項ただし書）

　　当然に，生存している方の実父（母）あるいは養父（養母）が親権を行うので，親権者の表示はしません。

5　嫡出でない子の母の親権（民819条4項）

　　嫡出でない子は，出生すれば当然に，母が親権を行うので，親権者の表示はしません。

　　嫡出でない子の親権者は母（民819条4項）ですが，その母が未成年の場合，母が成人するまでは「母の親権者」が親権を代行します（民833条）。この場合も，親権の表示はしません。

　では，本事例に当てはめてみましょう。Aは，縁組前，嫡出でない子であったため，前記5の「母の親権」に服していました（法定されているため，親権事項の記載不要）。次に，縁組により前記2の「養父の親権」に服しました（法定されているため，親権事項の記載不要）。そして，養父と実母の婚姻によって「養父と実母の共同親権」に服しました（この場合は，上記3の（注）で述べたように，養父と実母が婚姻時に，養子に戸籍の変動がなかったので，養父と実母の婚姻届の「その他」欄に，養父と実母の婚姻による共同親権の旨の職権記載が必要です）。

　さて，離縁による親権事項について考えてみましょう。子は，養父との離縁により「嫡出でない子」になります。嫡出でない子の親権は，前記5のとおり法定されていますから，記載は不要ということになりますが，たとえ親権の記載がなくても，離縁後は母の親権に服することになります。

設問 13　嫡出でない子の離縁　解説　★★★★

　15歳未満の養子が離縁をするときは，離縁後にその法定代理人となるべき者が，養子に代わって離縁の協議（届出）をすることとされています（民811条2項〜5項）。

　民法811条2項〜5項，及び民法826条（利益相反が生じる場合）の離縁協議者については次の通りです。

　1　離縁後親権者となるべき者が協議者になる（民811条2項）。
　2　離縁後親権者となるべき父母が離婚をしているため，離縁後の親権者を父母の協議で定めて，定められた親権者となるべき者が協議者になる（民811条3項）。
　3　離縁後親権者となるべき父母が離婚をしている場合，離縁後の親権者を父母の審判で定めて，定められた親権者となるべき者が，協議者になる（民811条4項）。
　4　離縁後の親権者がいないため，未成年後見人が協議者になる（民811条5項）。
　5　離縁に利益相反が生じるため，特別代理人が協議者になる（民826条1項）。

　では，本事例について考えてみましょう。

　現在，15歳未満の嫡出でない子が，母の代諾で母及び母の夫と共同縁組をしています。未成年の離縁においては，養父母が婚姻中であれば，養父母双方と離縁をしなければなりません（民811条の2）。養父母双方との離縁が成立した場合，親権者は縁組を代諾した実母になりますから，上記の協議者は民法811条2項の「親権者となるべき母」だと考えられます。しかし，本事例については養父との離縁と，養母との離縁を切り離して考える必要があります。

　まず，養父との離縁について，親権者となるべき母が離縁協議者となった場合は，上記1の民法811条2項の定めに従って，正当な届出人であるということです。

　ところが，養母との離縁については，養母と離縁協議者の「親権者となるべき母」が同一人となるために，利益相反が生じます。養子離縁において，「利益相反が生じるかどうか」は，「離縁によって，子に不利益が生じるか否か」で決まります。本事例では，離縁が成立することによって，子は養父母の共同親権から，母の単独親権になり，しかも嫡出でない子になります。子にとって大きな不利益になり，養母との離縁には利益相反が生じることになりますから，上記5の特別代理人を選任し，その特別代理人が，離縁協議者となります（民826条1項）。

　したがって，本届書には，離縁協議者の欄に，養母との離縁協議者である特別代理人の記載が遺漏しています。

　誤って受理した届書については，まだ戸籍記載前ですから，追完届が必要です。

家庭裁判所で特別代理人を選任して，その審判書を添付の上，次のような追完届をすることになります。なお，届書は追完届が完了するまで保管し，追完届の完了後に戸籍記載をします。

【追完届】

追 完 届

大阪府泉佐野 ㊞区市町村 長 殿

平成 25 年 1 月 12 日届出

受付 平成 25 年 1 月 12 日 第 187 号

(一)	種　類	養子離縁届	届出の年月日	平成24年11月15日	基本届出事件の受付年月日及び受付番号 平成24年11月15日 第 1520 号
(二)	届出人	川口武夫　川口浩美			
(三)	事件本人	本　籍	大阪府泉佐野市○○193番地		
		筆頭者氏名	川口武夫		
(四)		住所及び世帯主氏名	大阪府泉佐野市○○二丁目8番19号　川口武夫		
(五)		氏　名	川口翔二　　川口武夫　　川口浩美		
		生年月日	平成12年9月15日　昭和44年5月10日　昭和43年11月10日		
(六)	追完の事由	上記養子離縁届につき，届出をした離縁協議者川口浩美は養子川口翔二の実母であるが，養母との離縁について利益相反が生じるため，当該離縁には，特別代理人を選任し，協議者となるべきところ，誤って実母が協議者となり，届出をしたため。			
(七)	追完する事項	上記川口翔二と川口浩美の離縁につき，選任された特別代理人島田賢治が，養子に代わり離縁協議をする旨追認をする。			
(八)	添付書類	特別代理人選任の審判書謄本			
(九)	届出人	本　籍	京都府舞鶴市○○234番地		
		筆頭者氏名	島田賢治		
		住　所	京都府舞鶴市○○234番地		
		届出人の資格及び署名押印	特別代理人　島田賢治　㊞		
		生年月日	昭和25年11月11日		

（注　意）
一　事件本人又は届出人が二人以上であるときは，必要に応じ該当欄を区切って記載すること。
二　(六)欄は，追完を要するにいたった錯誤，遺漏の事情を簡明に記載すること。
三　(七)欄は，追完すべき箇所及び事項を簡明に記載すること。

設問 14　この戸籍，間違ってない？　解説　★★★★★

まず，花子の養子離縁事項に注目してください。「伊藤健二」との離縁となっています。「伊藤健二」は，下欄に記載された「さくらの父」です。

では，花子は養父と婚姻していたのでしょうか。養父と婚姻していたのであれば，民法736条に違反した婚姻障害に当たります。これは法的に正しくない戸籍なのでしょうか。いいえ，違います。この戸籍は，以下の経緯で出来上がりました。決して間違った戸籍ではありません。

平成16年11月12日　山田花子と伊藤健二は妻の氏の婚姻届出。山田花子筆頭の新戸籍編製（民750条，戸16条1項）。

↓

平成19年10月21日　山田花子，健二夫妻は協議離婚届出。健二は，婚姻前の氏「伊藤」で新戸籍編製（民767条1項，戸19条1項但書）。

↓

平成19年12月10日　山田花子は伊藤健二の養子となる縁組届出。花子は伊藤健二戸籍に入籍（民810条本文，戸18条3項）。山田花子戸籍は除籍。離婚した妻との養子縁組届は，婚姻障害（民736条）の逆パターンなので，法的には正しい。

↓

平成20年1月25日　花子は伊藤健二と協議離縁届出。花子は従前戸籍が除籍されているため，「山田」の氏で新戸籍編製（民816条1項本文，戸19条1項但書）。

↓

平成20年5月2日　山田花子と伊藤健二の離婚後300日以内に，嫡出子「さくら」出生（民772条2項）。父母婚姻当時の戸籍は既に除籍となっているため，当該除籍を回復させることなく，いったん除籍の末尾にさくらを記載し，ただちに伊藤健二との離縁により編製した「山田花子戸籍」に入籍させる（戸18条1項）。
　※　これは，離縁により編製された「山田花子戸籍」は，縁組により除籍となった戸籍と同じものだという考えからです。

設問 15　離縁届の届書の取扱いと戸籍記載　解説　★★★★

> **会話と戸籍から見えてくるもの**
> ・離縁する子は嫡出子で，15歳以上の未成年者である。
> ・母の再婚相手と縁組をしていた。
> ・養父と母の婚姻後に，戸籍の改製があった。
> ・縁組事項に従前戸籍の記載がない。

　まず，戸籍改製事項を見てください。「平成18年6月30日改製」となっています。次に，太郎と良子の婚姻事項を見てください。「平成16年6月30日婚姻」となっています。平成18年6月30日以前の「移記しない事項」は，このコンピュータ戸籍には記載されていないということです。
　ここで，参考として，戸籍改製や，管外転籍などで，「移記するもの」，「移記しないもの」を掲載します。

●移記するもの（戸籍が変動しても記載するもの）（戸規37条・39条）
戸籍事項欄　●氏の変更に関する事項
個　人　欄　●筆頭者が除籍されている場合の，筆頭者の名欄，父母欄，生年月日欄
身分事項欄　●出生事項　●嫡出でない子の認知事項（準正している場合は不要）
　　　　　　●継続中の縁組事項（養親は不要）　●継続中の婚姻事項　●未成年の親権，後見事項　●継続している推定相続人の廃除事項
　　　　　　●日本国籍の選択，宣言，外国国籍の喪失に関する事項　●名の変更事項　●性別の取扱いの変更に関する事項

○移記しないもの（戸籍が変動したら消えるもの）（戸規37条但書）
戸籍事項欄　○以前の新戸籍編製事項　○過去にした転籍事項　○戸籍の全部消除事項　○戸籍全部にかかる訂正，更正事項　○戸籍の再製，改製事項
個　人　欄　○筆頭者以外の者で，既に除籍されている者すべての事項
身分事項欄　○除籍された筆頭者の身分事項全部　○準正した子の認知事項　○成年に達した子の親権事項　○既に離縁した縁組事項　○既にした離縁事項　○既に離婚した婚姻事項　○既にした離婚事項

> ○既に取り消された身分事項　○既に無効になった身分事項
> ○国籍の取得に関する事項及び就籍に関する事項
> ○父母又は父（母）の氏を称する入籍事項
> ※　その他すべての事項欄において，訂正を施した訂正事項は移記しません。

　では，子の誠の縁組事項を見てみましょう。「従前戸籍」の記載がありません。これは，「同籍内で縁組した」からだと考えられます。誠は，山田太郎の戸籍にどのようにして入籍してきたのでしょうか。それは，母欄に「山田良子」の氏名が記載されていることから，良子の連れ子ではあるけれども，当初は山田太郎とは縁組せずに，家庭裁判所の許可を得て「母の氏を称する入籍届」をしたことが推測できます。この「入籍事項」は，移記事項ではありませんから，戸籍のコンピュータ改製の際には記載されなかったと考えられます。確かに入籍届によってこの戸籍に入籍したのか，また，その後，同籍内で縁組したかどうかは，コンピュータ改製前の改製原戸籍を確認する必要があります。このように，戸籍実務には，推理する力が必要とされる場合があります。しかし，推理した後は，必ず検証（確認）することが大切です。「この推理は間違いない」と確信しても，検証を怠ってはいけません。
　上記の検証が正しかったとして，山田太郎と誠が離縁した場合を考えてみましょう。
　戸籍法19条1項本文によると，離縁によって養子は縁組前の氏を称し，縁組前の戸籍に入籍すると定められています。しかし，同籍内の縁組で，縁組時に氏と戸籍の変動がありませんでしたから，離縁による氏や戸籍の変動はないということになります。山田太郎と誠の身分事項欄に，「離縁事項が記載されるだけ」です。山田太郎と離縁することで，誠と筆頭者山田太郎との親子関係は消滅しますが，母の氏を称して入籍しているため，引き続き母が在籍する山田太郎戸籍に入籍しているという状態になります。
　では次に，養子離縁届について考えてみましょう。誠は満15歳に到達していますので，離縁は養子，養父双方と，証人2名の署名押印で届け出ることができます。しかし，誠は未成年であるため，離縁後の親権者の表示が必要になります。親権事項は，届書の「その他」欄に，「この離縁により，養子誠は母の親権に服する。」と記載して，戸籍に職権で「母が親権者になった旨」の記載をすることになります。
　離縁後の戸籍は，次のようになります。

【離縁後の戸籍】

(2の1) 全部事項証明

本　　籍	鹿児島県鹿児島市○○234番地
氏　　名	山田　太郎
戸籍事項 　　戸籍改製	【改製日】平成18年6月30日 【改製事由】平成6年法務省令第51号附則第2条第1項による改製
戸籍に記録されている者	【名】太郎 【生年月日】昭和56年6月6日　　【配偶者区分】夫 【父】山田孝 【母】山田節子 【続柄】長男
身分事項 　　出　　生 　　婚　　姻 　　養子縁組 　　養子離縁	（省　略） 【婚姻日】平成16年6月30日 【配偶者氏名】川口良子 【従前戸籍】鹿児島県鹿児島市○○234番地　山田孝 【縁組日】平成21年7月13日 【養子氏名】山田誠 【離縁日】平成22年9月9日 【養子氏名】山田誠
戸籍に記録されている者	【名】良子 【生年月日】昭和52年5月2日　　【配偶者区分】妻 【父】川口次郎 【母】川口かおる 【続柄】長女
身分事項 　　出　　生 　　婚　　姻	（省　略） 【婚姻日】平成16年6月30日 【配偶者氏名】山田太郎 【従前戸籍】和歌山市新通二丁目3番地　川口良子
戸籍に記録されている者	【名】誠 【生年月日】平成7年5月2日 【父】○○○○ 【母】山田良子 【続柄】長男
身分事項 　　出　　生	【出生日】平成7年5月2日 【出生地】和歌山市 【届出日】平成7年5月7日 【届出人】父

発行番号　　　　　　　　　　　　　　　　　　　　　　　　　　以下次頁

養子縁組	【縁組日】平成２１年７月１３日 【養父氏名】山田太郎 【養親の戸籍】鹿児島県鹿児島市〇〇２３４番地　山田太郎 【代諾者】親権者母
養子離縁	【離縁日】平成２２年９月９日 【養父氏名】山田太郎
親　　権	【親権に服した日】平成２２年９月９日 【親権者】母 【記録日】平成２２年９月９日

（２の２）　全部事項証明

以下余白

※　養子山田誠は，母の氏を称する入籍届によりこの戸籍に入籍した後に，同籍内で縁組をしたため，戸籍に変動はありません。

発行番号

設問 16　離婚無効と重婚　解説　★★★★★

> **会話と戸籍から見えてくるもの**
> ・離婚届は，妻以外の者が提出したため，本人確認ができなかった妻に，離婚届が受理された旨の通知を送付した。
> ・妻は，現在のところ離婚の意思はなく，離婚届に署名押印をしていない。
> ・夫は，妻と離婚届出後，別の女性と婚姻している。
> ・妻は，離婚を無効とし，同時に夫の再婚も無効にしたいと希望している。

●離婚無効について

　協議離婚においては，当事者双方に離婚をする意思の合致がなければなりません（民763条，最判昭和34・8・7民集13巻10号1251頁）。当事者一方又は双方に離婚をする意思がなかった場合には，その届出は当然に無効です。しかし，窓口では形式的審査を行い，届書に不備がなければ受理せざるを得ません。いったん受理されて，戸籍に記載されたものは，たとえそれが無効の届出であったとしても，家庭裁判所に「無効」の申立てをして，裁判（審判又は判決）の確定後に戸籍訂正申請をしない限り，その記載を訂正することはできません。この訂正については，届出の意思があったかどうかについては戸籍記載上明らかではなく，また親族法上大きな影響を及ぼす戸籍訂正となりますから，確定判決を得てする戸籍法116条の戸籍訂正手続になります。

●離婚無効が成立した場合の「重婚」について

　夫は，離婚届を提出し，さらに別の女性と婚姻しています。もし，相談者と夫との間の離婚が無効になった場合は，相談者は離婚がなかったものとして，夫の戸籍に回復することになります。しかしここで，妻が2人いるという「重婚関係」が生じます。相談者は，離婚無効とともに，後婚についても「無効」にしたいと希望していますが，果たして後婚を無効とすることができるのでしょうか。民法732条では，重婚が禁止されています。しかし，この要件に違反した場合には，重婚は当然に無効ではなく，取消し原因になるとされています（民744条）。したがって，相談者は離婚無効の確定後は，後婚を無効にすることはできませんが，後婚について「婚姻取消し」を申し立てることができます。

●離婚無効の裁判確定後の戸籍訂正記載例

戸籍記載例は次のようになりますが，夫婦間の未成年の子の親権者指定事項がある場合は，あわせて訂正することになります（昭和34・8・31民事甲1934号回答）。

【離婚無効の裁判により，前妻を末尾に回復した戸籍】

(2の1) 全部事項証明

本　　籍	東京都中央区〇〇二丁目25番地
氏　　名	斎藤　克己
戸籍事項 　　戸籍改製	【改製日】平成18年6月30日 【改製事由】平成6年法務省令第51号附則第2条第1項による改製
戸籍に記録されている者	【名】克己 【生年月日】昭和56年6月6日　　【配偶者区分】夫 【父】斎藤次郎 【母】斎藤花子 【続柄】長男
身分事項 　　出　　生 　　婚　　姻 　　婚　　姻 　　消　　除	（省　略） 【婚姻日】平成16年7月7日 【配偶者氏名】坂口君子 【従前戸籍】東京都中央区〇〇二丁目25番地　斎藤次郎 【婚姻日】平成22年9月12日 【配偶者氏名】金沢美紀 【消除日】平成22年12月11日 【消除事項】離婚事項 【消除事由】妻君子との離婚無効の裁判確定 【裁判確定日】平成22年12月3日 【申請日】平成22年12月11日 【申請人】妻 【従前の記録】 　　【離婚日】平成22年9月12日 　　【配偶者氏名】斎藤君子
戸籍に記録されている者 除　籍	【名】君子 【生年月日】昭和52年5月2日 【父】坂口四郎 【母】坂口薫 【続柄】長女
身分事項 　　出　　生 　　婚　　姻 　　消　　除	（省　略） 【婚姻日】平成16年7月7日 【配偶者氏名】斎藤克己 【従前戸籍】石川県金沢市〇〇525番地　坂口四郎 【消除日】平成22年12月11日 【消除事項】離婚事項 【消除事由】夫克己との離婚無効の裁判確定 【裁判確定日】平成22年12月3日 【申請日】平成22年12月11日 【従前の記録】

(2の2) 全部事項証明

	【離婚日】平成２２年９月１２日 【配偶者氏名】斎藤克己 【新本籍】東京都中央区○○２３４番地
戸籍に記録されている者	【名】孝太 【生年月日】平成１７年５月２日 【父】斎藤克己 【母】斎藤君子
身分事項 　出　生 　消　除	（省　略） 【消除日】平成２２年１２月１１日 【消除事項】親権事項 【消除事由】父母の離婚無効の裁判確定 【従前の記録】 　【親権を定めた日】平成２２年９月１２日 　【親権者】母 　【届出人】父母
戸籍に記録されている者	【名】美紀 【生年月日】昭和５９年６月２１日　【配偶者区分】妻 【父】金沢一郎 【母】金沢新子 【続柄】長女
身分事項 　出　生 　婚　姻	（省　略） 【婚姻日】平成２２年９月１２日 【配偶者氏名】斎藤克己 【従前戸籍】東京都葛飾区○○３４番地　金沢一郎
戸籍に記録されている者	【名】君子 【生年月日】昭和５２年５月２日　【配偶者区分】妻 【父】坂口四郎 【母】坂口薫 【続柄】長女
身分事項 　出　生 　婚　姻	（省　略） 【婚姻日】平成１６年７月７日 【配偶者氏名】斎藤克己 【従前戸籍】石川県金沢市○○５２５番地　坂口四郎
	以下余白
	※　離婚無効により，離婚時に夫婦間の子の親権者を定めた親権事項についても，同時に消除します。また，斎藤克己の婚姻は重婚になります。重婚は，後婚について「取消し原因」になりますが，「取消しの裁判」が確定するまでは，後婚についても有効です。

発行番号

【離婚無効の裁判により消除した妻の戸籍】

除　　籍		全部事項証明
本　　籍	東京都中央区○○２３４番地	
氏　　名	坂口　君子	
戸籍事項 　戸籍編製 　戸籍消除	【編製日】平成２２年２月５日 【消除日】平成２２年１２月１１日	
戸籍に記録されている者	【名】君子 【生年月日】昭和５２年５月２日 【父】坂口四郎 【母】坂口薫 【続柄】長女	
身分事項 　出　　生 　消　　除	（省　略） 【消除日】平成２２年１２月１１日 【消除事項】離婚事項 【消除事由】夫斎藤克己との離婚無効の裁判確定 【裁判確定日】平成２２年１２月３日 【申請日】平成２２年１２月１１日 【従前の記録】 　　【離婚日】平成２２年９月１２日 　　【配偶者氏名】斎藤克己 　　【従前戸籍】東京都中央区○○二丁目２５番地　斎藤克己	
	以下余白	
	※　離婚による新戸籍編製は錯誤であるので，戸籍を消除します。	

設問 17　縁組代諾者の失敗　解説　★★★★

> **会話と戸籍から見えてくるもの**
> ・縁組する子は嫡出子で，15歳未満である。
> ・母の再婚相手との縁組である。
> ・子の父母は，親権者を父と定めて離婚し，その後親権者父は死亡している。
> ・父死亡後，未成年後見人は選任されていない。

　これは，「思い込み」による失敗です。担当者は，子を連れた母親を見て，「離婚の際には母が親権者になっている」と，思い込んでしまいました。戸籍も確認せず届書の説明をしたことで，その後に届書が提出されたときのトラブルは免れません。
　では，本事例の場合は，どのような説明をすればよかったのでしょうか。
　未成年の子は，身上監護・財産管理等の面で，必ず親権者が必要です（民818条・819条）。しかし，何らかの理由で，親権者が親権を行使できないときは，未成年後見が開始します（民838条～840条）。本事例の場合は，単独親権を行っていた父が死亡することによって，その親権者に代わる未成年後見人が選任されるべきなのです。ところが，父が死亡したにもかかわらず未成年後見人は選任されていないため，未成年者に代わって法律行為を行う代理権のある人（本事例の縁組の場合は縁組の代諾者）がいません。こんな場合は，戸籍実務から考えると，例えば子の祖父母などが，家庭裁判所に申立てをして，未成年後見人を選任し（民838条～840条，家審9条1項甲類14号），その選任された未成年後見人の代諾で，縁組を行うのが正当だと考えられます。しかし，この事例の場合には，母は既に子を監護している様子もうかがえますから，家庭裁判所では，子の福祉の観点から，あえて未成年後見人の選任の審判をしないで，「親権者変更」（民819条6項，家審9条1項乙類7号）の手続をする場合もあります。この親権者変更の審判が確定し，その届出があった場合の戸籍実務の取扱いは，これを受理するほかないとしています（昭和50・7・2民二3517号回答）。いずれにしても，家庭裁判所の関与が必要な届出となります。

●窓口での正しい説明
　子の単独親権者であった父が死亡しているため，家庭裁判所で，「未成年後見人選任」（民840条）（本事例の場合は選定後見人）あるいは「親権者変更」（民819条6項）の手続をして，別途，未成年後見開始届（戸83条2項），又は親権者変更届（戸79条）を

提出します。その後，選任された未成年後見人，又は親権者変更後の親権者母の代諾（民797条）で，養子縁組届を提出することになります。その他の未成年者の縁組に関しての要件である夫婦共同縁組（民795条）や，家庭裁判所の許可（民798条）は，いずれも「民法798条ただし書」の規定に該当するため，必要ありません。

　※　代諾権のない者がした養子縁組届が誤って受理された場合は，その届出は当然に無効であり，戸籍法114条の戸籍訂正手続の対象になります。

設問 18　離縁によって，子が入籍する戸籍　解説　★★★★

> **会話から見えてくるもの**
> ・子は，連れ子縁組で，養父と母の戸籍に入籍している。
> ・母の婚姻前の戸籍は，縁組せずに残っている子があるため，除籍になっていない。
> ・担当者は，母の婚姻前の戸籍が除籍されていると思い込み，離婚後，母が新戸籍を編製することを説明している。
> ・担当者は，縁組した子について，離縁後は，母の離婚後の新戸籍に入籍すると説明している。
> ・子の縁組前の戸籍は，母が筆頭者の戸籍である。

　戸籍法19条1項では，離婚，離縁の際の戸籍の変動について次のように規定されています。

　「婚姻又は養子縁組によって氏を改めた者が，離婚，離縁又は婚姻若しくは縁組の取消によって，婚姻又は縁組前の氏に復するときは，婚姻又は縁組前の戸籍に入る。但し，その戸籍が既に除かれているとき，又はその者が新戸籍編製の申出をしたときは，新戸籍を編製する。」

　戸籍法19条1項の本文では，離婚，離縁の際の「原則」を規定し，同法但書では，もどる戸籍が除かれているために「やむを得ず」新戸籍を編製する場合と，もどる戸籍があったとしても，新戸籍編製の意思表示ができる旨を定めています。この「但書」については，もどる戸籍があるのに新戸籍を編製する意思表示をした場合には，「分籍」の効果がありますから，後に，元の戸籍にもどりたいと希望しても，もどることはできません。

　母が再婚し，その再婚相手と縁組をする「連れ子縁組」は，ほとんどの場合，子ども全員が縁組をして，再婚前の母の戸籍が除かれているのが一般的です。担当者も，その「先入観」があったために，従前戸籍の確認を怠りました。本事例は，2人の子どものうち1人しか縁組をしなかったので，母の再婚前の戸籍は除かれていません。担当者は，従前戸籍を確認し，復籍できることも説明すべきだったのですが，新戸籍を編製することだけを説明しました。説明不足の責任は必至です。ここで，離婚した母が新戸籍を編製した場合の，離縁後の子の戸籍の変動を考えてみましょう。

●母の婚姻前の戸籍が除かれているために，離婚後，やむを得ず新戸籍を編製した場合

　母は，婚姻前の戸籍が除かれているため，戸籍法19条1項但書により，婚姻前の氏で新戸籍を編製します。縁組により母の戸籍から入籍した子は，離縁により縁組前の戸籍に入籍しますが，同じく戸籍は除かれています。しかし，縁組前の戸籍と，母が離婚後に編製した戸籍は，戸籍実務上「同じ戸籍」とみなしますから，養子離縁届書の「離縁後の本籍」欄には「もとの戸籍にもどる」にチェックをして，子は離縁によって，離婚後の母の戸籍にダイレクトに入籍できます。

●母は婚姻前の氏にはもどらず，離婚の際に称していた氏を称する届出（戸籍法77条の2）をして，新戸籍を編製した場合

　母は，民法上の氏は婚姻前の氏にもどっています（民767条1項）。しかし，呼称上は離婚の際に称していた氏を称するため，離婚時の氏で新戸籍を編製します。縁組により母の戸籍から入籍した子は，縁組前の氏を名乗ることもできますが，母の離婚後の民法上の氏と，離縁後の子の民法上の氏は同じなので，母と同じ戸籍に入籍したい場合は，養子離縁届の「その他」欄に，「母と同籍することを希望する。」と記載すれば，母が，戸籍法77条の2の届出により編製した新戸籍に入籍することができます（昭和52・2・24民二1390号依命回答）。これは，「その他」欄への記載により，養子離縁届に「母と同籍する入籍届（昭和51・11・4民二5351号通達）」の効果が含まれていると考えてください。この場合，母の婚姻前の戸籍が除かれていなくても，取扱いは変わりません。

●母の婚姻前の戸籍は除かれていないが，離婚後，新たに新戸籍編製の意思表示をして，母の新戸籍が編製された場合

　これが，本事例に当たります。婚姻前の戸籍が除かれていないにもかかわらず新戸籍編製の意思表示をして，母が新戸籍を編製した場合は，縁組により，母の婚姻前の戸籍から入籍した子がもどるべき戸籍は，戸籍法19条1項本文に規定された，縁組前の戸籍（母の婚姻前の戸籍）です。前記の「除かれているためにやむを得ず新戸籍を編製した場合」とは異なり，子の縁組前の戸籍と，母の離婚後の新戸籍は，同じ戸籍とはいえません。養子は，離縁により縁組前の戸籍に復籍するか，又は，戸籍法19条1項但書の規定により縁組前の氏で新戸籍を編製するか，どちらかを選択することになります。いずれにしても，養子離縁届出により，子は当然には離婚後の母の戸籍に入籍することはできません。母の戸籍に入籍するためには，別途，「母と同籍する入籍届」（離縁届書の「その他」欄に，「養子は，離縁後に母と同籍することを希望する。」旨を記載することでもよい。）が必要になります（昭和51・11・4民二5351号通達）。

　※　解説では，母が離婚後に新戸籍を編製した場合の説明をしましたが，離婚，離縁により，母と子がともにもとの戸籍に復籍することもできます（戸19条1項本文）。

設問 **19** 離縁後，父の氏を称するためには？ 解説 ★★★★

会話から見えてくるもの

- 子は，父母の離婚後，父の氏「河合」から母の氏「下村」に変更し，その戸籍に入籍している。
- 子は連れ子縁組で，婚姻前の母の戸籍（下村）から，養父と母の戸籍（亀井）に入籍していて，もとの戸籍は除かれている。
- 母は離婚し，戸籍法77条の2の届出で，引き続き「亀井」を名乗り，新戸籍を編製することを予定している。
- 子は，このたびの離縁により，母の離婚後の戸籍には入籍せず，縁組前の「下村」に復する。
- 子は，父の氏である「河合」を名乗ることを希望している。
- 子は20歳である。

まず，担当者の説明を検証してみましょう（母の離婚届，戸籍法77条の2の届出と，子の養子離縁届出が提出されたと仮定して説明します。）。

母は，離婚により民法上婚姻前の氏にもどります（民767条1項）。しかし，母は，民法767条2項，及び戸籍法77条の2の規定により，民法上の氏は婚姻前の氏「下村」にもどりましたが，呼称上は離婚の際に称していた氏「亀井」で新戸籍を編製しました。

同様に，子は，離縁により民法上の氏は縁組前にもどりますが（民816条1項本文），縁組前の戸籍は除かれているため，戸籍法19条1項の但書により，縁組前の「下村」の氏で新戸籍を編製するか，又は離婚後の母の戸籍に入籍して「亀井」を名乗る場合は，子と母は民法上の氏は同じですから，離縁届の「その他」欄に，「母と同籍することを希望する。」と記載すれば，離婚後の母の戸籍に入籍することができます（昭和52・2・24民二1390号依命回答参照）。

担当者は，以上の規定を頭の中で考えて，窓口に来庁した男性の希望をかなえるために，いったん縁組前の「下村」で新戸籍を編製するように説明しました。ここまでは完璧でした。

ところが，その後の入籍の説明の段階でミスをしています。

民法791条1項では，子が，父又は母の氏に変更したい場合は，家庭裁判所の許可が必要だと定められています。しかし同法4項では，1項～3項までの入籍届を

したものは，20歳になってから1年以内に，家庭裁判所の許可を得ないで入籍前の氏にもどることができると定められています。事件本人は，現在20歳です。本事例では，一度養子縁組をしたという経緯がありますが，養子が離縁により復する氏「下村」は，民法791条1項の母の氏を称する入籍届による氏であることには間違いありませんから，民法791条4項の「従前の氏を称する入籍届」に該当します。

したがって，養子は離縁により，いったん縁組前の氏「下村」で新戸籍を編製し，20歳になってから1年以内であれば，民法791条4項で，家庭裁判所の許可を得ることなく，父の氏「河合」を名乗ることができます。この「従前の氏を称する入籍届」については，単身者である事件本人は，従前の父の戸籍に入籍することが原則ですが，入籍すべき父の戸籍が除かれている場合，あるいは新戸籍編製の申出があった場合は，新戸籍を編製することもできます（戸19条2項）。ただし，もどるべき父の戸籍があるにもかかわらず，新戸籍を編製した場合は，分籍の効果（戸100条）がありますから，後に，父の戸籍に入籍することはできません。

設問 20 「嫡出子否認の裁判」の戸籍訂正申請 　解説　★★★★★

会話と戸籍から見えてくるもの

- 父が申請人である「嫡出子否認の裁判」による戸籍訂正申請である。
- 事件本人である子の母は，既に離婚している。
- 事件本人である子は，離婚後の母の戸籍に，母の氏を称する入籍届で入籍している。
- 出生当時，嫡出推定を受けて父母の戸籍に入っていた子は，嫡出子否認の裁判によって推定が排除されて，嫡出でない子になる。
- 訂正前の戸籍では，「続柄」欄は「長男」と記載されている。

　過去には，嫡出でない子の続き柄は「男」「女」と記載されていました。これは戸籍記載上問題があるとして，平成16年11月1日民一3008号通達で，母の嫡出でない子の順番に「長男（長女）」「二男（二女）」……と記載するようになりました。通達以後は，「男」「女」と記載することは許されません。過去に「男」「女」と記載されていた人も，「更正申出」で「長男（長女）」「二男（二女）」……と記載を更正することができます。また，続き柄の更正の申出をする人は，母又は本人に限られています。本事例では，嫡出子否認の裁判の申立人である「父とされた人」が，署名押印をして「戸籍訂正申請」をしていますが，子の続き柄について訂正申出の権利のある母は窓口に来ていません。裁判の当事者ではあっても，子にとって他人である「誤って父とされた人」に，本人や母の代わりに続き柄の訂正申出の記載をしてもらうわけにはいきません。では，どうすればよいのでしょう。

　まず母に連絡をとります。母に，続き柄の部分だけ母の訂正申出が必要であることを説明し，申出書をもらいます。申出書は，戸籍訂正申請の添付書類とします。母が申出書の提出に応じない場合は，管轄法務局に「処理照会」をします。戸籍訂正申請は，もう既に受理しているのですから，「受理照会」ではなく，受理した後の処理を問う「処理照会」になります。申出書，あるいは処理照会の回答が得られないときは，戸籍訂正申請による戸籍記載はできません。

　本事例を考えてみましょう。子は，嫡出子否認の裁判が確定したことにより，母の「嫡出でない子」になります。現在記載されている父母との続き柄は「長男」ですが，これは，嫡出子であったときの続き柄です。訂正後の続き柄が，同じ「長男」であったとしても，前記のように，嫡出子と嫡出でない子の続き柄の記載は違

いますから，訂正をしなければなりません（「戸籍」誌765号 8 頁(7)）。基本となる「嫡出子否認の裁判についての訂正」の申請人は，申立人である窓口に来た父ですが，これに関連した訂正としての「続き柄の訂正」については，平成16年11月 1 日民一3008号通達では，「母又は子本人が申出をする。」とされていますから，母又は（子が15歳以上であれば）子本人が，別途「訂正申出書」を提出する必要があります。また，父子関係不存在確認の裁判に基づく戸籍訂正申請が戸籍上の父からされた場合も，嫡出子の身分を失った者の父母と続き柄が明らかでないことから戸籍記載ができない場合も同様です（「戸籍」誌765号11頁(9)）。この「訂正申出書」が提出されるまで，あるいは，訂正申出書が提出されない場合は，管轄法務局からの処理照会後の回答が得られるまで，嫡出子否認の裁判に基づく戸籍訂正記載はできません。

　担当者は，戸籍訂正申請が提出されたことで，戸籍訂正記載が完了できると考えていましたが，別途「訂正申出書」が必要であることの説明が遺漏していました。窓口では，訂正申出書が必要である旨を説明した上で，「記載が完了したときは連絡します。」という説明が必要でした。

　「嫡出子否認の裁判確定による訂正申請書」と「続き柄の訂正申出書」が提出された場合の訂正記載は，次の通りです。

【嫡出子否認の裁判確定により，訂正された戸籍（子の従前戸籍）】

(2の1) 全部事項証明

本　　籍	東京都品川区○○一丁目１１番地
氏　　名	松本　一郎
戸籍事項 　　戸籍改製	【改製日】平成１８年６月３０日 【改製事由】平成６年法務省令第５１号附則第２条第１項による改製
戸籍に記録されている者	【名】一郎 【生年月日】昭和５２年３月１４日 【父】斎藤次郎 【母】斎藤花子 【続柄】長男
身分事項 　　出　　生	（省　略）
婚　　姻	（省　略）
離　　婚	【離婚日】平成２４年１２月３日 【配偶者氏名】松本弥生
戸籍に記録されている者 　除　　籍	【名】弥生 【生年月日】昭和５２年５月２日 【父】阪本太郎 【母】阪本志摩子 【続柄】長女
身分事項 　　出　　生	（省　略）
婚　　姻	（省　略）
離　　婚	【離婚日】平成２４年１２月３日 【配偶者氏名】松本一郎 【新本籍】東京都千代田区○○一丁目３４番地
戸籍に記録されている者 　除　　籍	【名】明夫 【生年月日】平成２４年１０月２１日 【父】 【母】松本弥生 【続柄】長男
身分事項 　　出　　生	【出生日】平成２４年１０月２１日 【出生地】東京都千代田区 【届出日】平成２４年１０月２７日
入　　籍	【届出日】平成２４年１２月２２日 【除籍事由】母の氏を称する入籍 【届出人】親権者母

発行番号　　　　　　　　　　　　　　　　　　　　　　　　　　　　以下次頁

(2の2) 全部事項証明

消　除	【送付を受けた日】平成２４年１２月２４日 【受理者】東京都千代田区長 【入籍戸籍】東京都千代田区○○一丁目３４番地　阪本弥生
消　除	【消除日】平成２５年４月２５日 【消除事項】父の氏名 【消除事由】嫡出子否認の裁判確定 【裁判確定日】平成２５年４月１１日 【申請日】平成２５年４月１５日 【申請人】松本一郎 【送付日】平成２５年４月２５日 【受理者】東京都千代田区長 【関連訂正事項】父母との続柄 【従前の記録】 　　【父の氏名】松本一郎 　　【父母との続柄】長男
消　除	【消除日】平成２５年４月２５日 【消除事項】親権事項 【消除事由】嫡出子否認の裁判確定 【従前の記録】 　　【親権を定めた日】平成２４年１２月３日 　　【親権者】母 　　【届出人】父母

以下余白

※　嫡出子否認の裁判によって，父子関係が否定されたことになるので，離婚時に父母の協議で定めた親権事項も同時に消除します。また，同裁判により，子は嫡出でない子になりますから，親権者は法定された「母」になるため，親権の記載は必要ありません。(「続き柄の訂正」については，母からの申出が必要なので，送付に日数を要した記載になっています。)

　なお，「母の氏を称する入籍届」については，子は婚姻中の出生子ですから，一郎と弥生の嫡出子ではなく，弥生の嫡出でない子になったとしても，出生時の母の戸籍に入籍することになりますから，一郎筆頭の戸籍に入籍していたことに間違いはありません。したがって，母の氏を称する氏変更の審判による入籍届には錯誤がないので，訂正する必要はありません。

発行番号

【嫡出子否認の裁判確定により，訂正された戸籍（子の入籍後の戸籍）】

	全部事項証明
本　　籍	東京都千代田区○○一丁目３４番地
氏　　名	阪本　弥生
戸籍事項 　　戸籍編製	【編製日】平成２４年１２月６日
戸籍に記録されている者	【名】弥生 【生年月日】昭和５２年５月２日 【父】阪本太郎 【母】阪本志摩子 【続柄】長女
身分事項 　　出　　生 　　離　　婚	（省　略） 【離婚日】平成２４年１２月３日 【配偶者氏名】松本一郎 【送付を受けた日】平成２４年１２月６日 【受理者】東京都品川区長 【従前戸籍】東京都品川区○○一丁目１１番地　松本一郎
戸籍に記録されている者	【名】明夫 【生年月日】平成２４年１０月２１日 【父】 【母】阪本弥生 【続柄】長男
身分事項 　　出　　生 　　入　　籍 　　消　　除 　　消　　除	【出生日】平成２４年１０月２１日 【出生地】東京都千代田区 【届出日】平成２４年１０月２７日 【届出人】母 【届出日】平成２４年１２月２２日 【入籍事由】母の氏を称する入籍 【届出人】親権者母 【従前戸籍】東京都品川区○○一丁目１１番地　松本一郎 【消除日】平成２５年４月２５日 【消除事項】父の氏名 【消除事由】嫡出子否認の裁判確定 【裁判確定日】平成２５年４月１１日 【申請日】平成２５年４月１５日 【申請人】松本一郎 【関連訂正事項】父母との続柄 【従前の記録】 　　【父の氏名】松本一郎 　　【父母との続柄】長男 【消除日】平成２５年４月２５日 【消除事項】親権事項 【消除事由】嫡出子否認の裁判確定

発行番号　　　　　　　　　　　　　　　　　　　　　　　以下次頁

	【従前の記録】 　　【親権を定めた日】平成２４年１２月３日 　　【親権者】母 　　【届出人】父母
	以下余白

設問 21　離縁後の法定代理人　解説　★★★★

会話から見えてくるもの

・離縁する子は，10歳である。
・配偶者の嫡出子との縁組をしていて，縁組代諾者は，その時点の親権者である「母」である。
・子の母は，子の親権者を「養父」と定めて，既に離婚している。
・子の縁組前の戸籍は，母の戸籍であるが，既に除かれていて，母は離婚後に新戸籍を編製している。
・このたびの離縁は，現在の親権者である養父との離縁である。
・担当者は，離縁協議者は，「離縁後，親権者となるべき母」であると説明した。

本事例には，私たちが一番頭を悩ませる要素が含まれています。

それは，「取扱いの変更」です。

15歳未満の養子について，離縁する際の離縁協議者について考えてみましょう。

離縁協議者については，民法811条及び同826条1項に定められています。原則として，養子の現在の法定代理人，又は離縁後法定代理人となるべき人が離縁協議者になります。

ここで，いくつか代表的な協議者の例を挙げましょう。

●ケース1（民811条2項）
① 夫婦が，子の親権者を母と定めて離婚しました。その後，母は再婚し，子は母の代諾で母の夫と縁組をしました。ここで，子の親権は，養父と実母の共同親権になります。再び母は離婚し，離婚時に親権者を実母と定めました。子が養父と離縁をする場合，現在の法定代理人である親権者母は，離縁後も法定代理人ですから，離縁協議者は「親権者母」です。戸籍には，届出人の離縁協議者の資格は「協議者親権者母」と記載されます。
② 子は，父母の代諾で祖父母と縁組をしていましたが，その後離縁をすることになりました。離縁をすることで，法定代理人である親権者は縁組前の父母になりますから，離縁協議者は「法定代理人となるべき父母」です。「となるべき」という言葉は，「今は法定代理人ではないけれど，縁組が解消すると法定代理人になりますよ」という意味です。戸籍には，届出人の離縁協議者の資格

は「協議者親権者となるべき父母」と記載されます。
●ケース２（民811条3項）
　子は，父母の代諾で，子の祖父母と縁組をしていましたが，その後離縁をすることになりました。ところが，子の縁組後に，父母は離婚しています。この場合には，離縁後の親権者が，父母のどちらになるのかを協議し，協議で決まった「親権者となるべき父（母）」が離縁協議者となります。戸籍には，届出人の離縁協議者の資格は「協議者親権者となるべき父（母）」と記載されます。
●ケース３（民811条4項）
　子は，父母の代諾で，子の祖父母と縁組をしていましたが，その後離縁をすることになりました。ところが，子の縁組後に，父母は離婚をしています。子の離縁後の親権者は父母のどちらがなるのかを協議しましたが，どうしても，その話合いがつきません。この場合には，父，母又は養親が，家庭裁判所に申立てをし，協議に代わる審判によって決まった親権者となりますので，「親権者となるべき父，（母）」が離縁協議者となります。戸籍には，届出人の離縁協議者の資格は「協議者親権者となるべき父（母）」と記載されます。
●ケース４（民811条5項）
　子の両親は，親権者を母と定めて離婚をし，子は，親権者母の代諾で，子の祖父母と縁組をしていました。このたび，祖父母と離縁をしようとしましたが，離縁後に親権者となるべき母は既に亡くなっています。この場合は，離縁後に親権を行う人がいないので，家庭裁判所に未成年後見人選任の申立てをして，その選任された未成年後見人が離縁協議者になります。戸籍には，届出人の離縁協議者の資格氏名が記載されます。
●ケース５（民826条1項）特別代理人を必要とする事例
　嫡出でない子が，実母の代諾で実母（養母）とその夫（養父）との夫婦共同縁組をしていました。このたび，実母（養母）と養父が，子の親権者を「養母」と定めて離婚をしました。養子は，養父と縁組を続けていくことは不可能なので，離縁協議者を養母にして，養父と離縁をしました。その後，養母とも離縁をするときは，離縁協議者は「親権者となるべき実母」となりますが，養母と離縁協議者実母は同一人ですから，利益相反が生じます。この場合は，特別代理人の選任を家庭裁判所に申立て，選任された特別代理人が離縁の協議者になります。離縁後，子は実母の親権に服することになり，嫡出でない子になります。

　以上が離縁協議者の実例ですが，本事例の場合は，どの離縁協議者になるのでしょうか。

これまでの取扱いは，離縁により，離縁後の法定代理人は，縁組前の親権者になるから，縁組を代諾した母が，離縁後の法定代理人として離縁協議者になるとされていました（昭和26・8・4民事甲1607号回答）。ところが，平成22年8月19日付け法務省民一2035号民事局民事第一課長回答で，新たな取扱いが示されました。その要旨は，次のとおりです。

> 　実母と養父が子の親権者を養父と定めて離婚した後，養父と養子が離縁をする場合には，実母が当然に離縁協議者となるものではなく，未成年後見人が離縁協議者となる。

　これは，離婚の際に親権者を養父と定めた時点で，実母の親権はいったん養父の単独親権になることから，離婚後，単独親権者となった者が死亡した場合と同じように，現在の親権者である養父との離縁によって，親権者は当然には母にはもどらず，離縁後は「親権を行う者がいない」状態になるので，未成年後見人を選任して，離縁後の法定代理人とするという主旨のものです。
　したがって，本事例は，前記離縁協議者ケース4（未成年後見人が協議者）となります。親権者を母にしたい場合は，離縁届出の前に「親権者変更」の手続をしてから離縁届を提出するか，あるいは，未成年後見人を選任し，未成年後見人を離縁協議者として離縁をした後に，親権変更の手続をするかのいずれかになります。
　私たちは，大きな法改正については，敏感に反応して懸命に勉強します。しかし，次から次に示される数々の通達や回答などは，つい見逃してしまうことがあります。常に新しい情報をキャッチして，対応の正確性を図ることが，私たちの課題でもあります。

設問 22　入籍届と縁組届の完璧な説明　解説　★★★★★

会話から見えてくるもの

・養女は，18歳である。
・養女には嫡出でない子があり，養女は子の出生により新戸籍を編製し，子を入籍させた後に，縁組により養親の戸籍に入籍している。
・相談者は担当者に，養女の子の「母の氏を称する入籍届」と，「養女の子を養子とする縁組届」の両方の説明をすることを希望している。

　窓口で，このような相談があった場合は，必ず要点を書いたものを手渡してください。せっかく正しい説明をしたとしても，相談者は混乱してしまって，間違った理解をしてしまうおそれがあります。混乱を防ぐため，また，後のトラブルを防ぐためにも，心遣いとていねいな対応が必要です。では，入籍届と養子縁組届に分けて，説明をしていきましょう。

●「入籍届」について

　入籍届の実体法である，民法791条では，次のように定められています。実例を挙げて説明します。

民法791条1項・3項（父又は母の氏を称する入籍届）

　父母（養父母も含む）が離婚すると，父と母は民法上違う氏になります。たとえ戸籍法77条の2の届出で，呼称上（卵の殻）が同じ氏であっても，民法上（卵の中身）は違う氏です。この状況で，子が，氏の変わった父又は母の氏になりたいときは，家庭裁判所の許可を得て「父（母）の氏を称する入籍届」をします。父母が死別して，父又は母が復氏した場合，あるいは嫡出でない子が民法上違う氏の父又は母の氏を称する場合も同じです。

　それでは，なぜ家庭裁判所の許可が必要なのでしょうか。

　それは，父母が離婚していると，父母間に争いがあったりして，子がどちらの氏を名乗るのが幸せなのかを判断する必要があると考えられるからです。その判断を，第三者機関の裁判所で行うということです。

民法791条2項・3項（父母の氏を称する入籍届）

父母（養父母も含む）が身分行為（縁組や離縁など）をして，父母と子が民法上違う氏になったときは，父母の婚姻中に限り，家庭裁判所の許可なしで子の入籍届ができます。

ここで注意することがあります。民法791条2項には，「父又は母が氏を改めたことにより子が父母と氏を異にする場合……」と書かれているので，子が身分行為（離婚など）をして，子の方の民法上の氏が変わったときは，たとえ父母が婚姻中であっても，家庭裁判所の許可が必要な入籍届（民791条1項）になります。この違いについては，もともと入籍届には必ず家庭裁判所の許可が必要だったのですが，氏の基盤である「父母」が氏を改めたこと，また父母が婚姻中で争いがないことを条件に，特別に家庭裁判所の許可が不要になっただけなので，子が氏を改めたことにより子と父母の氏が違うようになった場合は，家庭裁判所の許可が必要になるのです。

民法791条4項（従前の氏を称する入籍届）

子が未熟な未成年のときに，父や母の氏を称する入籍届により父や母の戸籍に入籍していたが，子本人が成年になって，やっぱり元の氏の方が良かったのでもどりたいと思ったときは，子が成年に達して1年以内なら，家庭裁判所の許可を得ないで元の氏にもどることができます。民法791条4項には，「前三項の規定により氏を改めた未成年の子は，成年に達した時から1年以内に戸籍法の定めるところにより届け出ることによって，従前の氏に復することができる。」と書いています。ここでいう「前三項」は，民法791条1項，2項，3項のすべての入籍届を含みます。

したがって，たとえ前の入籍時に，子が15歳になっていて，子の意思で子自身が届出人になって入籍届をしていたとしても，成年に達して1年以内であれば，家庭裁判所の許可を得ないでもとの氏にもどすことができるのです。

父又は母，あるいは父母と同籍する入籍届

父や母（養父や養母も含む）と子が，民法上の氏は同じなのだけれど戸籍が別になっている場合，子が，父や母の戸籍に入りたいときは「父（母）あるいは父母と同籍する入籍届」をします。この場合は，家庭裁判所の許可は，不要です。

「同籍する入籍届」は，通達で認められた特別な取扱いです。次に，その例を挙げてみましょう。

（例1）母が再婚して，再婚相手の氏になりました。子は，母の再婚相手と養子

縁組はせず，母の婚姻前の戸籍に残っています。その後，母は再婚相手と離婚して戸籍法77条の2の届出で，再婚相手と同じ氏で新戸籍を編製しました。

子は母の再婚前の氏，母は戸籍法77条の2で呼称上は再婚相手の氏（卵の殻）ですが，民法上の氏（卵の中身）は再婚前の氏に戻っています。つまり，子と母の民法上の氏は同じです。「母と同籍する入籍届」で，子は母の戸籍に入籍できます（昭和62・10・1民二5000号通達）。

(例2) 子の母は日本人，父は韓国人です。母は，今回韓国人である父の氏「朴」を称するため戸籍法107条2項の氏変更の届出をしました。母は「朴」の氏で新戸籍を作りました。戸籍法107条2項の氏変更は，同じ戸籍内の他の人には及ばないので，子は母の元の戸籍に残っています。外国人には「日本の戸籍の氏の概念」がありませんから，母がたとえ呼称上韓国人の夫の氏（卵の殻）を名乗っても，民法上の氏（卵の中身）は変更前の氏のままです。やはり，子と母の民法上の氏は同じです。「母と同籍する入籍届」で，子は母の戸籍に入籍できます（昭和59・11・1民二5500号通達）。

本事例の場合は，民法791条1項・3項の「母の氏を称する入籍届」に該当しますから，家庭裁判所の許可を得て，戸籍法98条1項の入籍届をすることになります。ここで問題になるのは，親権者の母が未成年であることです。嫡出でない子の母が未成年である場合は，母の親権者（本事例では養父母）が，親権を代行しています（民833条）。親権代行者は，親権者の法的行為を代行するのですから，本事例の家庭裁判所の許可の申立人，及び，許可後の入籍届の届出人は，母の親権代行者である養父母であるということです。

戸籍の変動については，戸籍法18条2項の規定により，入籍届によって子は母の戸籍に入籍しますが，戸籍法17条では「三代戸籍の禁止の原則」が定められているため，母が新戸籍を編製し，子を入籍させることになります。

● 「養子縁組」について

設問2，設問8と重複しますが，養子縁組の実質的要件と，本事例の取扱いの検討をしていきましょう。

養子縁組の実質的要件は，次の通りです。

① お互いに縁組をする意思があること（民802条1号）。
② 養親となる者は成年（民4条）であること（民792条）。ここでいう成年は，婚姻で成年とみなされる（民753条）者も含みます。
③ 養子が養親より年上でないこと（民793条）。

④　養子が養親の尊属（親族図で上の位置にある人）でないこと（民793条）。
⑤　養子が養親の嫡出子でないこと……養子が同一の養親と縁組をしていないこと（昭和23・1・13民甲17号通達）。
⑥　後見人が被後見人を養子とするときは、家庭裁判所の許可が必要であること（民794条）。
⑦　配偶者のある者が縁組をするには、その配偶者の同意を得て縁組をすること（民798条）。
⑧　配偶者のある者が未成年者を養子とするときは、配偶者がその意思を表示できない場合を除き、配偶者とともに縁組をすること（民795条）。ただし、配偶者の嫡出子との縁組は夫婦共同で縁組しなくてもよい（同条ただし書）。
⑨　養子となる者が未成年者であるときは、家庭裁判所の許可があること（民798条本文）。ただし、養親になる者の直系卑属（孫やひ孫）や、養親になる者の配偶者の直系卑属（妻や夫の子など）との縁組は、家庭裁判所の許可は必要ない（同条ただし書）。
⑩　15歳未満の子が養子になるときは、その法定代理人が代諾すること（民797条）。
⑪　代諾する親権者とは別に「監護者」がいる場合は、その監護者の同意があること（民797条2項）。

　本事例の場合は、15歳未満の未成年養子ですから、縁組の意思などの基本の要件とともに、上記⑧～⑪の要件が必要になります。
　⑧については、養父母双方が縁組をする必要があります。
　⑨については、要件の民法798条ただし書に、養親になる者の直系卑属（孫や、ひ孫）を養子とする場合には、家庭裁判所の許可は不要とされていますが、子の母は、子が生まれてから後に養子縁組をしていますから、子は養父母の孫（直系卑属）には当たりません。したがって、家庭裁判所の許可が必要な縁組となります。
　では、⑩と⑪について考えてみましょう。
　15歳未満の養子縁組届については、養子の代諾者として、その時点の養子の法定代理人（親権者や未成年後見人：民818条・819条・838条～840条）が届出をします（民797条）。届出人は、代諾者（戸68条）と養親です。また、法定代理人が父や母である場合に、別に「監護者」がいる場合は、その監護者の同意も必要です（民797条2項）。さらに、養親と代諾者が同一人であり利益相反が生じる場合は、特別代理人を選任する必要があります（民826条1項）。
　本事例の場合は、子は嫡出でない子で、母が未成年であるために、「母の親権者（母の養父母）」が親権を代行しています（民833条）。縁組代諾者は、縁組の時点の法定代理人ですから、この場合養父母が子の法定代理人です。しかし、養父母が代諾

者となると，養父母と，代諾者である親権代行者が同一人となり，利益相反が生じます（民826条1項）ので，家庭裁判所で特別代理人を選任し，その者が養子の縁組代諾者となります。

　以上が，入籍届の場合と，養子縁組届の場合の説明ですが，要旨が頭に入った後には，相談者に窓口での説明を分かりやすく説明すると同時に，相談者に対して要点を記したもの手渡す必要があります。要点を記したものは，次のようなものでよいのではないでしょうか。相手を思いやり，自分で工夫してください。

(例)

> **入籍届をする場合**
> 　家庭裁判所（電話○○○—××××）で，「子の氏変更の申立て」をして，許可をもらってください。養父母の方が申立てをすることになります。
> 　　　○　家庭裁判所に持っていくもの
> 　　・お母さんが入っている戸籍謄本
> 　　・お子さんが入っている戸籍謄本
> 　　・認めの印鑑
> 　　・印紙代金（家庭裁判所で聞いてください。）
>
> 　許可がおりたら，その許可書と印鑑を持って，「氏変更の申立て」をした方が窓口におこしください。入籍届を書いていただきます。
>
> ―――――――――――――――――――
>
> **養子縁組をする場合**
> 　家庭裁判所（電話○○○—××××）で，「養子縁組の許可」と，養子の方の代理の届出人である「特別代理人」を選任する必要があります。
> 　詳しくは，家庭裁判所にお問い合わせください。
>
> 　養子縁組の許可がおりて，特別代理人選任がされましたら，養子縁組届を提出していただきますが，家庭裁判所の手続がすべて完了してから，もう一度窓口におこしてください。養子縁組届の書き方を説明します。
>
> 　再度窓口におこしの際は，下記の担当者にお声をかけてください。
> 　　　　　　　　　　　　　　　　　　　○○市役所市民課
> 　　　　　　　　　　　　　　　　　　　担当者　○○○○
> 　　　　　　　　　　　　　　　　　　（電話▲▲▲—○○○○）

設問 23　「失踪宣告取消し」をした者の婚姻　解説　★★★★★

> ### 会話から見えてくるもの
> ・男性は，25年前に失踪宣告により戸籍が消除されている。
> ・男性の失踪宣告届出後，妻は再婚し除籍されたために，戸籍は除かれている。
> ・男性は，失踪宣告取消しによって，妻との婚姻が復活すると思っている。

●失踪宣告取消しにより，前婚は回復するか

　民法32条に，失踪宣告取消しの効果について規定があります。同法1項後段では，「失踪の宣告後その取消し前に善意でした行為の効力に影響を及ぼさない。」とされていますから，失踪宣告後の身分行為についても，悪意でしたものでない限り有効であるということになります。したがって，失踪宣告で死亡とみなされた者との婚姻は，復活することはありません。

●失踪宣告取消しがあった場合は，どのような記載になるか

　失踪宣告により「死亡とみなされた者」は，その戸籍から除籍され，配偶者には婚姻解消事項が記載されます。失踪宣告取消しの裁判が確定し，失踪宣告取消届が届出された場合は，失踪者とされた者を当該戸籍に回復するとともに，配偶者の婚姻解消事項も消除されることになります。しかし，本事例のように配偶者が再婚し，当該戸籍から除籍され，失踪当時の戸籍が除かれていた場合は，失踪宣告で除かれた戸籍の失踪事項及び，失踪による配偶者の婚姻解消事項を消除し，新たに戸籍を回復することになります。また，前記のように，たとえ失踪宣告が取り消されても前婚は回復しませんが，再婚で除籍された配偶者を，いったん回復後の戸籍に記載した上で，失踪宣告により婚姻が解消したことを記載し，再び再婚後の戸籍に戻すという段階を踏んだ記載をします。これは，一時的に前婚を回復させた上で，理由を付して除籍することによって，重婚関係ではないことを明確にするためです。

　戸籍の記載例は，次のようになります。

回復戸籍（戸籍事項欄）

戸籍回復　　　　　　【回復日】平成２４年１０月９日
　　　　　　　　　　【回復事由】戸籍消除の記載錯誤

回復戸籍（夫の身分事項欄）

婚　　姻　　　　　　【婚姻日】昭和５６年５月１日
　　　　　　　　　　【配偶者氏名】川口道子
　　　　　　　　　　【従前戸籍】大阪府泉佐野市〇〇４１番地５　山田
　　　　　　　　　　　　　　　　勘蔵
　　　　　　　　　　【特記事項】妻山田道子婚姻により平成８年１２月
　　　　　　　　　　　　　　　　１２日婚姻解消

回復戸籍（妻の身分事項欄）

婚　　姻　　　　　　【婚姻日】昭和５６年５月１日
　　　　　　　　　　【配偶者氏名】山田康夫
　　　　　　　　　　【従前戸籍】神戸市長田区〇〇二丁目４番　川口国
　　　　　　　　　　　　　　　　義
　　　　　　　　　　【特記事項】夫山田康夫失踪宣告により昭和６０年
　　　　　　　　　　　　　　　　８月８日死亡とみなされる

婚　　姻　　　　　　【婚姻日】平成８年１２月１２日
　　　　　　　　　　【配偶者氏名】佐藤博
　　　　　　　　　　【新本籍】兵庫県川西市〇〇４６番地１
　　　　　　　　　　【称する氏】夫の氏

消除された戸籍（戸籍事項欄）

消　　除　　　　　　【消除日】平成２４年１０月９日
　　　　　　　　　　【消除事項】戸籍消除事項
　　　　　　　　　　【消除事由】戸籍消除の記録錯誤
　　　　　　　　　　【従前の記録】
　　　　　　　　　　　　【消除日】平成８年１２月１２日

消除された戸籍（夫の身分事項欄）

失踪宣告取消し　　　【失踪宣告取消しの裁判確定日】平成２４年１０月
　　　　　　　　　　　　　　　　６日
　　　　　　　　　　【届出日】平成２４年１０月９日
　　　　　　　　　　【消除事項】失踪事項
　　　　　　　　　　【従前の記録】
　　　　　　　　　　　　【死亡とみなされる日】昭和６０年８月８日
　　　　　　　　　　　　【失踪宣告の裁判確定日】昭和６３年１１月
　　　　　　　　　　　　　　　　　　　　　　　１２日

　　　　　　　【届出人】妻

消除された戸籍（妻の身分事項欄）

| 配偶者の失踪宣告取消し | 【消除事項】配偶者の失踪事項
【従前の記録】
　　【配偶者の死亡とみなされる日】昭和６０年８月８日 |

戸籍の回復について

　「回復」とは，いったん消除した者，又はいったん消除した事項を，よみがえらせることをいいます。回復には，次の３つのパターンがあります。

(1) **戸籍の全部回復**

　　回復させるべき従前戸籍が全員除籍されて，戸籍自体が除かれた後に，離縁無効や，設問のような失踪宣告取消しなどの裁判確定により，除かれた戸籍を回復させる必要が生じたときに行う回復手続です。

　　この場合，除かれた戸籍そのものを回復させるのではなく，除かれた戸籍の錯誤の部分を消除した上で，再度この戸籍を消除して，新たに，別の回復戸籍を編製します。

(2) **戸籍の末尾回復**

　　回復させるべき従前戸籍が，まだ在籍者がいるために除かれていない場合は，その戸籍の末尾（最後）に事件本人を回復させます。

　　戸籍法14条では「戸籍の記載順序」が定められていますが，同条３項に「戸籍を編製した後にその戸籍に入るべき原因が生じた者については，戸籍の末尾にこれを記載する。」と定められていますから，事件本人がたとえ筆頭者であったとしても，回復によって順番を入れ替える必要はありません（例えば，離婚無効により，事件本人を夫の戸籍に回復させる場合に，子の後に妻を記載する場合など）。

(3) **戸籍の記載の一部回復**

　　事件本人の身分事項欄に記載されていた一部の事項を消除したが，その消除したことが錯誤であった場合に，その消除した事項を回復することです。たとえば，未成年の子の親権者を母と定めて離婚し，その後同一人間で再婚したために，当該親権者指定事項を消除しましたが，その後，婚姻が無効になったために，消除した親権者指定事項を回復する場合があります。この事項の回復が「記載の一部回復」です。

第四段　猛稽古

～難問に挑戦～　解説編

　さて，じっくり考えてどんな結論を導きましたか？
　根拠に基づき理論が通った説明ができましたか？
　ここからの解説のひとつひとつに，パズルの完成が正しかったとうなずきながら，確認していってもらえるといいですね。
　さあ，1問20点，どの節も満点でありますように！

第一　出生・認知

／100

第二　縁組・離縁

／100

第三　婚姻・離婚，入籍

／100

第一　出生・認知　**解説**

設問 1　母の前夫の嫡出推定と後夫の強制認知

●強制（裁判）認知が確定する前における出生子の法律上の父はだれか

　民法772条では，法律上の父がだれかを推定して定めています。子が出生した時点で父を決定するのですが，本事例の場合は，前夫と離婚して300日以内に出生していますから，民法772条2項で定められているように，法律上「前夫が父である」という推定がはたらきます。

　では，後夫の嫡出推定ははたらくでしょうか？　答はNOです。

　前婚がなく，他の者の嫡出推定を受けない場合は，婚姻後200日以内の出生子であっても，後夫の子として嫡出子出生届ができますが，今回は，前夫の嫡出推定を受けるので，前夫との父子関係を否定しない限り，後夫の子としての出生届はできません。

●強制認知の裁判が確定した場合の効果はどのようなものか

　強制認知（民787条）の裁判確定によって，出生子の真実の父は後夫であることが創設されます。子の母と前夫が正常な婚姻関係になかった等の事情があるのなら，親子関係不存在確認の裁判，あるいは嫡出子否認の裁判で，出生子と前夫との父子関係を否定する方法がありましたが，強制認知によって，医学上2人の父は存在しませんから，前夫との法律上の父子関係を否定したのと同じ効果（反射的効果）が生じます。

●戸籍はどうなるのか

　後夫との強制認知の裁判が確定し，その裁判（審判又は判決）書謄本と確定証明書を添付して，後夫を父とする嫡出子出生届がされた場合，出生子は一体どこの戸籍に入るのでしょうか。後夫と母が婚姻して200日以内に子が出生していますが，前夫との父子関係は否定されたため，前夫との父子関係は考える必要はありません。したがって，後夫との嫡出子として届出をすれば，父母の氏を称し，父母婚姻中の戸籍に入籍します（大判昭和15・1・23大審院判決・民集19巻1号54頁，民790条1項，戸18条1項）。前夫との父子関係を否定した子は，ダイレクトに実父母の戸籍（後夫と母婚姻中の戸籍）に入籍できるのです。

●届書の取扱いはどうするのか

届書の取扱いについては，「子が出生したとき」によって，出生届だけを提出すればよいのか，出生届とは別に認知届が必要なのかが異なります。次の３つの場合を考えてみましょう。

① **前夫と母が婚姻中に子が出生し，後婚成立後，後夫との強制（裁判）認知の裁判（審判又は判決）書謄本及び確定証明書を添付して，後夫を父とする嫡出子出生届をした場合**

　　この事例の場合は，母と後夫との婚姻成立前に子が出生しているため，後夫の強制認知が確定し，その反射的効果により，たとえ前夫との親子関係が否定されたとしても，父（後夫）と母の婚姻前の出生子ですから，後夫の認知の効果がなければ，子は後夫の嫡出子とはなりません（認知準正　民789条２項）。したがって，出生届と認知届を提出する必要があります（昭和41・3・14民事甲655号回答）。

② **前夫と母が離婚後300日以内に子が出生し，後婚が成立した後，後夫との強制（裁判）認知の裁判（審判又は判決）書謄本及び確定証明書を添付して，後夫を父とする嫡出子出生届をした場合**

　　この事例の場合も，①と同様に，母と後夫との婚姻成立前に子が出生しているため，後夫の強制認知が確定し，その反射的効果により，たとえ前夫との親子関係が否定されたとしても，父（後夫）と母の婚姻前の出生子ですから，後夫の認知の効果がなければ，子は後夫の嫡出子とはなりません（認知準正　民789条２項）。したがって，出生届と認知届を提出する必要があります（昭和41・3・14民事甲655号回答　戸籍時報507号特別増刊号31頁）。

③ **前夫と母が離婚後300日以内で，後婚成立後200日以内に子が出生し，後夫との強制（裁判）認知の裁判（審判又は判決）書謄本及び確定証明書を添付して，後夫を父とする嫡出子出生届をした場合**

　　これが本問の事例に当たります。前夫との離婚後300日以内に子は出生していますが，後夫の強制認知が確定し，その反射的効果により，前夫との親子関係が否定されます。子は後婚成立後に出生していますから，たとえ後婚後200日以内に出生し，民法772条の嫡出推定を受けない子であるとしても，生来の嫡出子として届出できますから（大判昭和15・1・23民集19巻１号54頁），出生届のみ届出し，認知届は必要ありません。

　　しかし，後夫の強制認知の反射的効果として，前夫との親子関係が否定されたことを戸籍記載上明らかにすることが必要ですから，出生届の「その他」欄には次の記載をし，戸籍には「特記事項」として「強制認知の旨」の記載が必要です（戸籍誌684号54頁）。

> **出生届の「その他」欄の処理**
> 平成23年9月22日増田昭雄（父の氏名）の強制認知の裁判確定につき，子は父母の戸籍に入籍する。
> 添付書類　審判書謄本及び確定証明書

なお，記載例は次のようになります。

出生子の身分事項欄（出生事項は通常の記載をし，特記事項を記載する。）

出　　生	【出生日】平成２３年５月２３日
	【出生地】山口県宇部市
	【届出日】平成２３年９月２９日
	【届出人】母
	【特記事項】平成２３年９月２２日東京都千代田区○○二丁目３番地増田昭雄認知の裁判確定

【参考】前記①②の出生子につき，出生届と認知届が届出された場合の記載例

出生子の身分事項欄（出生事項は通常の記載をし，次に認知事項を記載する。）

出　　生	【出生日】平成２３年５月２３日
	【出生地】山口県宇部市
	【届出日】平成２３年９月２９日
	【届出人】母
認　　知	【認知の裁判確定日】平成２３年９月２２日
	【認知者氏名】増田昭雄
	【認知者の戸籍】東京都千代田区○○二丁目３番地　増田昭雄
	【届出日】平成２３年９月２９日
	【届出人】親権者母

父の身分事項欄（認知事項を記載する。）

認　　知	【認知の裁判確定日】平成２３年９月２２日
	【認知した子の氏名】増田翔太
	【認知した子の戸籍】東京都千代田区○○二丁目３番地　増田昭雄
	【届出日】平成２３年９月２９日
	【届出人】親権者母

> **設問 2** 死亡した子の準正の記載

●父母との続き柄について

　戸籍の「続柄」欄の記載については，嫡出子は同じ父母を持つ子の順番（昭23・1・13民事甲17号通達），嫡出でない子は，母が分娩した嫡出でない子の順番に「長男（長女）」，「二男（二女）」……と記載することになっています（平16・11・1民一3008号通達）。

　また，「父の認知」と「父母の婚姻」の両方の条件が揃うと，嫡出でない子は嫡出子となります。後に条件が揃って嫡出子になることを「準正」（民789条）といいますが，認知で条件が揃った場合を「認知準正」（民789条2項），父母の婚姻で条件が揃った場合を「婚姻準正」（民789条1項）といいます。

　「準正」すれば，戸籍の続き柄が，嫡出でない子の続き柄から，嫡出子の続き柄に変更されるのです。では，本事例を考えてみましょう。

●嫡出でない子のまま死亡した子の父母が，子の死亡後に婚姻した場合，死亡した子に準正事項の記載（続き柄の更正）はされるのか

　除籍された者は，原則として戸籍の変動や，記載の追記はありません。

　したがって，準正の効果が生じる父母の婚姻又は父の認知のときに，子が死亡していても，準正の効果は生じますが（民789条3項），戸籍上は死亡した子に準正事項は記載しません。

●死亡した子と同じ父母の間に，次に生まれた同性の子の続き柄はどうなるか

　死亡した子が「続き柄を更正しない」となると，今回生まれた子は，また長女になるのでしょうか。いいえ，違います。民法789条3項では，「前二項の規定は，子が既に死亡していた場合について準用する。」と規定されています。たとえ死亡し，準正の記載がされていない子であっても，準正の効果は死亡した子にも及んでいるとすれば，次に生まれた子は嫡出子の2番目の女児となりますから，「二女」になります。

●誤った出生届に基づき，誤った「続き柄」が記載された戸籍の訂正について

　受理した出生届については，「続柄」欄の記載に錯誤がありますから，発見した市区町村長は，届出人に対して「あなたの戸籍の記載には次のような錯誤がありますから所定の手続をしてください。」という趣旨の通知を送ります（戸24条1項，戸規47条・附録18号様式）。しかし，その通知ができないとき，又は，通知しても訂正手続をしないときは，違法，錯誤，遺漏等が戸籍記載上明らかである場合に限り，管轄法務局の長の許可を得て，市区町村長の職権で，続き柄についての戸籍訂正記載をします（戸24条2項）。

設問 3　母に前婚がある場合の子の出生届

●民法772条で子の父だと推定を受けるのは，前夫の佐々木太郎か，後夫の山崎和夫か

　民法772条2項の「嫡出推定」について考えてみましょう。婚姻後200日経過した後又は離婚後300日以内の出生子は夫の子と推定される，とあります。「離婚後300日以内の子」は，「婚姻後200日経過した後」の前提があってこそ，夫の子として「嫡出推定」を受けるのです。佐々木太郎さんは婚姻して3か月余り（104日）で離婚しています。「あっ！佐々木太郎さんの嫡出推定は受けないんだ」と思った方もいるでしょう。ちょっと待ってください。たとえ婚姻期間が3か月余り（104日）であったとしても，子が生まれた時点までを計算すると「328日」あるのです。また，佐々木太郎さんと離婚してから「243日目」に生まれた出生子ですから，離婚後300日以内の子として，佐々木太郎さんの嫡出推定を受けます。

　嫡出推定の計算は，子が生まれた日を基準にするのです。決して婚姻期間ではないので注意してください。

　では，山崎和夫さんの嫡出推定は受けるでしょうか。残念ながら婚姻してから200日以内に子が出生していますから，嫡出推定は受けません。

●窓口ではどのような説明をするのか

　真実の父が山崎和夫さんであっても，民法772条2項の嫡出推定を受け，法律上の父と推定されるのは佐々木太郎さんです。今の時点では，山崎和夫さんを父とした出生届は受理できません。山崎和夫さんを父として届出をしたい場合は，親子関係不存在確認の裁判（戸116条，人訴4条1項，家審17条・18条・23条），又は，嫡出子否認の裁判（民774条，戸116条，人訴4条1項，家審17条・18条・23条）の手続をして，出生子と佐々木太郎さんとの父子関係を否定しなければなりません。裁判が確定するには最低1か月の期間を必要とします。もし，その裁判が確定するまで出生届を出さずにいると，その間，子は当然受けられるべき福祉制度を受けられず，保険証も受け取れない状態となるかもしれません。また，出生届の届出期間経過後の届出として，過料にも処せられます（戸135条）。このデメリットを伝えた上で，いったん前夫との嫡出子として出生届をして，後で親子関係不存在確認の裁判等で戸籍訂正をするのか，あるいは，時間がかかっても，先に裁判を確定させた上で，裁判（審判又は判決）書謄本，確定証明書を添付して，山崎和夫を父とした出生届をするのかを届出人に選択してもらいましょう。

　※　後夫の山崎和夫を父として出生届をするには，親子関係不存在確認の裁判，嫡出子否認の裁判以外に，山崎和夫を父とする「強制認知」（263頁第四段　猛稽古解説「設問1」参照）の方法もあります。

設問 4　父母との親子関係不存在確認の裁判

●父母との親子関係不存在確認の裁判について

　民法790条では，嫡出子は父母の氏を称し（民790条1項），嫡出でない子は母の氏を称すると規定されています（民790条2項）。父母の嫡出子（民772条）として，父母の戸籍に入籍していた子について，戸籍上の父母とは親子関係がなかったとして，親子関係不存在確認の裁判が確定した場合は，戸籍法116条による戸籍訂正申請をすることになりますが，入籍している戸籍は他人夫婦の戸籍ということになりますから，子はその戸籍から消除されることになります。

●消除された子の戸籍を新たにつくるにはどうしたらよいか

　真実の父母（父または母）が分かっている場合は，改めて出生届を提出することになりますが，その届出は戸籍法52条に規定された届出義務者によります。

　また，父母（父または母）が分からない場合は，無籍者として就籍の手続（戸110条）によることになります。

●真実の母は分かっているが，死亡しているため出生届ができない場合

　前記のように，戸籍法52条の出生届をすべき届出義務者が死亡し，届出ができない場合は，本来であれば就籍（戸110条）の手続によりますが，親子関係不存在確認の裁判の審判書中に真実の母の記載があるために，母子関係が明らかであると考えられます。

　この場合，法に規定された届出義務者ではありませんが，子本人が新たに出生届を提出することで，戸籍に新たに記載できる方法があります。この事件本人からの出生届は，戸籍法52条の届出義務者からの出生届ではありませんから，本来の「出生届」としては取り扱うことはできません。この出生届は「出生したので戸籍に記載してほしい」と申し出る「記載申出書」として取り扱い（職権発動を促すもの），この記載申出書と母が明らかである旨の審判書及び関連戸籍を添付して，管轄法務局の長に記載許可申請（戸24条2項）をし，許可を得て職権記載をすることができます（昭和26・12・28民事甲2483号回答）。この許可申請手続は，事件本人が入籍すべき戸籍（出生当時の母の戸籍）がある市区町村がすることになりますから，当該本籍地でない市区町村に申出があった場合は，本籍地市区町村に送付することになります。この場合，この申出書は，届出や申請ではありませんから，本籍地市区町村長あての申出書ということになります。

●戸籍の記載例について（参考）

　設問の範囲ではありませんが，親子関係不存在確認の裁判について，いくつかの

参考記載例を掲載します。

親子関係は，親族関係の根幹を成すものといっても過言ではありません。配偶者と子は，法に定められた第一相続人です（民900条1号）。親族身分関係を公証する唯一の公簿として存在する戸籍においては，この親子関係の存否が重大な意味を持っています。しかし，窓口では，この親子関係がないとする戸籍法116条の戸籍訂正（親子関係不存在確認の裁判・嫡出子否認の裁判）が比較的多く申請されるように思われます。そこで，本事例も含めて，親子関係不存在確認の裁判に関する戸籍の記載例を，それぞれのケース別に掲載しますので，今後の参考にしてください。

> **1 離婚後300日以内に出生した届出未済の子について，父子関係不存在確認の裁判の謄本を添付して，母から嫡出でない子として出生届があった場合**
> （母は離婚後に新戸籍を編製している）

母の戸籍（子の身分事項欄）

出　　生	【出生日】平成23年10月11日 【出生地】和歌山県海南市 【届出日】平成24年1月13日 【届出人】母 【特記事項】平成24年1月10日吉川正義との親子関係不存在確認の裁判確定

※　届出未済であったため，これは戸籍訂正手続によるものではありません。裁判の謄本は，出生届において父子関係を否定するための添付書類となるものです。
　なお，「特記事項」については，他の戸籍に入籍又は新戸籍編製の際には移記事項となりません。

> **2 婚姻継続中の夫婦間の子として，父母の戸籍に記載されている子について，父子関係不存在の裁判が確定し，母から戸籍訂正申請があった場合**

母の戸籍（子の身分事項欄）

消　　除	【消除日】平成24年10月11日 【消除事項】父の氏名 【消除事由】加藤憲二との親子関係不存在確認の裁判確定 【裁判確定日】平成24年10月8日

	【申請日】平成24年10月11日
	【申請人】母
	【関連訂正事項】父母との続柄
	【従前の記録】
	【父】加藤憲二
	【父母との続柄】長男

※　父子関係が否定されることによって，子は嫡出でない子となり，出生当時の母の戸籍に入籍しますが，母は婚姻継続中のために，父の氏名を消除するだけで，戸籍に変動はありません。また，続き柄については，嫡出子の続き柄から，嫡出でない子の続き柄に訂正する必要があります。例えば，「嫡出子」としての「長男」が，「嫡出でない子」としての「長男」となった場合には，続き柄の表記は同じであっても，訂正を要することになります（平成16・11・1民一3008号通達2⑺）。

3　父母離婚後300日以内の出生子として，父筆頭者の戸籍に入籍した子について，父子関係不存在確認の裁判が確定し，母から戸籍訂正申請があった場合（母は離婚後に復籍している）

母の新戸籍（戸籍事項欄）

戸籍編製	【編製日】平成24年10月13日

母の新戸籍（母の身分事項欄）

入　　籍	【入籍日】平成24年10月13日
	【入籍事由】子の親子関係不存在確認の裁判確定による申請
	【従前戸籍】京都市中京区○○18番地　山田信二

母の新戸籍（子の身分事項欄）　出生事項の次に段落ちタイトルで記載

移　　記	【移記日】平成24年10月13日
	【移記事由】川崎信吾との親子関係不存在確認の裁判確定
	【裁判確定日】平成24年10月8日
	【申請日】平成24年10月11日
	【申請人】母
	【送付を受けた日】平成24年10月13日
	【受理者】東京都千代田区長
	【移記前の戸籍】東京都千代田区○○三丁目24番地　川崎信吾

父の戸籍（子の身分事項欄）

消　　除	【消除日】平成２４年１０月１１日
	【消除事項】父の氏名
	【消除事由】川崎信吾との親子関係不存在確認の裁判確定
	【裁判確定日】平成２４年１０月８日
	【申請日】平成２４年１０月１１日
	【申請人】母
	【関連訂正事項】父母との続柄
	【従前の記録】
	【父】川崎信吾
	【父母との続柄】長男
移　　記	【移記日】平成２４年１０月１１日
	【移記事項】出生事項
	【移記事由】川崎信吾との親子関係不存在確認の裁判確定
	【裁判確定日】平成２４年１０月８日
	【申請日】平成２４年１０月１１日
	【申請人】母
	【移記後の戸籍】京都市中京区〇〇１８番地　山田勝子

母の従前戸籍（身分事項欄）

除　　籍	【除籍日】平成２４年１０月１３日
	【除籍事由】子の親子関係不存在確認の裁判確定
	【申請日】平成２４年１０月１１日
	【送付を受けた日】平成２４年１０月１３日
	【受理者】東京都千代田区長
	【新本籍】京都市中京区〇〇１８番地

※　父子関係が否定されることによって，子は嫡出でない子になり，出生当時の母の戸籍に入籍しますが，母が離婚により母の父母の戸籍に復籍しているため，三代戸籍の禁止（戸17条）の定めにより，母につき新戸籍を編製して子を入籍させます。母の新戸籍，及び父の戸籍中の子の身分事項欄に「移記」という基本タイトルがあります。嫡出子否認の裁判の場合は「除籍・入籍」という基本タイトルを記録するのですが，これは，親子関係不存在確認の裁判は「確認の裁判」で，嫡出子否認の裁判は「形成の裁判」であるという裁判の性質の違いから，記録する基本タイトル及びインデックスにも違いがあります。

4　父母離婚後300日以内の出生子として，父筆頭者の戸籍に入籍した子について，その後，母が再婚したことによって母の戸籍が除かれた後に，母の前夫との父子関係不存在確認の裁判が確定し，母から戸籍訂正申請があった場合

回復された母の戸籍（戸籍事項欄）回復事項

戸籍編製　　　　　【編製日】平成23年9月10日
　　　　　　　　　【回復日】平成24年10月13日
　　　　　　　　　【回復事由】戸籍消除の記録錯誤

回復された母の戸籍（子の身分事項欄）出生事項の次に段落ちタイトルで記載

　　移　　記　　　【移記日】平成24年10月13日
　　　　　　　　　【移記事由】浜田彰夫との親子関係不存在確認の裁判確
　　　　　　　　　　　定
　　　　　　　　　【裁判確定日】平成24年10月8日
　　　　　　　　　【申請日】平成24年10月11日
　　　　　　　　　【申請人】母
　　　　　　　　　【送付を受けた日】平成24年10月13日
　　　　　　　　　【受理者】大阪府泉南市長
　　　　　　　　　【移記前の戸籍】大阪府泉南市○○67番地　浜田彰夫

消除された母の戸籍（戸籍事項欄）離婚により編製された戸籍

　　消　　除　　　【消除日】平成24年10月13日
　　　　　　　　　【消除事項】戸籍消除事項
　　　　　　　　　【消除事由】戸籍消除の記録錯誤
　　　　　　　　　【従前の記録】
　　　　　　　　　　　【消除日】平成24年4月1日

父の戸籍（子の身分事項欄）

　　消　　除　　　【消除日】平成24年10月11日
　　　　　　　　　【消除事項】父の氏名
　　　　　　　　　【消除事由】浜田彰夫との親子関係不存在確認の裁判確
　　　　　　　　　　　定
　　　　　　　　　【裁判確定日】平成24年10月8日
　　　　　　　　　【申請日】平成24年10月11日
　　　　　　　　　【申請人】母
　　　　　　　　　【関連訂正事項】父母との続柄
　　　　　　　　　【従前の記録】
　　　　　　　　　　　【父】浜田彰夫
　　　　　　　　　　　【父母との続柄】長男
　　移　　記　　　【移記日】平成24年10月11日
　　　　　　　　　【移記事項】出生事項
　　　　　　　　　【移記事由】浜田彰夫との親子関係不存在確認の裁判確
　　　　　　　　　　　定
　　　　　　　　　【裁判確定日】平成24年10月8日

　　　　　　　　　　【申請日】平成24年10月11日
　　　　　　　　　　【申請人】母
　　　　　　　　　　【移記後の戸籍】兵庫県三田市○○56番地　清水麻美

※　父子関係が否定されることによって、子は嫡出でない子になり、出生当時の母の戸籍に入籍しますが、出生当時の母の戸籍は、子が出生後に婚姻により除かれているために、その除かれた戸籍の消除事項を消除した上で、新たに回復戸籍を編製し、子を末尾に記載します（「戸籍の回復について」（261頁）参照，昭和27・11・4民事甲755号回答）。

　回復された母の戸籍中の戸籍事項欄に、「編製日」という記載がありますが、これは離婚により新戸籍が編製された年月日です。

　なお、上記の訂正処理は、母が離婚に際し新戸籍を編製した後に再婚により除籍された場合です。もし、母が離婚の際に婚姻前の父母の戸籍に復籍した後に再婚により除籍された場合であれば、次のような訂正処理となります。

> 父子関係不存在確認の裁判確定に基づく戸籍訂正申請により、父の戸籍の子の記載を消除して出生当時の母の戸籍（離婚により復籍した母の戸籍）の末尾にいったん記載すると同時に子について単身の新戸籍を編製する。

5　父母離婚後300日以内の出生子として、父筆頭者の戸籍に入籍した子について、その後、母の氏を称する入籍届により子が母の戸籍に入籍した後に、父子関係不存在確認の裁判が確定し、母から戸籍訂正申請があった場合

母の戸籍（子の身分事項欄）

消　　除	【消除日】平成24年10月13日
	【消除事項】父の氏名
	【消除事由】林勝義との親子関係不存在確認の裁判確定
	【裁判確定日】平成24年10月8日
	【申請日】平成24年10月11日
	【申請人】母
	【送付を受けた日】平成24年10月13日
	【受理者】三重県伊勢市長
	【関連訂正事項】父母との続柄
	【従前の記録】
	【父】林勝義
	【父母との続柄】長女

父の戸籍（除籍された子の身分事項欄）　入籍事項の次に記載

消　　除	【消除日】平成24年10月11日

【消除事項】父の氏名
【消除事由】林勝義との親子関係不存在確認の裁判確定
【裁判確定日】平成２４年１０月８日
【申請日】平成２４年１０月１１日
【申請人】母
【関連訂正事項】父母との続柄
【従前の記録】
　　【父】林勝義
　　【父母との続柄】長女

※　父子関係が否定されることによって、子は嫡出でない子になり、出生当時の母の戸籍に入籍しますが、母の氏を称する入籍届により、既に母の戸籍に入籍しているために、戸籍の変動はありません。また、子の従前戸籍と、現在の戸籍に、離婚後300日以内の出生子として「親権者母」の記載がありますが、離婚の際に父母の協議で定めた親権事項ではありませんから、あえて消除する必要はありません。

> 6　虚偽の出生届により、戸籍上の父母の戸籍に入籍していた子について、父母双方との親子関係不存在確認の裁判が確定し、父とされた者からの戸籍訂正申請があった場合（本設問の記載例）

父母の戸籍（子の身分事項欄）

消　　除　　【消除日】平成２４年１０月１１日
　　　　　　【消除事項】出生事項
　　　　　　【消除事由】山口宏及び同人妻美津子との親子関係不存在確認の裁判確定
　　　　　　【裁判確定日】平成２４年１０月８日
　　　　　　【申請日】平成２４年１０月１１日
　　　　　　【申請人】山口宏
　　　　　　【従前の記録】
　　　　　　　　【出生日】平成６年９月３日
　　　　　　　　【出生地】埼玉県浦和市
　　　　　　　　【届出日】平成６年９月１０日
　　　　　　　　【届出人】父

※　父母との親子関係不存在の裁判が確定した場合には、子が現在記載されている戸籍は、出生時に入籍すべき戸籍ではなかったので、子は戸籍から消除されることになります。また、真実の父又は母から新たに出生届をするか、あるいは、就籍の届出をしない限り、子は無籍者となります。

記載例については、上記の記載をした後に、子の「戸籍に記載されている者」の欄に「消除」と記載します。

なお，本事例のように，審判書あるいは判決書の主文に真実の父母（父又は母）の本籍，氏名が明らかにされている場合は，その父母（父又は母）が新たに出生届をすることになりますが，提出された出生届に疑義がない場合は，通常の出生事項の記載例によって，子を母の戸籍に入籍させます。

　しかし，本事例のように母が死亡している場合には，子からの出生届（戸籍記載申出書）を添付して，管轄法務局の長への戸籍記載許可申請手続が必要になります。

　戸籍記載許可申請が許可された場合の記載例は，次の通りです。

| 出　　　　生 | 【出生日】平成６年９月３日
【出生地】埼玉県浦和市
【許可日】平成２５年１月８日 |

※　子は母の嫡出でない子ですから，出生当時の戸籍に入籍しますが，子の出生当時の戸籍が除かれている場合は，戸籍を回復して（「戸籍の回復について」261頁参照），出生の記載をすることになります。

設問 5 出生子が入籍する戸籍

出生により子が入籍する戸籍は，「出生の時点」で決まります。
　子（嫡出子）の出生後，出生届未済のまま，父母の戸籍に変動があった場合，その後の出生届で，子が入籍する戸籍はどうなるか，身分行為ごとにそれぞれの事例を見ていきましょう。

① 子の出生後に父母が離婚し，母が復籍後，父が縁組したことにより，父母の戸籍が除籍になっている場合

子は父母婚姻中に出生していますから，父母の嫡出子（民772条1項）として出生当時の父母の氏を称し（民790条1項本文），出生当時の父母の戸籍に入籍します（戸18条1項）。設問の場合，子は戸籍が除籍される前に，当然入籍していなければならなかった子ですから，入籍する戸籍が除籍になっている場合は，子が入籍すべき戸籍（除籍）を回復して子を入籍させます（昭和38・10・29民事甲3058号通達）。

② 子の出生前に父母が離婚し，母が新戸籍編製後，父が死亡したことにより，父母の離婚当時の戸籍が除籍になっている場合

子が，父母の離婚後300日以内に出生した嫡出子（民772条2項）の場合は，父母の離婚の際の氏を称し（民790条1項ただし書），離婚の際の父母の戸籍に入籍しますが（戸18条1項），父母離婚当時の戸籍は既に除籍されています。この場合は，その除籍を回復させることなく，いったん除籍の末尾（最後）に子を記載すると同時に除籍し，その戸籍と同所同番地に，子本人が筆頭者の新戸籍を編製します（戸30条3項）。いったん末尾に子の記載をするのは，離婚しても父母の嫡出子ですから，後日相続が発生したときに，子の相続に支障が出ないようにするためです。

③ 子の出生後に父母が管外転籍していた場合

嫡出子は（民772条1項）父母の氏を称し（民790条1項本文），父母の戸籍に入籍します（戸18条1項）。この父母の戸籍とは，子の出生当時の戸籍です。そのことから考えると，出生当時の戸籍とは転籍前の戸籍であると考えてしまいがちですが，転籍前の戸籍と転籍後の戸籍は，本籍地が変わっただけで同一のものと考えられてい

ますから，転籍後の戸籍に入籍させる取扱いになります。

> ④ 子の出生後に父母が養子となる縁組をし，在籍していた子全員が，父母の縁組後の戸籍に入籍したため，縁組前の戸籍が除籍になっている場合

　父母が子の出生と同日に縁組をしていない限り，子は父母の縁組前の氏を称し（民790条1項本文），縁組前の戸籍に入籍します（戸18条1項）。父母の縁組前の戸籍が除籍になっている場合は，縁組前の戸籍を回復して子を入籍させます（昭和38・10・29民事甲3058号通達）。

　その後，子を父母の縁組後の戸籍に入籍させたい場合は，民法791条2項の規定により，家庭裁判所の許可を得ることなく，父母の氏を称する入籍届（戸98条）を提出することで縁組後の父母の戸籍に入籍することができます。

第二　縁組・離縁　解説

設問 1 婚姻中に縁組した者の離婚後に復籍する戸籍

●**養子縁組した者の氏について**

　民法810条本文では「養子は，養親の氏を称する。」とされ，同条ただし書では「婚姻によって氏を改めた者については，婚姻の際に定めた氏を称すべき間は，この限りでない。」とされています。単身者や婚姻の際に氏を改めなかった者（夫婦の筆頭者）が縁組をした場合は養親の氏を称しますが，その配偶者は夫婦共同で縁組をしなくとも，夫婦同氏の原則（民750条）により，筆頭者とともにその氏を改めます。しかし，婚姻の際に氏を改めた者（夫婦の筆頭者の配偶者）が，配偶者の同意を得て（民796条本文）単独で縁組をしても，婚姻継続中は養親の氏を称しません。木島恵子は，婚姻により夫の氏「佐藤」を称し，婚姻継続中に単独で縁組をした者ですから，氏及び戸籍の変動はありませんでした。

●**離婚後に称する氏**

　民法767条及び771条では，「婚姻によって氏を改めた夫又は妻は，協議上の離婚によって婚姻前の氏に復する。」と規定されています。設問の場合には，婚姻事項の従前の氏として記載されているのは「木島」ですが，婚姻継続中に伯母の島田君江と縁組していますから，民法810条本文の「養子は，養親の氏を称する。」の定めに従い，離婚後は縁氏である「島田」を称することになります。なお，婚姻により氏を改めた者が養子となった後に，離婚（又は生存配偶者の復氏）をした場合は，観念的には養子はいったん婚姻前の氏に復することになりますが（民767条1項・751条），直ちに縁組による養親の氏を称することとされ，婚姻前の氏を称することなく，直ちに養親の氏を称することになります（民810条ただし書，昭和62・10・1民二5000号通達第1の3）。しかし，養子は離婚によって，観念的ではありますが婚姻前の氏に復していますので，戸籍法19条1項の規定により婚姻前の氏に復し，復籍又は新戸籍編製のいずれかを選択することができます。また，民法767条2項及び戸籍法77条の2の規定によって，離婚の際に称していた氏「佐藤」を称して新戸籍を編製することもできます（法務省民事局第二課職員「改正民法・戸籍法の解説(一)」戸籍誌526号32頁）。

●**離婚後に復籍する場合の戸籍について**

　前記の戸籍法19条1項本文の規定により，離婚後に復籍を希望した場合はどのよ

うになるのでしょうか。恵子が縁組した当時は婚姻継続中であったため，戸籍の変動はありませんでした。もし，恵子が縁組当時に単身者であったのなら，養母となった島田君江は戸籍筆頭者や配偶者ではないため，三代戸籍を禁止した戸籍法17条の規定により新戸籍を編製し，養子（恵子）を入籍させていたのですが，恵子は島田君江の戸籍に一度も入籍することなく，このたびの離婚に至ったのです。恵子が離婚後復籍を希望する場合には，同じく戸籍法17条の三代戸籍の禁止規定が適用されることになりますから，養母（島田君江）は新戸籍を編製し，養子（恵子）を入籍させることになります。ここで問題になるのが，戸籍記載例です。このたびの養母の新戸籍編製は，縁組によるものではありません。しかし，新戸籍編製の際には，何によって新戸籍が編製されたのかという「事由の記載」が必要です。法定記載例には該当の記載例はありませんが，次のような記載によるものと考えられます。

養母の新戸籍中，戸籍事項欄

戸籍編製　　　　　　　｜【編製年月日】平成２５年１１月１３日

養母の新戸籍中，養母の身分事項欄

入　　籍　　　　　　　｜【入籍年月日】平成２５年１１月１３日
　　　　　　　　　　　　【入籍事由】養子の復籍
　　　　　　　　　　　　【従前戸籍】香川県高松市〇〇町５５番地
　　　　　　　　　　　　【特記事項】養子恵子の離婚復籍による新戸籍編製

養母の新戸籍中，復籍した養子の身分事項欄

離　　婚　　　　　　　｜【離婚日】平成２５年１１月１３日
　　　　　　　　　　　　【配偶者氏名】佐藤守
　　　　　　　　　　　　【従前戸籍】大阪市生野区〇〇二丁目１５番地　佐藤守

養母の従前戸籍中，養母の身分事項欄

除　　籍　　　　　　　｜【除籍年月日】平成２５年１１月１３日
　　　　　　　　　　　　【除籍事由】養子の復籍
　　　　　　　　　　　　【新本籍】香川県高松市〇〇町５５番地
　　　　　　　　　　　　【特記事項】養子恵子の離婚復籍による新戸籍編製

養子の従前戸籍中，夫の身分事項欄

離　　婚　　　　　　　｜【離婚日】平成２５年１１月１３日
　　　　　　　　　　　　【配偶者氏名】佐藤恵子
　　　　　　　　　　　　【送付日】平成２５年１１月１５日

　　　　　　　　　　｜【受理者】香川県高松市長

養子の従前戸籍中，妻（養子）の身分事項欄
離　　　婚　　　　｜【離婚日】平成２５年１１月１３日
　　　　　　　　　｜【配偶者氏名】佐藤守
　　　　　　　　　｜【送付日】平成２５年１１月１５日
　　　　　　　　　｜【受理者】香川県高松市長
　　　　　　　　　｜【入籍戸籍】香川県高松市〇〇町５５番地　島田君江

設問 2　連れ子縁組した養子の離縁後に称する氏

　それでは，(1)連れ子縁組した子が離縁後に縁組前の父の氏を称しない方法，(2)離縁時15歳未満である子の離縁協議者，(3)忠司の出生から離縁までの「親権者」の推移を，以下それぞれ確認していきましょう。

●連れ子縁組した養子（忠司）が離縁後復する氏について

　養子は，離縁によって縁組前の氏に復し（民816条1項），縁組前の戸籍に入籍します（戸19条1項本文）。ただし，縁組前の戸籍が除かれている場合，あるいは新戸籍編製の申出があった場合は，その者について新戸籍が編製されます（戸19条1項但書）。

　また，縁組が7年以上継続していれば，離縁の際に称していた氏で新戸籍を編製することができます（民816条2項，戸73条の2）。

　本事例の場合は，忠司は，父佐藤剛の戸籍から入籍しているために，佐藤剛の戸籍に復籍するか，又は，「佐藤」の氏で新戸籍を編製することになります。縁組期間は7年未満であるために，戸籍法73条の2の届出はできません。

(1)　忠司が離縁後に父の氏「佐藤」を称しない方法はあるか

　このままで離縁すると，必ず父の氏を称することになりますが，離縁の前に家庭裁判所で「子の氏変更許可の審判」を得て，「母の氏を称する入籍届」をした後に離縁すれば，裁判所の関与で母の氏を称した経緯があるために，養子の戸籍は変動せずに，引き続き母の氏を称することができます。

　この母の氏を称する入籍届について，少し掘り下げて考えてみましょう。

　民法810条本文では「養子は，養親の氏を称する。」と定められ，また，戸籍法18条3項では「養子は，養親の戸籍に入る。」と定められています。このことから考えると，縁組継続中のまま，「実母の氏」を称することができるのかという疑問が生じます。

　もちろん家庭裁判所では，民法810条及び戸籍法18条3項の規定は遵守しますが，縁組をした時点で，養父と実母が婚姻し共同親権になったこと（昭和23・4・21民事甲967号回答），及び離婚後の子の親権者を実母と定めたことを条件に，特別に許可をするという経緯があります（昭和26・9・4民事甲1787号通達，戸籍誌708号75頁）。

　したがって，忠司は，家庭裁判所の許可を得て，母の氏を称することができるということです。

(2)　離縁する際の離縁協議者は誰か

　15歳未満の養子が離縁する場合は，離縁後に法定代理人となる者（民811条2項〜

5項）が離縁の協議をすると定められています（民797条）。忠司が縁組をした際には，父が親権者であったために，縁組は「親権者父の代諾」で届出がされました。縁組後は，養父と実母の共同親権になり，その後，養父と実母が離婚したために「母の単独親権」になっています。たとえ養父と離縁したとしても，離縁後の親権者は父になることはありません。したがって，離縁後も親権者である母が離縁協議者になります。

(3) 忠司の親権者の推移

忠司の出生から離縁までの親権者の推移は，次のようになります。

佐藤剛，真知子婚姻中……父母共同親権
佐藤剛，真知子離婚…………父の単独親権
川端宏，忠司縁組……………養父と母の共同親権
川端宏，真知子離婚…………母の単独親権
川端宏，忠司離縁……………母の単独親権

設問 **3** 親権者養母との離縁

●離縁協議者はだれか

　15歳未満の養子が離縁する場合には，離縁後法定代理人となる者（民811条2項～5項）が離縁の協議をすると定められています（民797条）。本事例の場合，養父母離婚の際に親権者を養母と定めていますが，その親権者である養母と離縁をするには，現在の親権者が親権者でなくなるのですから，離縁後の法定代理人が誰になるのかを考える必要があります。戸籍実務の考え方では，離婚の際に単独親権者となった者が，死亡その他の理由で「子の親権を行う者がいない」状態になったときは，他の一方の親権が復活するのではなく，未成年後見人を選任することになります。これは，子の福祉にかなうためのもので，父母あるいは養父母が離婚の際に親権者を一方に定めた場合は，子の環境がその定められた親権者のもとに行われていますから，親権者が親権を行えない状態になったときは，その環境において監護すべき者を選任することが，子の幸せにつながるという考えからです。

　したがって，本事例の場合は家庭裁判所で未成年後見人を選任し，その者が離縁協議者になる必要があります（民811条5項，昭和37・7・14民事甲1989号回答）。

●離縁後の法定代理人が未成年後見人であるならば，届書の処理及び後見届についてはどうすればよいか

　本事例の未成年後見人選任の手続（民840条）については，家事審判法9条1項甲類14号の手続によります。親族，その他の利害関係人が家庭裁判所に申立てをして，審判確定後に未成年後見人選任の審判書謄本を添付し，「未成年者の後見開始届」（民838条，戸81条）を提出することになりますが，本事例の場合は，養母との離縁の際の離縁協議者になるという役割もありますから，「養子離縁届」，「未成年者の後見開始届」の順に届出をします。なお，養子離縁届には，未成年後見人選任の審判書謄本を謄本認証したものを添付して届出をし，「その他」欄には，次の記載をすることが必要です。

> 未成年後見人選任の審判書謄本添付

●戸籍の変動はどうなるか

　養母は，離婚により復氏した上で，子を「養母の氏を称する入籍届」によって自分の戸籍に入籍させています。子は，離縁によって養母が養母でなくなるのですから，養母の戸籍に入っている理由がありません。この場合，「養子は，養親の氏を

称し（民810条），養親の戸籍に入る（戸18条3項）」という定めに従って，縁組が継続している養父の戸籍に入籍することになります。しかし，重ねて言いますが，たとえ養父の戸籍に入籍しても，親権は養父に変わるものではありません。子は，離縁によって未成年後見に服します。

設問 4 養父の認知で準正した子の離縁後の戸籍

　それでは，嫡出でない子が父母婚姻後に父母と共同縁組をし，養父の認知により準正嫡出子となった場合の，養父母双方との離縁における離縁協議者と戸籍の移動を確認しましょう。

(1) 養父母（実父母）婚姻中に，養父母双方と離縁する場合

　離縁をするにあたっては，子は15歳未満なので，離縁後親権者となるべき者が離縁協議者（民797条）になりますが，離縁する養父母と離縁協議者（親権者となるべき父母）とが同一人となり，一見利益相反（民826条）が生じると考えられます。利益相反が生じるかどうかは，その離縁が子に不利益になるかどうかで判断します。この設例では，子は準正嫡出子となっており，離縁したとしても何の利害も生じないし，縁組の記載は形だけのものになっていますので，利益相反には当たらないものと考えられます。また，戸籍の変動についても，子を縁組前の氏にもどしたとしても何の実益もないため，この離縁に関しては，協議者は親権者となるべき父母で，戸籍に変動はない取扱いとなります（昭和25・5・16民事甲1258号通達）。

(2) 養父母（実父母）が，子の親権者を養母と定めて離婚した後，子が養父と離縁し，さらに養母と離縁する場合

　未成年の養子との離縁については，養父母婚姻中の場合は養父母双方と離縁する必要があります（民811条の2）。しかし，本事例では，既に養父母は離婚しているため，養父と養母が個別に離縁をすることになります。

　まず，養父との離縁について考えてみましょう。15歳未満の養子が離縁する場合は，離縁後に法定代理人となる者が離縁協議者となり，養子に代わって届出をします（民811条2項～5項）。離婚の際に，養子の親権者は養母と定められ養父と離縁したとしても，離縁後の親権は養母が引き続き行うことから，養父との離縁協議者は「親権者養母」となります。また，戸籍の変動については，夫婦の養子になっている場合に，一方（養父）と離縁をしても，他方（養母）との縁組が継続しているため，養子の戸籍の変動はありません（民816条1項ただし書）。

　次に，養母との離縁について考えてみましょう。子は縁組当時嫡出でない子でしたから，親権者である実母の代諾で縁組をしたと考えられます。離縁する際には，離縁後に法定代理人となる者が離縁協議者となりますが（民811条2項～5項），離縁後親権者となるべき実母は，養母と同一人ですから，利益相反が生じるかどうかを考える必要があります。子は，縁組後，養父の認知により準正嫡出子となっています（民789条2項）。準正の効果は，たとえ父母が離婚しても嫡出子であることに変わ

りはありません。したがって，養子は離縁することで嫡出子の身分を失うことはありませんから，利益相反は生じず，離縁協議者は「親権者となるべき母」であると考えられます。

　では，戸籍の変動についてはどうでしょうか。(1)の事例では，父母が婚姻中であったために，子を縁組前の戸籍にもどす実益がないとして，戸籍の変動はありませんでしたが，本事例では，既に父母は離婚し，(1)の事例とは明らかに違いがあります。このような場合は，原則に立ち返って考えましょう。戸籍法19条1項により，養子は離縁前の戸籍にもどります。縁組前の戸籍とは，母が筆頭者であった戸籍です。

　したがって，養子が離縁後に入籍する戸籍は，母が離婚後に復氏し新戸籍を編製している場合は，その新戸籍に入籍し，母が戸籍法77条の2の届出で離婚の際に称していた氏で戸籍を編製している場合は，離縁届の「その他」欄に「母と同籍することを希望する」と記載すれば，母の戸籍に入籍できることになります。

設問 5　母の離婚と子の離縁

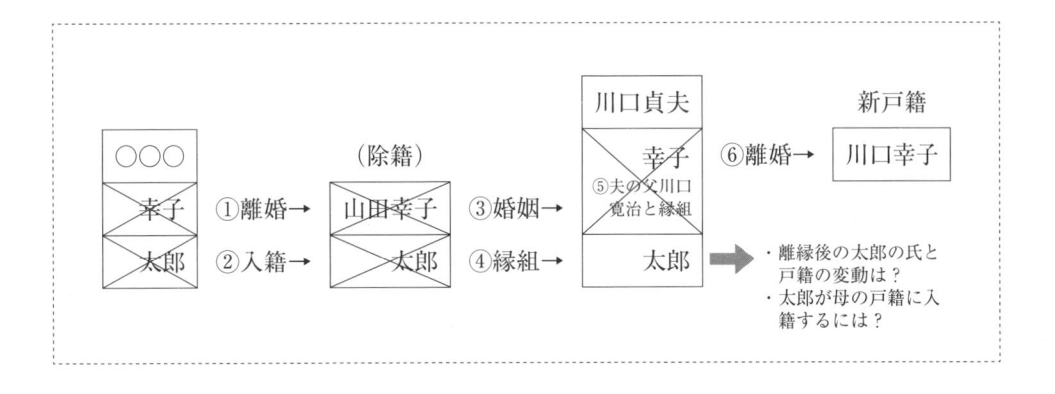

```
                                    川口貞夫
                                      幸子              新戸籍
    ○○○          （除籍）          ⑤夫の父川口    ⑥離婚→  川口幸子
     幸子    ①離婚→   山田幸子   ③婚姻→  寛治と縁組
     太郎    ②入籍→     太郎    ④縁組→    太郎     ・離縁後の太郎の氏と
                                                        戸籍の変動は？
                                                      ・太郎が母の戸籍に入
                                                        籍するには？
```

●離婚後母が称している民法上の氏

　母幸子は，離婚することによって婚姻前の氏にもどります（民767条・771条）。このもどるべき「婚姻前の氏」について考えてみましょう。

　幸子は，川口貞夫と夫の氏を称して婚姻した後，婚姻継続中に，川口貞夫の父川口寛治と縁組をしています。民法810条ただし書では，婚姻の際に定めた氏を称すべき間は養親の氏を称しない，と定められていますから，婚姻継続中であったときの幸子は，氏の変動はなく，「婚氏」である夫川口貞夫の氏を称していたことになります。その後，母幸子は離婚しました。

　離婚する場合は，原則として婚姻事項に記載されている直前の氏を確認しますが，本事例の場合は，婚姻事項の直前の氏は実方の氏である「山田」と記載されています。

　しかし母は，婚姻後離婚までの間に川口寛治と縁組をしていますから，民法810条本文「養子は，養親の氏を称する。」という規定によって，幸子は離婚後に養親の氏を称することになります。したがって，母幸子が離婚後に称した氏「川口」は，たとえ夫と同じ呼称であっても，民法上は養父の氏であり，また，別れた夫（養父川口寛治の子）とは，離婚して配偶者ではなくなりますが，縁組上の兄妹の関係であるということになります。

●子が養父と離縁した場合の民法上の氏

　子太郎は，川口貞夫と離縁することによって，縁組前の氏にもどります（民817条・769条）。したがって，子太郎が離縁後に称する民法上の氏は，母が川口貞夫と婚姻する前に称していた母幸子の実方の氏「山田」です。

●**太郎が離縁する場合の離縁協議者はだれか**

　離縁協議者は，民法797条で，離縁後に法定代理人となる者（民811条2項～5項）が離縁の協議をすると定められています。本事例の場合は，養父と母が離婚する際に，親権者を母と定めているため，養父との離縁によって親権者の変動はありません。したがって，太郎が離縁する際の離縁協議者は，離縁後も法定代理人である「親権者母」です。

●**子が離縁すると，戸籍はどうなるか**

　上記のように，離婚後母が称している民法上の氏（養父の氏・川口）と，子が離縁後称する民法上の氏（母の実方の氏・山田）は違いますから，子は離縁によって，母の離婚後の新戸籍に入籍することはできません。入籍すべき，縁組前の「山田を称していた母の戸籍」は，すでに除籍になっていますから，子は「山田」の氏で新戸籍を編製します（戸19条1項但書）。

　また，縁組が7年以上継続している場合は，養子離縁届と同時，あるいは離縁後3か月以内に「離縁の際に称していた氏を称する届出」（民816条2項，戸73条の2）をすることによって，離縁の際に称していた氏「川口」で新戸籍を編製することができます。

●**子が母の戸籍に入籍するにはどうしたらよいか**

　子と母は民法上の氏が違いますから，家庭裁判所の許可を得て，母の氏を称する入籍届（民法791条1項，戸98条）をすることによって，母の戸籍に入籍できます。

第三　婚姻・離婚，入籍　[解説]

設問 1　婚姻届の新本籍の不備

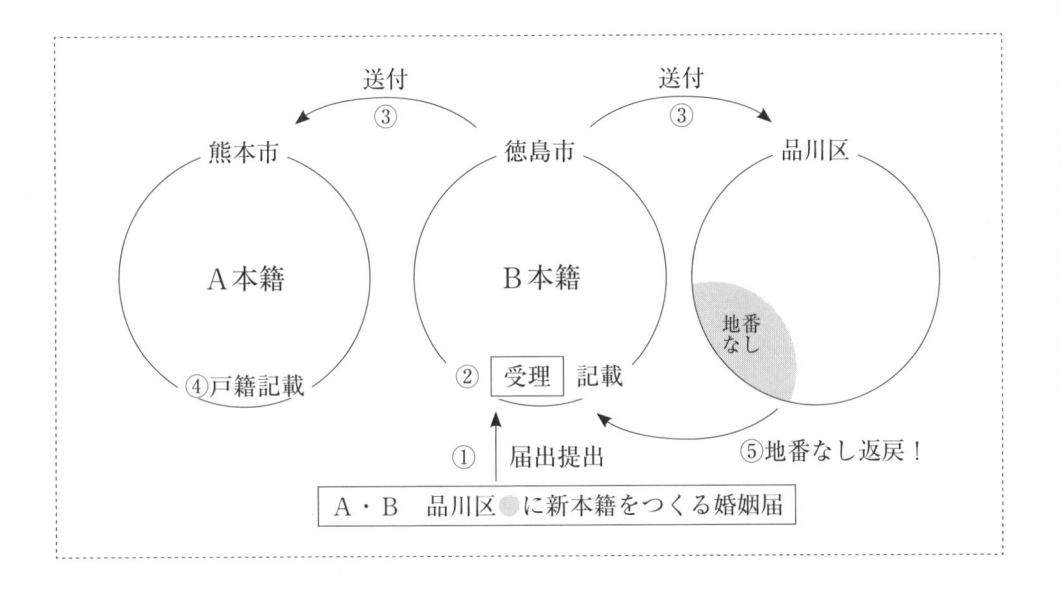

```
                    送付              送付
                     ③               ③
          熊本市            徳島市            品川区

         A本籍            B本籍           地番
                                          なし
         ④戸籍記載     ② 受理  記載
                       ①  届出提出      ⑤地番なし返戻！
              A・B  品川区 に新本籍をつくる婚姻届
```

●新本籍の設定について

　新本籍は，日本の領土内であり，新本籍設定の時点で存在する地番号又は街区符号であれば設定できますが，干拓地などで，まだいずれの市区町村に属するか定まっていない場所には，本籍を定めることはできません（昭和25・12・27民事甲3352号回答）。

●新本籍の該当地番がない場合の是正方法

　新本籍の該当地番がない届書を誤って受理した場合，戸籍記載前であれば，「追完届」（戸45条）を提出することになります。

●戸籍記載を完了した本籍地と，まだ記載をしていない本籍地がある場合はどうしたらよいか

　設問の場合は，戸籍記載が3つの市区町村にわたっています。そのうち，従前本籍地では記載を完了していて，新本籍地ではまだ記載がされていません。この場合は，まだ記載をしていない新本籍地については，追完届に基づき戸籍記載をすることになりますが，記載を完了した従前本籍地については，職権訂正書（市区町村長限

りの職権訂正：標準準則39条・付録第31号書式）を作成し，追完届を添付して訂正を行うことになります（昭和39・12・16民事甲3966号回答）。

●追完届はどの市区町村にするのか

追完届は，一般の届出の原則に従い，事件本人の本籍地又は届出人の所在地で行うことができます。なお，この追完届を受理した市区町村は，この追完届を関連の市区町村に送付することになります。

受理した徳島市に追完届が提出された場合の，職権訂正書に記載する第(4)欄「訂正の事由」と，第(5)欄「訂正の趣旨」については次のとおりです。

(4)欄　訂正の事由

> 上記事件本人小林芳樹は，平成〇年〇月〇日徳島市長に婚姻届をしたが，別添追完届により，新本籍地の地番号の表示に錯誤があるので，その記載を訂正する。

(5)欄　訂正の趣旨

> 上記小林三郎（戸籍筆頭者）戸籍の事件本人芳樹の婚姻事項中，新本籍地の地番号「２５０番地」とあるのを「２５０番地３」と訂正する。

設問 2 外国の裁判所での離婚の裁判

　外国で成立した裁判離婚に基づく離婚届において，裁判書には未成年の子の親権者の記載がなく，届書にのみ明記されている場合，どのように戸籍に記載していけばよいのでしょうか。

　本設問では，裁判の申立人は父，届書の親権者は母で，届出人署名欄には夫婦双方の署名押印があります。

●裁判離婚の届出人は誰か

　我が国では，夫婦がいろいろな理由で婚姻を継続していけなくなったが，話合いで離婚できないとき，夫あるいは妻から家庭裁判所にまず離婚の調停を申し立てることになります（家審17条・18条）。裁判離婚は，調停の成立又は審判，判決等の確定によって効力が発生します。離婚する意思はあるが，未成年の子の親権についての話合いが調わないときも，家庭裁判所の関与が必要です（民819条2項）。裁判離婚については，審判あるいは判決等の確定，調停の成立の日から10日以内に，訴えを提起した者（申立人）が届け出なければなりません。11日目以降は，相手方からも届出ができます（戸77条1項・63条）。

　設問の場合は，申立人は夫ですから，離婚届に署名している妻の署名については，余事記載（余分な記載）であると考えられます。

●外国の裁判所で成立した裁判について

　次に，外国の裁判所において成立した裁判について考えてみましょう。外国で成立した裁判については，民事訴訟法118条の次の各号に違反しない限り有効とされます。

　　1　法令又は条約により外国裁判所の裁判権が認められること。
　　2　敗訴の被告が訴訟の開始に必要な呼出し若しくは命令の送達（公示送達その他これに類する送達を除く。）を受けたこと又はこれを受けなかったが応訴したこと。
　　3　判決の内容及び訴訟手続が日本における公の秩序又は善良の風俗に反しないこと。
　　4　相互の保証があること。

●外国で確定した親権の定めのない審判書は有効か

　この設問内容からは，審判書の詳しい内容は分かりませんが，審判書には子の親権者の定めがないとされています。民法819条1項・2項では，離婚の際には必ず親権者の指定をしなければならないとされていて，協議離婚，裁判離婚いずれの場合でも必須条件とされています。果たして，この親権者の定めのない裁判離婚につ

いて，民事訴訟法に定める要件を欠くものであるかを考える必要があります。

離婚届についての親権者の定めについては，夫婦間の未成年の子の親権者の定めのない離婚届を誤って受理した場合は，追認をすることで，届出が正当なものとなる取扱いをすることから，裁判の内容に親権者の定めがなくても，届出人欄の妻の署名は，離婚届の届出人としては余事記載ですが，子の親権者の指定を協議で行った追認の意思表示とみなして，この離婚届を受理することになります（「設題解説渉外戸籍実務の処理Ⅶ」51頁）。

●**離婚届が受理された場合の親権の記載について**

離婚については，当該審判書と確定証明書により，裁判が確定した日が離婚成立日と記載されますが，親権の記載については，裁判書に定めがないため，裁判成立日に親権者が定められたと記載することはできません。親権者を定めたのは，離婚届が提出された日，つまり夫婦で協議して親権者を定めたと届け出た日になります。

したがって，親権の記載については，協議による親権者指定届の記載例に従って，次のようになります。

親　　権　　　【親権者を定めた日】平成○年○月○日　（離婚届出年月日）
　　　　　　　【親権者】母
　　　　　　　【届出人】父母

設問 **3** 夫の帰化により夫の氏を称した妻が復する氏

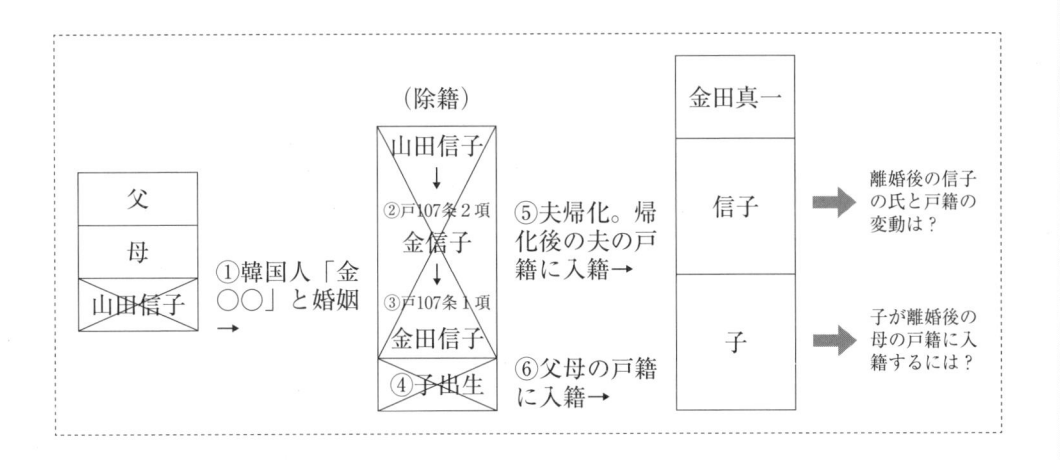

```
                    （除籍）         金田真一
                   ┌─────┐        ┌─────┐
   ┌─────┐         │山田信子│        │     │
   │ 父  │         │  ↓   │        │     │
   ├─────┤ ①韓国人「金│②戸107条2項│        │ 信子 │ → 離婚後の信子
   │ 母  │ ○○」と婚姻│ 金信子 │⑤夫帰化。帰│     │   の氏と戸籍の
   ├─────┤   →     │  ↓   │ 化後の夫の戸│     │   変動は？
   │山田信子│         │③戸107条1項│籍に入籍→ ├─────┤
   └─────┘         │ 金田信子│        │     │
                   ├─────┤        │  子  │ → 子が離婚後の
                   │④子出生│⑥父母の戸│     │   母の戸籍に入
                   └─────┘ 籍に入籍→ └─────┘   籍するには？
```

① **外国人配偶者との婚姻による氏の変動について**

　外国人と婚姻した日本人は，その日本人が筆頭者でない場合は，戸籍法16条3項ただし書により，日本人について新戸籍を編製します。外国人には日本の氏の概念がないために，民法750条でいう日本人同士の婚姻とは違い，氏の変動を伴うものではありません。

　この新戸籍の編製は，自己の氏を称して婚姻して戸籍筆頭者となった者のように，ある意味，分籍のような効果があります。設問の山田信子は，民法上の氏は「山田」で新戸籍を編製した後，戸籍法107条2項の規定により，外国人配偶者の本名の氏「金」を称し，さらに107条1項の規定により，家庭裁判所の許可を得て，外国人配偶者の通称名「金田」を称しましたが，いずれも呼称上の氏を変更したもので，民法上の氏は依然として「山田」のままであるということになります。

② **夫の帰化により，夫の戸籍に入籍した妻の氏**

　外国人が帰化した際には，日本の氏を創設します（昭和25・6・1民事甲1566号通達）が，帰化者が婚姻している場合は，民法750条（夫婦同氏）の規定により，帰化の際に夫婦の協議で夫，妻どちらの氏を名乗るかを選択することになります。設問の場合は，夫の氏を選択したために，夫筆頭者の戸籍に妻が入籍したことになります（前記昭和25年民事甲1566号通達第二の二）。外国人配偶者の氏（呼称上「金田」，民法上「山田」）を称していた妻は，夫が帰化時に創設した氏「金田」を選択したことにより，民法上の氏が変動したことになります。妻信子は，婚姻の際に氏を改めたのではなく，夫の帰化によって夫の氏を称したことになります。

また，夫婦間の子については，帰化前に出生していた子があれば，民法790条の規定により，夫婦間の嫡出子として，編製した戸籍に入籍することになります。

③　妻が離婚により称する氏はどの氏か

　民法767条及び771条では，「婚姻によって氏を改めた夫又は妻は，協議上の離婚によって婚姻前の氏に復する。」と規定されています。さらに戸籍法19条1項では，「離婚……によって，婚姻……前の氏に復するときは，婚姻……前の戸籍に入る。但し，その戸籍が既に除かれているとき，又はその者が新戸籍編製の申出をしたときは，新戸籍を編製する。」と規定されていますが，設問の場合は，「婚姻により氏を改めた者」ではなく，夫の帰化によって氏を改めたのですから，この規定には該当しません（昭和59・11・1民二5500号通達第2の3）。しかし，「婚姻により氏を改めた者」には該当しないとしても，夫が帰化した際に「夫の氏」を選択したことは，いわば「婚氏」を選択したことであると考えられます。

　したがって，婚氏を選択したのは，婚姻の時ではなく「夫の帰化の時」であることから，妻は離婚により，実方の氏「山田」を復するのではなく，夫の帰化による入籍事項の従前の氏「金田」に復することになり，妻が実方の氏「山田」を称するには，家庭裁判所の許可を得て，戸籍法107条1項の氏変更の届出をすることになります。

④　子の入籍について

　民法791条1項では，父又は母と子が民法上の「氏を異にする場合」の子の氏の変更については，家庭裁判所の許可を得てすると規定されています。

　また，先例では，父又は母と民法上氏が同じであれば，家庭裁判所の許可を得ないで，父又は母と同籍することができるとされています。いずれも入籍届（戸98条）によるものですが，設問の場合はどちらの入籍届によるものかを考えてみましょう。

　母は離婚により，夫の帰化による入籍事項の従前の氏「金田」を称しています（同解説③）。子は，父母が帰化時に選択した父の氏「金田」を称しています（同解説②後段）。一見氏が同じなのではないかと思ってしまいますが，母の民法上の氏は実方の氏「山田」であり（同解説①），子の民法上の氏は，父が帰化時に創設した「金田」であるということです。したがって，子と母の氏は民法上違いますから，入籍届をするには，民法791条1項の家庭裁判所の許可が必要になります。

設問 4 離婚・離縁による戸籍の変動後の入籍届

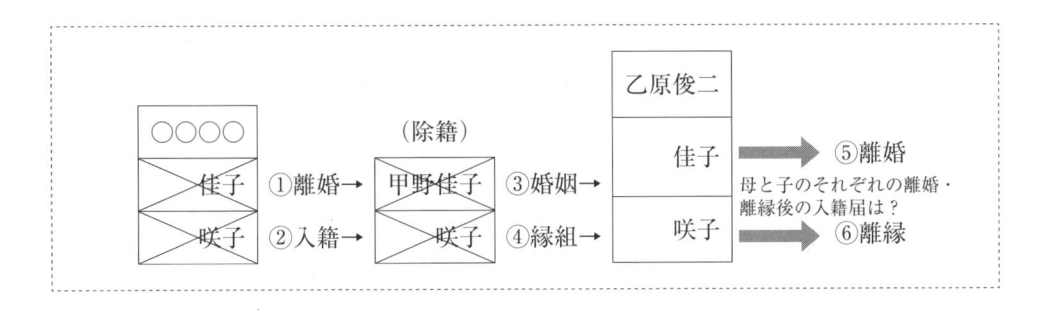

```
                                      乙原俊二
  ┌────┐        ┌────┐              ┌────┐
  │○○○○│ (除籍) │    │              │ 佳子 │ ──→ ⑤離婚
  │╳╳╳╳│        │甲野佳子│ ③婚姻→     ├────┤      母と子のそれぞれの離婚・
  │ 佳子 │ ①離婚→ │╳╳╳╳│              │ 咲子 │      離縁後の入籍届は？
  │ 咲子 │ ②入籍→ │ 咲子 │ ④縁組→     └────┘ ──→ ⑥離縁
  └────┘        └────┘
```

(1) 佳子が離婚により婚姻前の氏「甲野」で新戸籍を編製し、咲子も離縁により縁組前の氏「甲野」で新戸籍を編製した場合

　戸籍法19条1項では、「離縁……によって……縁組前の氏に復する者は、縁組前の戸籍に入る。但し、その戸籍が既に除かれているとき、又はその者が新戸籍編製の申出をしたときは、新戸籍を編製する。」と規定されています。子咲子は縁組により、母の戸籍から入籍しています。この母の戸籍は、母佳子の離婚後に編製した戸籍と同じものと考えられますから、咲子が離縁により戻る戸籍は、離婚により編製された母の戸籍ということになります。

　しかし、咲子は、戸籍法19条1項の但書により、申出をして新戸籍を編製しました。戻る戸籍があるにもかかわらず、新戸籍編製の申出をした場合は、その届出には「分籍の効果」があります。

　したがって、その後の入籍届により母と同籍することはできません。

(2) 佳子は戸籍法77条の2の届出により離婚の際に称していた氏「乙原」で新戸籍を編製し、咲子は縁組前の氏「甲野」で新戸籍を編製した場合

　前記(1)の場合とは違い、母が離婚後編製した戸籍は、民法上は婚姻前の氏「甲野」に戻っています（民767条1項）が、戸籍法77条の2の届出により、呼称上の氏は「乙原」となっているため（民767条2項、戸77条の2）、咲子の縁組前の母の戸籍とは同じものではありません。

　一方、咲子は離縁により、縁組前の氏「甲野」に復します（民816条1項）が、離縁後に、母と同籍したい場合は、離縁届書の「その他」欄に「母と同籍することを希望する」と記載すれば、離縁後に母と同籍することができました（昭和52・2・24民二1390号依命回答）。その記載をせず、戸籍法19条1項但書の規定により、縁組前の氏で新戸籍を編製したことは、ある意味「分籍の効果」があると考えられます。

　したがって、たとえ、離婚した母と、離縁した子は民法上同じ氏であっても、

「同籍する入籍届」などで母の戸籍に入籍することはできません。咲子が母の氏「乙原」を称したい場合は，家庭裁判所で許可を得て，戸籍法107条1項の氏変更の届出をする必要があります。

(3) 佳子は離婚により婚姻前の氏「甲野」で新戸籍を編製し，咲子は離縁により離婚後母が編製した戸籍に入籍した後，母佳子は戸籍法77条の2の届出により離婚の際に称していた氏「乙原」で新戸籍を編製した場合

　子咲子は，離縁後，母が離婚後に編製した「甲野」の氏の戸籍に入籍しました。その後母は，戸籍法77条の2の届出により「乙原」の氏で新戸籍を編製したため，母と子は戸籍を異にすることになりました。前記(2)の場合とは違い，母と子が戸籍を異にすることとなったのは，子の意思によるものではありませんから，「分籍の効果」は当然生じません。また，たとえ母佳子が戸籍法77条の2の届出によって「乙原」を称していても，離婚後の母の戸籍に在籍している「甲野」を称している子とは民法上同じ氏を称しています。

　したがって，その後，子が戸籍法77条の2の届出で編製した母の戸籍に入籍したい場合は，民法上の氏は同じ「甲野」ですから，家庭裁判所の許可を得ないで，「母と同籍する入籍届」で母の戸籍に入籍できます。

(4) 佳子は婚姻前の氏「甲野」で新戸籍を編製し，咲子は戸籍法第73条の2の届出により離縁の際に称していた氏「乙原」で新戸籍を編製した場合

　養子咲子は，離縁後母と同籍できたにもかかわらず，離縁後も「乙原」の氏を称するとして，戸籍法73条の2の届出で新戸籍を編製しました。この場合も分籍の効果が生じますから，母の戸籍に入籍することはできません。咲子が「甲野」を称したい場合は，家庭裁判所で許可を得て，戸籍法107条1項の氏変更の届出をする必要があります。

設問 5 　同籍内で婚姻した夫婦の離婚後の氏

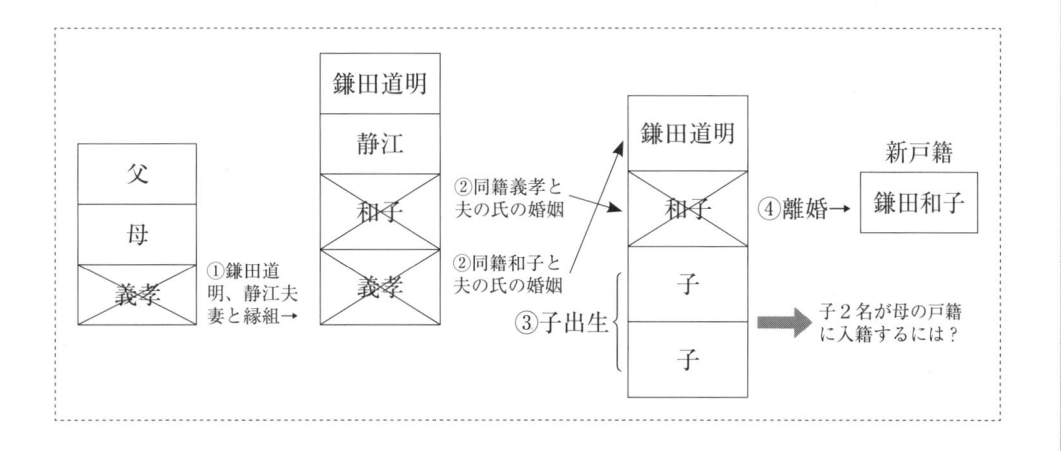

●縁組により兄妹となった者の婚姻について

私たちは，養子縁組をして兄妹となった者が，どうして婚姻できるのだろうかということに疑問を持ちます。「婚姻障害」を規定している民法734条・735条・736条では，近親者（直系血族，又は三親等内の傍系血族）の婚姻，直系姻族間の婚姻，養親子間の婚姻は禁止されていますが，縁組により生じた傍系親族間の婚姻については禁止されていないので，婚姻ができるということになります。

●同籍内の婚姻により称する氏

民法750条では，「夫婦は，婚姻の際に定めるところに従い，夫又は妻の氏を称する。」と定められ，さらに戸籍法14条1項1号では，夫婦の記載順序として「夫の氏を称するときは夫，妻の氏を称するときは妻」が筆頭者となることを規定しています。たとえ同籍内で婚姻したとしても，婚姻の際に夫婦のどちらの氏を名乗るかを定める必要があります。

設問では，夫の氏の婚姻をしていますから，夫鎌田義孝が筆頭者となり，配偶者として入籍した和子は，婚姻の際に氏を改めたことになります。

●妻が離婚により称する氏

民法767条及び771条では，「婚姻によって氏を改めた夫又は妻は，協議上の離婚によって婚姻前の氏に復する。」と規定されています。さらに戸籍法19条1項では，「離婚……によって，婚姻前の氏に復するときは，婚姻前の戸籍に入る。但し，その戸籍が既に除かれているとき，又はその者が新戸籍編製の申出をしたときは，新戸籍を編製する。」と規定されています。

この定めに従って，和子は婚姻前の氏「鎌田」で新戸籍を編製しました。婚姻前

の氏も「鎌田」，婚姻後の氏も「鎌田」であることから，一見民法上同じ氏ではないかと思ってしまいますが，婚姻時に定めた夫の氏である「鎌田」は「婚氏」であり，離婚後に復した氏「鎌田」は「生来の氏（父母の氏）」であるので，民法上は違う氏ということになります。

● **子の入籍届について**

父鎌田義孝と母鎌田和子は，離婚することにより，夫婦ではなくなりますが，縁組上の兄妹の関係が残ります。そこで，この兄妹の氏は同じなのかどうかを考えてみましょう。

民法では，親子の氏（民790条・810条）と夫婦の氏（民750条）は同じであると規定されていますが，兄弟姉妹の氏が同じであるとする規定はありません。したがって，兄と妹の氏は，民法上違う氏ということになります（青木義人・大森政輔「全訂　戸籍法」50頁(ロ)）。

父の戸籍に在籍する子が，母の戸籍に入籍したい場合は，民法791条1項の規定により，家庭裁判所の許可を得て，戸籍法98条の入籍届をすることになります。

終段

道場卒業

～はなむけの言葉～

　戸籍の道場，ご卒業，おめでとうございます。
　幾多の試練を乗り越えて，大きくたくましく成長したあなたが見えます。
　心ときめく道場入門，けがをしないための準備運動，体力強化の基礎訓練を経て，対外試合で花の窓口デビューを果たしたとき，あなたは何を感じたでしょうか。
　解決できない疑問，先入観や思い込みの失敗，怒る客への焦り……窓口でのさまざまな試練があなたを苦しめたことでしょう。でも，このすべてのことが，今あなたの血となり肉となりました。
　「話を聞きとること」は「受け身」の練習，「難問に挑むこと」は「攻撃」の練習，そして何より，戸籍の行間にある「人の心を読み取る」ことは，あなたの「精神修養」につながりました。この努力が本当に報われるのは，明日からの窓口です。決して力まず，平常心で臨みましょう。

　ここで，私がある支所に配属になったころのことをお話ししましょう。
　その支所は和歌山市の南部にある小さな支所で，漁業を生業とする人口800人ほどの小さな地区にある支所でした。風光明媚な海岸線を臨む静かな環境の中で，やさしくて素朴な人たちとともに，平和な毎日を送る，いわば最高の職場環境に恵まれた毎日でした。でも，戸籍の届出は1年間で3件ほどで，所用で支所を訪れる人も2，3人という日々が続くと，私はすっかり怠け者になり，時の流れだけを数えるだけの人になりつつありました。「これではいけない！」私は神様が与えてくれたこの時間を無駄にしてはいけないと考えたのです。そして，あることをすることによって，この時間は，私の原点である戸籍実務の「充電期間」となったのです。
　支所の2階の和室には，戸籍に関する月刊誌が多数ありました。そしてそれらは年度ごとに綺麗に保管されていて，私の知識欲を駆り立てました。1

冊，2冊，……事例を細かく理論的に解説してくれている小さな冊子は，読むごとに戸籍の世界に私を誘い，普段の窓口では経験できない様々な事例を，あたかもそこに相談者が来ているように実感させてくれました。でも，悲しいかな，それは実体験ではありませんから，読んでも，読んでも，すぐに忘れてしまうのです。そこで私は考えました。昔ながらの学習用ノートをどっさり買い込んで，その戸籍月刊誌の隅から隅までの事柄を書きとめることにしたのです。ただ書きとめるのではありません。まず事例や解説を読みます。「……難しいなぁ」。そしてまた読みます。「ちょっと分かってきたぞ」。そしてさらに読みます。「……やっと分かった！」。そこでようやく私はノートを開きます。「自分の言葉で，自分の文章で……」。夢中でペンを走らせます。読むこと，そして自分の言葉で書くことで，目から，手から知識が入ってきます。そして，ある日私は，話し始めました。同じ職場に働く仲間に，突然思い出したかのように戸籍の事例と理論を話し始めたのです。職場の人たちは，それを嫌がらずに（？）聞いてくれました。「あっちゃんがまた話し始めたぞ」というように，温かく，そして真面目に私の話を聞いてくれました。話すことで口から，そして耳から知識が入ってきます。そんなことを繰り返しているうちに，分厚いノートは10冊余りになりました。そのときには3年の月日が流れていたのです。法務局の研修会には絶対にそのノートの一冊を持って行きました。自分が書いたノートなので，どこに何が書いているかが頭に入っています。何か質問しようと思ったときには，大変役に立ちました。ある研修会の日，私はうっかりそのノートを研修場に置き忘れて帰ってしまいました。法務局にノートを返してもらいに行ったとき，その当時の法務局戸籍係長が，そのノートを見て，私に「おぬし，やるなぁ」と言ってくれました。武士の世界のようなその言葉は，今でも忘れられません。小さな支所で人知れず勉強していたことが認められた初めての経験でした。

　3年間の充電期間を経て，私は本庁の市民課に配置換えになりました。本で勉強しているのとは違う厳しい世界が私を待ち受けていました。もちろん蓄積した知識は窓口で大いに役立ちましたが，窓口の忙しさに忙殺され，またたく間に過ぎていく時間の中で苦悩する日もありました。けれど，のどかな環境の中でコツコツと積み上げたかけがえのない時間が，私を支えてくれたのだと今でも思うことがあります。

　今も市民課で，たくさんの人たちと仕事をしています。何人もの後輩が

入ってきました。支所でひとりで勉強したときとは違い，後輩に伝える嬉しさ，互いに高め合う仲間がいることの幸せを感じます。

　全国には，戸籍の届出が少ない市町村窓口があるかもしれません。あまり経験できないために，たまに養子縁組届などの届出があると，めちゃくちゃ緊張すると聞いたことがあります。その気持ち，すごく分かります。そんなときのために，私が支所で試した方法を実践してみたらいかがでしょうか。知識を自分のものにするための工夫をしてください。いつかきっと，「おぬし，やるなぁ」と言ってもらえる日が来ますから。

● 著者紹介

山下　敦子（やました　あつこ）

　和歌山市出身

　平成5年4月　　和歌山市役所市民課戸籍班勤務
　　　　　　　　（戸籍記載担当。初めて戸籍に出会う）

　平成8年4月～平成15年3月
　　　　　　　　和歌浦支所，田野支所，和歌山市役所国民健康保険課を経て

　平成15年4月　市民課戸籍窓口担当

　平成19年9月　市民課戸籍班長

　平成22年4月　市民課副課長（現在）

【著　書】
「戸籍の重箱～初任者のための戸籍実務のレシピ～」（日本加除出版，2010年）

戸籍の道場
～初任者のためのステップアップ実践問題集～
定価：本体2,900円（税別）

| 平成23年10月17日 | 初版発行 |
| 平成24年 1月25日 | 初版第2刷発行 |

著 者　山　下　敦　子
発行者　尾　中　哲　夫

発行所　日本加除出版株式会社
本　社　郵便番号 171-8516
　　　　東京都豊島区南長崎3丁目16番6号
　　　　Ｔ Ｅ Ｌ　（03）3953-5757（代表）
　　　　　　　　　（03）3952-5759（編集）
　　　　Ｆ Ａ Ｘ　（03）3951-8911
　　　　Ｕ Ｒ Ｌ　http://www.kajo.co.jp/
営業部　郵便番号 171-8516
　　　　東京都豊島区南長崎3丁目16番6号
　　　　Ｔ Ｅ Ｌ　（03）3953-5642
　　　　Ｆ Ａ Ｘ　（03）3953-2061

組版　㈱郁文　／　印刷・製本　㈱倉田印刷

落丁本・乱丁本は本社でお取替えいたします。
Ⓒ A. Yamashita 2011
Printed in Japan
ISBN978-4-8178-3955-8 C2032 ¥2900E

JCOPY 〈(社)出版者著作権管理機構 委託出版物〉

本書を無断で複写複製（電子化を含む）することは，著作権法上の例外を除き，禁じられています。複写される場合は，そのつど事前に(社)出版者著作権管理機構（JCOPY）の許諾を得てください。
また本書を代行業者等の第三者に依頼してスキャンやデジタル化することは，たとえ個人や家庭内での利用であっても一切認められておりません。

〈JCOPY〉　Ｈ Ｐ：http://www.jcopy.or.jp/，e-mail：info@jcopy.or.jp
　　　　　電話：03-3513-6969，FAX：03-3513-6979

戸籍実務の重要さと奥深さを実感できる。

戸籍の重箱
初任者のための戸籍実務のレシピ

荒木 文明 監修　山下 敦子 著
B5判　284頁　定価2,940円（税込）　平成22年3月刊

商品番号：40393
略　号：重箱

- ◆戸籍実務担当者の迷い悩んだ実体験から発信された，戸籍実務の「いろは」を学ぶための一冊です。
- ◆重箱のように段階的にやさしく丁寧に解説しています。
- ◆図表や物語構成等の工夫が満載で，抜群のわかりやすさです。

実務必携の書として信頼され続けるロングセラー。

改訂新版第五訂 初任者のための
戸籍実務の手引き

戸籍実務研究会　編
B5判　328頁　定価2,625円（税込）　平成23年4月刊

商品番号：40042
略　号：手引

- ◆戸籍の審査，受理，記載等の基本事項がわかる手引書です。
- ◆具体的な届書式記載例を豊富に収録しました。
- ◆各種届出ごとに，「一般的説明」「届書の審査」「届書・戸籍受附帳・戸籍の記載例」を丁寧に解説しています。

正確な理解と適正かつ迅速な処理方法が身につくよう，基礎から丁寧に解説。

新版 初任者のための
渉外戸籍実務の手引き

戸籍実務研究会　編
B5判　256頁　定価2,520円（税込）　平成22年11月刊

商品番号：40068
略　号：渉手

- ◆研修会でも多数採用されている必携書です。
- ◆必要となる法律，先例等の知識を体系的に解説しています。
- ◆「一般的説明」→「届書の審査」→「届書・戸籍受附帳・戸籍の記載例」の三段方式解説により，段階的に知識を習得できます。

日本加除出版　〒171-8516　東京都豊島区南長崎3丁目16番6号
営業部　TEL（03）3953-5642　FAX（03）3953-2061　http://www.kajo.co.jp/